天津市哲学社会科学规划项目
"新时代以党的自我革命跳出历史周期率的理论逻辑与实践路径研究"
（项目编码：TJDJQN22-003）课题成果

孙兴昌 著

Self revolution

自我革命

跳出历史周期率的新答案

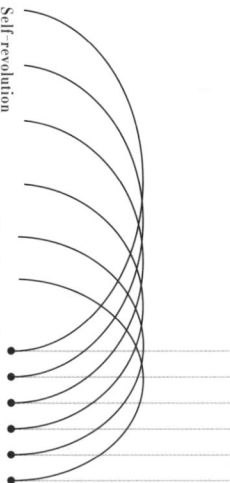

天津出版传媒集团

天津人民出版社

图书在版编目（CIP）数据

自我革命：跳出历史周期率的新答案 / 孙兴昌著.
天津：天津人民出版社，2024. 10. -- ISBN 978-7-201-
20556-4

Ⅰ．D26

中国国家版本馆 CIP 数据核字第 2024B348A8 号

自我革命：跳出历史周期率的新答案
ZIWO GEMING: TIAOCHU LISHI ZHOUQILV DE XIN DAAN

出　　版	天津人民出版社	
出 版 人	刘锦泉	
地　　址	天津市和平区西康路35号康岳大厦	
邮政编码	300051	
邮购电话	（022）23332469	
电子信箱	reader@tjrmcbs.com	

责任编辑	郭雨莹
封面设计	李　一

印　　刷	天津新华印务有限公司
经　　销	新华书店
开　　本	710毫米×1000毫米　1/16
印　　张	20.5
插　　页	2
字　　数	230千字
版次印次	2024年10月第1版　2024年10月第1次印刷
定　　价	89.00元

目 录
CONTENTS

第一章　中国共产党自我革命的基本问题　/ 1

一、党的自我革命与历史周期率的相关概念解析　/ 1

二、党的自我革命的科学内涵和主要原则　/ 17

三、党的自我革命体系　/ 30

第二章　中国共产党自我革命的理论逻辑　/ 50

一、政党属性：马克思主义政党的本质要求　/ 50

二、价值理念：践行党的初心使命的必然要求　/ 58

三、制度支撑：党内法规制度优势的充分发挥　/ 62

四、文化传统：中华优秀传统文化的继承发展　/ 66

第三章 中国共产党自我革命的历史进程 / 72

　　一、新民主主义革命时期党的自我革命的初步探索 / 72

　　二、社会主义革命和建设时期党的自我革命的展开 / 86

　　三、改革开放和社会主义现代化建设新时期党的自我革命
　　　　的不断深化 / 100

第四章 新时代中国共产党自我革命面临的现实课题 / 112

　　一、在"补钙壮骨"中破解信仰危机 / 113

　　二、在坚持正确导向中匡正用人风气 / 115

　　三、在打通堵点难点中纠治作风顽疾 / 118

　　四、在维护公平正义中消除特权现象 / 121

　　五、在提振纲纪中解决纪律松弛问题 / 124

　　六、在推进"三不"中清除腐败分子 / 126

第五章 新时代中国共产党自我革命的伟大实践 / 131

　　一、以政治建设保证自我革命的正确方向 / 131

　　二、以思想建设淬炼自我革命的思想武器 / 144

　　三、以作风和纪律建设强化自我革命的制约力量 / 169

　　四、以反腐败斗争彰显自我革命的坚强决心 / 183

　　五、以组织建设锻造自我革命的骨干队伍 / 193

　　六、以制度建设建构自我革命的牢固基石 / 206

第六章 新时代中国共产党自我革命的主要成就和宝贵经验 / 242

一、新时代中国共产党自我革命的主要成就 / 242

二、新时代中国共产党自我革命的宝贵经验 / 258

第七章 新时代新征程中国共产党自我革命的实践路径 / 270

一、砥砺意志:发扬历史主动精神,砥砺自我革命的意志 / 270

二、拓展内涵:落实"九个以"要求,拓展自我革命的内涵 / 275

三、提升能力:坚持在守正中创新,提升自我革命的能力 / 283

四、健全体制:完善制度规范体系,健全自我革命的体制 / 292

五、锻造队伍:提高"政治三力",锻造自我革命的队伍 / 297

参考文献 / 303

后 记 / 322

第一章　中国共产党自我革命的基本问题

自我革命是中国共产党区别于其他政党的显著标志，是中国共产党保持先进性和纯洁性的重要途径。当前，围绕自我革命所展开的争论中，很多是由于没有正确理解和准确把握自我革命的相关概念和理论内涵。只有正确理解自我革命的相关概念，准确把握自我革命这一概念的内涵与外延，搞清楚"自我革命是什么，而不是什么"，才能深刻领悟自我革命的内涵和精神实质。

一、党的自我革命与历史周期率的相关概念解析

（一）革命、社会革命与自我革命

1.革命

"革命"一词的本义是变革天命，最早见于《周易·革卦·象传》："天地革而四时成，汤武革命，顺乎天而应乎人。"意指天地有阴阳寒暑的变动，从而形成四季，商王汤讨伐夏桀和周武王讨伐商纣，实施变革，更替朝代，以应天命，顺民意。这里的革即变革，命即天命，古代认为天子受天命，故更替朝代，谓之革命，这是从神权政治观出发对革命做出的解释。

在西方，"革命"源于"轮回"与"复归"，最早用于天文学，指有规律的天体旋转运动。从古希腊的柏拉图、亚里士多德到当代美国的亨廷顿，有不少思想家、政治学家和社会学家从不同的角度阐释了社会意义的革命和政治意义的革命，其中最具代表性的有以下四种：一是革命是一种实现正义和恢复秩序的行为。这实际上是用道德的标准而不是用政治的标准解释革命，把革命看作是恢复旧秩序，而不是建立新秩序的观点，实际是一种保守主义的观点。二是革命是一种权力转移的方法。这种观点指出了革命的中心问题是权力斗争、权力转移，但是没有把政治革命的权力转移与一般情况下的政府的权力转移区别开来。三是革命是一种发泄不满和改变现状的途径。马基雅维里指出："人们因为希望改变自己的境遇，愿意更换他们的统治者，并且这种希望促使他们拿起武器去反对他们的统治者。"[①]这些观点主要强调了进行革命的心理原因，但忽视了进行革命的经济和政治根源。四是革命是一种实现社会变革的历史过程。这种从动态的角度解释革命，把革命看成是一种变革社会的过程有一定的道理，但是不从本质上阐释革命，只从动态的角度解释革命是不全面的。

革命是历史的火车头。革命可以激发人民群众的革命意识、革命热情和创造才能，鼓舞他们投身于创造历史的伟大事业。历史上的每一次大革命，总是在一定程度上发动和锻炼人民群众，发挥群众创造历史的主动性、积极性，推动历史前进。要全面科学地理解社会意义和政治意义上的革命的含义，就必须了解马克思主义关于革命的基本观点。一是革命是阶级矛盾和社会矛盾激化的产物。马克思主义认为，在阶级社会，存在着阶级矛盾、冲突和对抗。当这种矛盾、冲突和对抗大大激化时，就会发展为政治革命。一般说

---

① ［意］马基雅维里：《君主论》，商务印书馆，2017年，第6页。

来,社会财富的分配不均,两极分化的加剧,人民生活的急剧恶化乃至极度贫困化,就会引起阶级矛盾、冲突和对抗的激化,必然引起政治危机、经济危机、文化危机和社会危机,进而引起革命。正是从这个意义上讲,革命是阶级矛盾和社会矛盾激化的产物,同时又是解决阶级矛盾和社会矛盾的主要途径和手段。二是革命是一个阶级推翻另一个阶级的暴力行动。马克思主义认为,一切反动落后的统治阶级出于自身利益的需要,都不会轻易地退出历史舞台,都会竭力反抗进步阶级的革命,千方百计地维护自己的统治。在这种情况下,进步阶级只有通过暴力革命才能达到变革社会制度的目的。三是革命是政治的最高行动。马克思主义认为,革命是人类社会历史发展不可避免的政治行动。这种政治行动之所以不可避免,是因为它不是以人们的主观意志为转移的,而是由社会矛盾运动规律决定的。马克思指出:"社会的物质生产力发展到一定阶段,便同它们一直在其中运动的现存生产关系或财产关系(这只是生产关系的法律用语)发生矛盾。于是这些关系便由生产力的发展形式变成生产力的桎梏。那时社会革命的时代就到来了。"①而这种社会革命或政治行动是任何试图取得统治的阶级获得最终胜利的关键。由于以推翻现政权和破坏旧关系为主要内容的政治行为将导致社会经济、政治和文化发生深刻变化,所以恩格斯又把这种政治行为看作是政治的最高行动。

革命有广义和狭义之分。从广义上讲,革命指推动事物发生根本变革,引起事物从旧质变为新质的飞跃。从狭义上讲,革命主要是指社会革命和政治革命。革命的进程一般比较迅速,速度相对于演变或者改革更快。革命一词,在政治学上的相对概念是改革。前者指对现行体制的推翻或取代,后者则是体制内的稍大规模修改。在当代中国共产党的话语体系中,革命就其现

---

① 《马克思恩格斯选集》(第2卷),人民出版社,1995年,第38页。

实意义而言主要包括政治革命和社会革命。在政治革命中,革命涉及政治上层建筑的变革;在社会革命中,革命涉及社会总体性结构的根本变革。政治革命是社会革命的前提和准备,社会革命是政治革命的目的和归宿。[①]

2.社会革命

社会革命是新旧社会形态更替的决定性环节,是社会运动借以为自己开辟道路并摧毁僵化的垂死的政治形式的工具。社会革命的实质是革命阶层推翻旧的统治阶层,用先进的社会制度,代替旧的社会制度,解放生产力,促进社会发展的活动。它的根本问题是政权问题。它的历史作用在于改变旧的生产关系和上层建筑,建立新的生产关系和上层建筑,解放社会生产力。

社会革命是阶级斗争的最高表现,是社会矛盾发展的必然结果。社会革命的根源在于生产力与生产关系、经济基础与上层建筑的矛盾。当旧的生产关系严重阻碍生产力的发展,阻挠社会前进时,必然引起各种社会矛盾特别是阶级矛盾的尖锐化,导致社会革命的发生。社会革命的爆发和胜利需要具备客观条件和主观条件。社会革命的客观条件是社会经济和政治的发展所导致的全国性危机,由此造成的革命形势。列宁指出:“只有当‘下层’不愿照旧生活而‘上层’也不能照旧生活和统治下去的时候,革命才能获得胜利。”[②]主观条件包括革命阶层的觉悟和组织程度的大大提高,形成革命的领导核心,能够发动足以摧毁反动统治的强大的革命力量。无产阶级革命的主观条件的成熟集中表现为无产阶级政党的成熟,即把马克思列宁主义的普遍真理与本国革命的具体实践相结合,制订出正确的革命路线和战略策略。

在阶级社会中,一种政治运动同时又是社会运动,政治革命归根到底是

---

① 王建国,田娜:《从“中国化”到“中国话”:百年大党革命话语的变与不变》,《华中师范大学学报》(人文社会科学版),2021年第3期。

② [苏]列宁:《共产主义运动中的“左派”幼稚病》,人民出版社,1964年,第64页。

为了社会革命即为了变革旧的生产关系，确定和发展新的生产关系而进行的。正是在这个意义上，可以说，任何真正的革命都是社会革命。政治革命和社会革命的关系表现在：一是政治革命是社会革命产生和发展的必然结果。当生产力发展到一定阶段，并与它一直在其中活动的现存生产关系发生深刻矛盾时，社会革命的时代就到来了。这种矛盾日趋尖锐化的结果必然导致政治革命。社会革命在旧社会内部发生了，这种情况客观上要求政治革命与之相适应，新的社会阶级经济力量的增长必然要求在政治上占统治地位。二是社会革命又要求政治革命为自己开辟道路，政治革命是社会革命的前提和先决条件。因为旧的政治统治保护着旧的生产关系，阻碍着社会革命的进行，因此不进行政治革命，就不可能取得社会革命的最后胜利。以政治革命建立新的政权，也为确立新的生产关系、解放生产力提供了政治的保证。

依据社会性质以及由此决定的革命对象、任务和动力，社会革命可以分为以下不同类型：反对奴隶主阶级的新兴地主阶级的革命，包括奴隶起义和奴隶暴动；反对封建地主阶级的资产阶级革命，包括农民革命和农民战争；无产阶级的社会主义革命和无产阶级领导的新民主主义革命。无产阶级的社会主义革命是人类历史上最深刻、最广泛、最彻底的革命。它不是以一种私有制代替另一种私有制，一种剥削形式代替另一种剥削形式，而是彻底消灭一切私有制，消灭一切剥削制度和阶级差别，最终过渡到无阶级的共产主义社会。在剥削制度已被消灭的社会主义社会以及向共产主义社会转变的过程中，在社会生活的各个领域还要不断进行改革，还会有质变，但这已不是原来意义上的革命。

社会革命主要包括暴力革命与和平发展两种形式。社会革命通常采取暴力革命的形式。马克思说："暴力是每一个孕育着新社会的旧社会的助产婆。"①社会革命在特定的条件下也可能采取和平发展的形式。无产阶级在争取社会主义的斗争中，采取何种形式取决于具体历史条件和客观的革命形势。马克思主义十分重视社会革命的伟大作用，但并不一般地反对改良，不反对无产阶级为争取日常改良而进行的斗争，把改良作为革命的副产品和辅助方法。在革命时机尚未成熟时，无产阶级通过改良为革命积蓄力量，利用改良为无产阶级革命的总目标服务。

3.自我革命

自我革命，即"自己革自己的命"，对自身存在的问题"动刀子"，自我革命的主体和客体都是自己。党的自我革命是一种意志、一种精神、一种追求、一种勇气，归根结底是一种突破陈规、开拓创新的实际行动。自我革命源于马克思主义政党的先进性与纯洁性，这是马克思主义政党的本质属性。只有当一个政党不以维系自身的利益为目的时，才敢于并且能够对自身进行适时革新。中国共产党作为马克思主义执政党，首先具备无产阶级政党的本质属性，即政党自身没有任何私利可求，政党的存在、生命以及价值是为绝大多数人谋利益，"他们不提出任何特殊的原则，用以塑造无产阶级的运动"②。同时，马克思主义的否定精神、批判精神以及革命精神是马克思主义政党的重要政治品格。在马克思主义关于革命的话语语境下，革命不但表现在摧毁旧社会，更在于创造一个新社会。革命的创造性是无产阶级政党获得群众持续性支持、推动政党自身发展以及社会发展与进步的内在动力。无产阶级政党所领导的革命实践活动所出现的问题、所犯的错误，政党本身都应当积极回应、自觉批判、主动求变，而绝不应盲目无视或是蓄意遮掩。

同马克思主义革命观相呼应，党的自我革命的内涵可从三个层面来把

---

① 《马克思恩格斯选集》(第 2 卷)，人民出版社，1995 年，第 266 页。
② 《马克思恩格斯文集》(第 2 卷)，人民出版社，2009 年，第 44 页。

握:一是"守正",即坚持对的,继承党的优良传统。这是自我革命的边界和底线,是党进行自我革命须臾不能偏离的基本原则。自我革命是通过系统性的革新、完善和提高来实现革命性的自我进步。二是"革故",破字当头,纠正偏差,修正错误。这是党自我革命最基本的内容和要求。如果党内出现政治生活不严肃不认真、政治生态受到污染等问题,就意味着党自身的功能失调。党意识到功能失调问题的存在是自我革命的前提,党有刮骨疗毒的勇气和决心则是实现自我革命的关键。三是"鼎新",与时俱进,善于创新。这是更高层次的自我革命。纠正偏差和错误,只能保证党不会犯错,但并不代表党的能力及综合素质的必然提升。为了自我完善、自我提高,党还必须与时俱进、善于创新,才能实现系统的、和缓的自我革新。①

历史实践证明,马克思主义政党是具备自我批判、自我革命精神的政党,不仅善于直面政党发展过程中的错误,而且勇于进行自我革命,并从错误的实践中汲取经验教训,从而能够更好地服务于无产阶级革命、服务于人民群众。中国共产党自诞生之时起,就明确了自己的阶级属性、政治属性以及奋斗目标。党进行自我革命的勇气和底气,从本质上讲渊源于无产阶级政党的这一阶级属性。中国共产党自我革命的目的不是全盘否定自己,不是要改弦更张、改旗易帜,而是要确保党始终成为伟大事业的坚强领导核心,确保中国特色社会主义制度更加成熟、更加完善。

自我革命与社会革命是辩证统一的关系。一方面,社会革命意味着生产力与生产关系、经济基础与上层建筑的不断变革,意味着客观世界与主观世界的不断改造。马克思主义政党的历史任务就是要发动社会革命,实现人的自由而全面的发展。作为用马克思主义武装起来的政党,中国共产党内在地

---

① 赵秀华:《准确理解中国共产党自我革命的科学内涵》,《马克思主义研究》,2020 年第 2 期。

就具有变革现存不合理的社会制度的历史使命感，具有发动和推进社会革命的政治愿望、政治动能和力量来源。另一方面，革命者必先自我革命，才能使自身具有推动社会革命的资格和能力。要担负推进社会革命的历史使命，必然要求革命主体具有高度的先进性。党的先进性地位是具体的、历史的。面对不同时代主题、不同时代任务时就会提出不同的要求。自我革命是中国共产党获得推进社会革命的引领者资格的自身进化机制，是党持之以恒地自我建设的内在机制。"只有在革命中才能抛掉自己身上的一切陈旧的肮脏东西，才能胜任重建社会的工作。"①只有通过不断地自我检视、自我净化，中国共产党才不会躺在历史的功劳簿上自我满足，才能始终走在时代的前列。

（二）自我革命与全面从严治党

在党的建设领域中，自我革命与全面从严治党存在着混淆和通用的情况，但是自我革命与全面从严治党并不是等同的，二者之间存在着很大的区别。对于中国共产党来说，勇于自我革命是党的政治理想、政治品格、政治能力的集中呈现，而全面从严治党则是新时代管党治党的一种战略安排。二者之间的区别主要表现在以下两个方面：

一是从时间维度上看，党的自我革命从中国共产党诞生之日起就开始进行，百年党史就是一部勇于自我革命的历史，从 1935 年遵义会议到 1942 年延安整风运动，再到党的十一届三中全会全面拨乱反正实现伟大转折，党的十八大以来，更是以刀刃向内的政治勇气全面从严治党。全面从严治党是新时代党的自我革命的伟大实践，是党的十八大以来管党治党的一场深刻变革和伟大壮举，开辟了百年大党自我革命的新境界。

---

① 《马克思恩格斯文集》（第 1 卷），人民出版社，2009 年，第 543 页。

二是从逻辑关系上讲,"全面从严治党是自我革命的内在要求"①。全面从严治党是贯穿新时代党的建设的鲜明主题,全面从严治党必须发扬自我革命精神。以习近平同志为核心的党中央坚持严字当头、标本兼治,采取一系列横向到边、纵向到底的管党治党新举措,党在刮骨疗毒中解决了自身在政治、思想、组织、作风、纪律等方面存在的一系列重大问题,在激浊扬清中彰显了无产阶级政党的政治本色,在革故鼎新中重塑了无产阶级政党的政治优势,焕发出新的强大生机活力,探索出依靠党的自我革命跳出历史周期率的成功路径。因此,自我革命和全面从严治党具有不同的属性,它们是从不同维度来谈党的建设问题。

勇于自我革命是我们党最鲜明的品格,是党永葆青春活力的强大支撑。全面从严治党是一场伟大的自我革命。②党的十八大以来,习近平同志为核心的党中央把全面从严治党纳入"四个全面"战略布局,在推进全面从严治党的历史进程中,深刻回答管党治党、兴党强党的时代答卷。新时代的全面从严治党重点抓住了以下环节:

一是坚持和加强党的全面领导,确保党始终成为中国特色社会主义事业的坚强领导核心。党政军民学,东西南北中,党是领导一切的。坚持和完善党的领导,是党和国家的根本所在、命脉所在,是全国各族人民的利益所在、幸福所在。要不断提高党科学执政、民主执政、依法执政水平,提高党把方向、谋大局、定政策、促改革的能力,充分发挥党总揽全局、协调各方的领导核心作用,确保党始终成为最可靠、最坚强的主心骨。

---

① 《〈中共中央关于党的百年奋斗重大成就和历史经验的决议〉辅导读本》,人民出版社,2021年,第2页。

② 《习近平新时代中国特色社会主义思想学习纲要》,学习出版社、人民出版社,2019年,第222页。

二是以党的政治建设为统领,确保全党坚决捍卫"两个确立"、坚决做到"两个维护"。党的政治建设是党的根本性建设,决定着党的建设方向和效果。必须把保证全党服从中央、坚持党中央权威和集中统一领导作为党的政治建设首要任务,坚定执行党的政治路线,严明政治纪律和政治规矩,营造良好党内政治生态,形成强大政治执行力,确保党中央重大决策部署贯彻落实到位。

三是坚持把思想建设作为党的基础性建设,凝聚起全党团结奋进强大精神力量。理论武装越彻底,思想就越敏锐,行动就越自觉。必须坚持用习近平新时代中国特色社会主义思想武装全党,用党的崇高理想教育全党,确保全党统一思想认识、明确前进方向,引导广大党员干部勇于担当、奋发进取,一步一个脚印把美好愿景变为生动现实。

四是坚决贯彻落实新时代党的组织路线,筑牢党的建设的组织基础。党的力量来自组织。组织建设是党的建设的重要基础。必须坚持党的事业发展到哪里、党的组织体系建设就跟进到哪里,做到"党建跟人走、人要跟党走"。

五是坚持把正风肃纪、反腐倡廉摆在重要位置来抓,始终保持党的先进性和纯洁性。共产党与腐败水火不容,人民群众对腐败深恶痛绝。要从关系人心向背、关系党生死存亡的高度,认识把握作风建设和反腐败斗争的重要性、紧迫性、严峻性,坚决消除一切损害党的先进性和纯洁性的因素,清除一切侵蚀党的健康肌体的病毒,不断厚植党执政的群众基础。必须把加强党的纪律建设作为全面从严治党的治本之策,把各项纪律都立起来、严起来、执行到位,永葆党的旺盛生命力和强大战斗力。

六是坚持制度治党、依规治党,不断提高党的建设科学化、制度化、规范化水平。制度带有根本性、全局性、稳定性、长期性。制度治党、依规治党是最可靠、最有效、最持久的管党治党方式。必须适应管党治党实践发展需要,不断深化党的建设制度改革,构建系统完备、科学规范、运行有效的制度体系,坚决维护制度的严肃性和权威性,提高制度执行力,让铁规发力、禁令生威,把制度优势更好转化为治理效能。

(三)中国的历史周期率问题

1.历史周期率

历史周期率是国家兴亡、政权成败的一种现象性规律,是指世界上的国家政权都会经历兴衰治乱,往复循环呈现出的周期性现象。历史周期率问题是我国历史上封建王朝摆脱不了的宿命。习近平总书记指出:"回顾封建王朝的兴衰更替史,不难看出:有些封建王朝开始时顺乎潮流、民心归附,尚能励精图治、以图中兴,遂致功业大成、天下太平,但都未能摆脱盛极而衰的历史悲剧。"无论是创造了"汉唐盛世"的汉朝、唐朝,还是出现过"康乾盛世"的清朝,或短或长都改变不了改朝换代、走向覆灭的下场。中国历史上的农民起义,有的一度夺取或建立了政权,但一些农民领袖进城后就攀比奢华,甚至相互倾轧,最终一败涂地。共产党执政后又失去政权是不乏先例的。苏联解体、苏共垮台、东欧剧变告诫人们,历史周期率问题在共产党执政国家表现不同,但决不能掉以轻心。

极端的贫富悬殊是历史周期率的推手。中国历史上有一个独特的周期率——极端的不公导致社会的崩溃,从而达到新的相对公平,周而复始。这只看不见的手,在很大程度上支配着中国的历史进程。陈胜吴广起义将一种独特的周期现象带进中国历史。中国的中下层人民启动了他们推动历史的独特方式。从那以后,几乎每个朝代都经历了一个从相对公平,到不公平,到极端不公平,到下层人民无路可走,最后推翻重来这么一个周而复始的过程。而每一个朝代在结束前夕,生产能力大幅度提高,财富高度集中,几乎都出现了畸形的"精英繁荣",尤其是出现了土地高度集中。在这个循环往复的周期里,每一个能赢得200至300年长治久安的朝代,都是从打破原有社会结构,通过"均田"实现相对公平开始的。在农业社会里,"田"即土地,是最主要的生产资料,如同今天的资本。那些没有做好这门必修课的朝代往往都成了短命的朝代。

以中华民国为例。在辛亥革命以后,原有的社会结构被民国几乎完整地继承下来。除了清变成了民国,一切因循。清朝末年就已出现的贫富悬殊、土地集中等社会结构问题被原样照收。如果把民国放在中国历史的周期中来观察,就能发现它并没有完成中国历史周期上每一个长寿朝代开始时的必修课。孙中山提出了"三民主义",要平均地权、节制资本,为民国的延续奠定社会基石。但是由于多种原因,这个过程被豪门对财富和权力的垄断打断了,从而失去了可以长期延续的历史机遇,使中国进入了长期的动荡。直到中华人民共和国成立,近代中国的社会动荡才得以消除。

新中国从成立之日起,就开始打破不合理的社会结构,试图从体制公平的角度为中国的长治久安奠定基础。从中国的历史进程看,在当时乱后思治的中国,必须补上公平这一课。此外,新中国所处的历史环境,决定了中国还需要补"现代化"这一课。在强敌虎视的情况下,中国需要迅速建立现代工业,而这需要大规模的、迅速的积累。如何在低水平的基础上既能实现工业积累,又能实现大多数人的公平,是当时中国面临的巨大挑战。这种历史因素交互作用,就形成了以政府调动资源为手段的,以公平为核心的新体制。

历史周期率有三个特点:一是周期性。即"历史周期率"是一条周而复始的历史定律,"鹿亡秦,蛇兴汉",兴衰治乱,循环不已。二是普遍性。从夏商周秦汉,到唐宋元明清,无论哪一个朝代,无论哪一个政权,无论哪一个执政者,没有谁能真正跳出这个周期率。三是迅疾性。即所谓"其兴也勃焉,其亡也忽焉"。中国历史上有许多短命王朝,如秦朝和隋朝,分别只有 15 年和 29 年,可谓其兴也骤,其亡也速。南朝 170 年间,就像走马灯一样换了四个朝代:宋、齐、梁、陈。与南北朝同病相怜的是五代时期,前后短短 50 余年,天下五易其主,后梁、后唐、后晋、后汉、后周,前仆后继。近代国民党统治中国大陆也只有短短 22 年。

2.跳出历史周期率的第一个答案

中国历史"治乱循环"即中国的历史周期率问题,是 1945 年黄炎培在延安向毛泽东提出的问题。1945 年 7 月 1 日,黄炎培、冷遹、褚辅成、章伯钧、左舜生、傅斯年六位国民政府参政员,应中共中央和毛泽东主席的邀请,为推动国共团结商谈,飞赴延安访问。1945 年 7 月 4 日下午,毛泽东专门邀请黄炎培等人到他家里做客,毛泽东问黄炎培,来延安考察了几天有什么感想?黄炎培坦率地说:"我生 60 多年,耳闻的不说,所亲眼看到的,真所谓'其兴也勃焉,其亡也忽焉'。一人、一家、一团体、一地方乃至一国,不少单位都没能跳出这周期率的支配力。大凡初时聚精会神,没有一事不用心,没有一人不卖力,也许那时艰难困苦,只有从万死中觅取一生。继而环境渐渐好转了,精神也渐渐放下了。有的因为历时长久,自然地惰性发作,由少数演为多数,到风气养成,虽有大力,无法扭转,并且无法补救。也有因为区域一步步扩大了,它的扩大,有的出于自然发展;有的为功业欲所驱使,强求发展,到干部人才渐渐竭蹶,艰于应付的时候,有环境倒越加复杂起来了,控制力不免薄弱了。一部历史,'政怠宦成'的也有,'人亡政息'的也有,'求荣取辱'的也有。总之,没有能跳出这个周期率。中共诸君从过去到现在,我略略了解的,就是希望找出一条新路,来跳出这个周期率的支配。"毛泽东答道:"我们已经找到了新路,我们能跳出这周期率。这条新路,就是民主。只有让人民来监督政府,政府才不敢松懈;只有人人起来负责,才不会人亡政息。"黄炎培听了毛泽东的回答,十分高兴,他说:"这话是对的,只有把大政方针决之于公众,个人功业欲才不会发生。只有把每个地方的事,公之于每个地方的人,才能使地地得人,人人得事。用民主来打破这个周期率,怕是有效的。"①黄炎培先生和毛泽东同志的这一问一答,构成了中国历史上著名的"窑洞对",也是中国共产党人对跳出历史周期率给出的第一个答案。

当时,毛泽东之所以能斩钉截铁地回答跳出周期率这一历史之问,主要有三个方面原因:一是我们党的先进性品格决定了能够跳出历史周期率。党的七大明确宣布,中国共产党是中国工人阶级的先进的有组织的部队,代表中国民族与中国人民的利益。它没有任何私利,实行民主集中制。这既是坚持党的先进性的制度保证,也是毛泽东同志回答历史之问的理论支撑。二是陕甘宁边区和各抗日民主根据地实施的民主政治,开创了我们党执政的民主新路。陕甘宁边区政府成立后,党中央就不断提出把陕甘宁边区创造为全国抗日民主模范区,颁布民主政府施政纲领,巩固和发展边区的民主政治。在党的七大上,毛泽东同志指出,建立的新民主主义的政权组织,应该采取民主集中制。"只有这个制度,才能既表现广泛的民主,使各级人民代表大会有高度的权力;又能集中处理国事,使各级政府能集中地处理被各级人民代表大会所委托的一切事务,并保障人民的一切必要的民主活动。"这是毛泽东同志做答的实践依据。三是党的七大的民主"春风"使毛泽东同志充满信心。48天的大会始终洋溢着团结友爱真情和高度民主的活泼氛围。许多发言为即席讲话,非常生动,使毛泽东同志非常动容。他带着七大的民主温度与黄炎培对谈,对历史之问无疑能做出信心满满的回答。

"窑洞对"是对一个政党如何长期执政这一历史拷问的深邃思考和坚定

---

① 黄炎培:《延安归来》,国讯书店,1945年,第64~65页。

回答。窑洞对虽然只有一问一答几句话,但寓意非常深刻。黄炎培所说的兴衰周期率,里面蕴含的一个重要思想就是"创业难,守业更难"。之所以说守业更难,难就难在掌权者容易把公共权力变为个人的私权力,运用公共权力为自己谋取私利。共产党执政也面临着权力的滥用和腐败问题。同其他政党一样,共产党执政的最大威胁来自执政者的腐败。腐败能使我们亡党亡国。苏联是世界上第一个社会主义国家,它粉碎了德国法西斯不可战胜的神话,拥有和美国一样庞大的核武器库和现代化的强大军队。德国法西斯没有战胜它,号称世界上最强大的国家美国也未曾征服它。可是,苏联共产党却在一夜之间丧失了执政地位。其中很重要的原因就是因为苏联的领导层中的腐败现象已经使他们脱离了群众,丧失了人心。不受制约的权力必然导致腐败,执政的关键应当是树立正确的权力观,为人民掌好权、用好权,真正做到权为民所用,这是解决兴衰周期率问题的关键。

3.跳出历史周期率的第二个答案

党的十八大以来,以习近平同志为核心的党中央坚持自我革命,以强烈的历史主动精神推进全面从严治党,以不负人民的使命担当和刀刃向内的坚定意志推进新时代党的建设新的伟大工程,把党的政治建设摆在首位,以理想信念凝心铸魂,以严明纪律整饬作风,以雷霆之势反腐惩恶,不断增强党组织政治功能和组织力、凝聚力,构建自我净化、自我完善、自我革新、自我提高的制度规范体系,探索出一条长期执政条件下解决自身问题、跳出历史周期率的成功道路。

2015年5月5日,习近平总书记在中央全面深化改革领导小组第十二次会议上指出:"只要对全局改革有利、对党和国家事业发展有利、对本系统本领域形成完善的体制机制有利,都要自觉服从改革大局、服务改革大局,勇于自我革命,敢于直面问题,共同把全面深化改革这篇大文章做好。"①这是目前已公开的党的重要文献中,第一次使用"自我革命"的提法,明确提出了"党的自我革命"的重大命题。此后,习近平总书记在多个场合对此做了阐发。2021 年 11 月,习近平总书记在党的十九届六中全会上专门谈到"窑洞对":毛泽东同志在延安的窑洞里给出了第一个答案,这就是"只有让人民来监督政府,政府才不敢松懈"。经过百年奋斗特别是党的十八大以来新的实践,我们党又给出了第二个答案,这就是自我革命。在党的二十大报告中,习近平总书记再次强调:"经过不懈努力,党找到了自我革命这一跳出治乱兴衰历史周期率的第二个答案,自我净化、自我完善、自我革新、自我提高能力显著增强,管党治党宽松软状况得到根本扭转,风清气正的党内政治生态不断形成和发展,确保党永远不变质、不变色、不变味。"②

跳出历史周期率的第二个答案是以习近平同志为主要代表的中国共产党人对党百年历史的深刻总结。相比于毛泽东当年的"窑洞对",今天我们党的历史更长了、规模更大了、执政更久了,对如何跳出历史周期率的思考也更深入了,总结的经验更全面更系统更深刻了。党历经百年沧桑更加充满活力,其奥秘就在于始终坚持真理、修正错误。这个答案是对党的十八大以来全面从严治党新的伟大实践的深刻总结。面对一度出现的管党不力、治党不严问题,以习近平同志为核心的党中央把全面从严治党纳入"四个全面"战略布局,以前所未有的勇气和定力推进党风廉政建设和反腐败斗争,全面从严治党取得了历史性、开创性成就,产生了全方位、深层次影响,探索出依靠党的自我革命跳出历史周期率的成功路径。这个答案是对协调推进两个伟

---

① 《习近平谈治国理政》(第二卷),外文出版社,2017 年,第 104 页。

② 习近平:《高举中国特色社会主义伟大旗帜 为全面建设社会主义现代化国家而团结奋斗——在中国共产党第二十次全国代表大会上的报告》,人民出版社,2022 年,第 14 页。

大革命的深刻把握。新时代,党领导人民进行伟大社会革命,涵盖领域的广泛性、触及利益格局调整的深刻性、涉及矛盾和问题的尖锐性、突破体制机制障碍的艰巨性、进行伟大斗争形势的复杂性,都是前所未有的。要把新时代坚持和发展中国特色社会主义这场伟大社会革命进行好,我们党必须永葆"赶考"的清醒和坚定,坚持不懈把全面从严治党向纵深推进,确保党在新时代坚持和发展中国特色社会主义的历史进程中始终成为坚强领导核心。习近平总书记关于党的自我革命的战略思想,继承发展马克思主义建党学说,深刻总结党的历史经验特别是新时代全面从严治党实践经验,创造性回答了建设什么样的长期执政的马克思主义政党、怎样建设长期执政的马克思主义政党等重大时代课题,彰显了中国共产党人的初心使命、政治担当、历史自觉,具有深刻思想内涵和重大时代价值。

二、党的自我革命的科学内涵和主要原则

(一)党的自我革命的科学内涵

自我革命并非马克思主义理论中的传统词汇,在进入党建话语之前已在社会上久为流传。作为对革命词语的一种借用,自我革命喻指自我变革与创新的破立过程,是主体在自身内扬弃落后和错误因素,建立符合新的发展规律的进步因素的变革过程。准确理解自我革命的科学内涵,需要从精神、理论和实践方面来认识和把握。

1.精神方面:以变革意识为基本内核的精神样态

善为国者,必先治其身。自我革命精神是中国共产党人在革命、建设和改革实践中形成的以自我反思、自我超越、自我完善等变革意识为基本内核的精神样态,指向的是主动彻底改变自身的精神气质与心理状态。一方面,

自我革命精神作为一种精神存在，属于主观世界的范畴，是中国共产党人革命建设实践的产物。另一方面，自我革命精神作为一种实践意识，内蕴着中国共产党人的信念和信仰，反映了中国共产党人在身处复杂困境时的求变心态。在党建话语体系中，自我革命精神是指党在解决自身问题、建设强大政党方面要有实现主动彻底解放自身的精神状态。发扬自我革命精神，增强自我革命能力既是建设马克思主义政党的本质要求，也是新时代中国共产党引领民族伟大复兴的重要保证。

自我革命精神不是一个抽象概念，而是一个具体的历史范畴，集中反映了我们党在面临重大挫折时勘误纠错的优良传统和实践品格。作为中国共产党人一以贯之的精神品格，自我革命精神的主要内涵包括：实事求是、勇于反思的坦荡胸怀；自律除弊、自我净化的实践勇气；与时俱进、自纠错误的进取精神；顾全大局、立党为公的责任意识。作为中国共产党人的宝贵精神财富，自我革命精神是保持其先进性、纯洁性的内在要求。只有以一种自我革命的精神对待自身，勇于解决自身存在的问题，实现自我监督、自我矫正、自我净化，我们党才能永葆生机活力。

自我革命精神是一种批判自我的精神，是自我否定、自我查找问题、自我反思和改造的过程，是一种主动作为、勇于自我超越的内在品质。[①]从精神特质来看，自我革命精神具有以下特征：一是主动性，它与"被动性"相对，是指按照自己规定或设置的目标自觉行动，而不依赖外力推动。正是由于作为主体的中国共产党对自身价值身份、历史使命和所处历史方位、历史大势的准确研判与深刻认知，才能以自我革命精神永葆自身先进性和纯洁性，从而为实现历史宏愿与使命目标提供坚实保障。二是自觉性，是指自觉自愿地执

---

① 梁晓宇：《中国共产党勇于自我革命的科学内涵 现实缘由与基本要求》，《大连干部学刊》，2020年第7期。

18

行或追求整体长远目标任务的程度,它是在信念基础上,由责权意识引发下所形成的自我效能感与利益心理的对立统一体。这种自觉源于对马克思主义的坚定信仰,立于以人民为中心的根本立场,兴于践行初心使命的不懈奋斗。三是超越性,是指基于历史使命和本质属性推动,从而能够超出原本状态或属性的一种性质。党的自我革命是一个不断超越自我、不断警醒自我、不断战胜自我的过程。四是引领性,它是一个方向性范畴,指带动事物跟随它向某一方向运动、发展。自我革命引领社会革命的过程实际上可以看作是党的领导在各个领域、各个方面的实践展开和价值展示,是党的先进性示范引领功能的充分释放。

　　一个长期执政的党,如果在一片喝彩声、赞扬声中失去了革命精神,逐渐进入一种安于现状、不思进取、不敢斗争、贪图享乐的状态,将会是极大的危险。中国共产党正是通过自我革命来预防未来的风险和危机以永葆党的政治生命力和长期执政地位。①回望历史,我们党之所以能够在现代中国各种政治力量的反复较量中脱颖而出,能够始终走在时代前列、成为中国人民和中华民族的主心骨,根本原因在于我们党始终保持了自我革命精神,一次次拿起手术刀来革除自身的病症。习近平总书记指出,要兴党强党,就必须以勇于自我革命精神打造和锤炼自己。只有努力在革故鼎新、守正出新中实现自身跨越,才能不断给党和人民事业注入生机活力。

　　2.理论方面:社会革命在党建领域的推演

　　自我革命作为一种理论,是中国共产党人在长时间内形成的关于党的建设的智力成果,这一成果不仅在中国共产党内及中国社会具有普遍指导意义,也对党员干部和广大人民群众的行为具有重要指导作用。党的自我革

---

① 覃辉银、刘微:《中国共产党自我革命:概念界定及内涵刍议》,《探求》,2020年第4期。

命就其最直接的理论内涵而言，主要体现在"两个伟大革命"，即"伟大自我革命引领伟大社会革命"，它是社会革命在党建领域的推演。2017年10月，党的十九大把自我革命写入党的全国代表大会报告，这是党的历史上的第一次，也是马克思主义政党史上的第一次。2018年1月5日，在新进中央委员会的委员、候补委员和省部级主要领导干部学习贯彻习近平新时代中国特色社会主义思想和党的十九大精神研讨班开班式上的讲话中，习近平总书记首次将"社会革命"与"自我革命"并提且予以阐发。他强调，"新时代中国特色社会主义是我们党领导人民进行伟大社会革命的成果，也是我们党领导人民进行伟大社会革命的继续"。"要把新时代坚持和发展中国特色社会主义这场伟大社会革命进行好，我们党必须勇于进行自我革命，把党建设得更加坚强有力。""我们党必须以党的自我革命来推动党领导人民进行的伟大社会革命……这既是我们党领导人民进行伟大社会革命的客观要求，也是我们党作为马克思主义政党建设和发展的内在需要。"社会革命必然要求自我革命，自我革命有力引领社会革命。将"两个伟大革命"并提，实现了用"社会革命"来抬升"自我革命"，并将社会革命的理论内涵灌注到自我革命之中，使自我革命的内涵更加丰富和饱满。社会革命与自我革命"两大革命"理论的提出，是习近平总书记对马克思主义关于革命思想的重大贡献和创新，极大地丰富和发展了马克思主义党的学说和党的建设理论，标志着中国共产党经过长期的探索与实践，对党的执政规律、社会主义制度建设规律、人类社会发展规律有了更加深刻的认识，标志着以习近平同志为核心的党中央坚持全面从严管党治党战略取得了历史性的辉煌成就。

中国共产党是以马克思主义为指导建立起来的先进政党。马克思主义科学性、人民性、实践性和革命性的理论品格，要求共产党人不断自我革命。中国共产党正是在协同推进自我革命和社会革命的过程中，在理论创新和实践创新的互动中,永葆马克思主义政党的先进性和纯洁性,开辟中国特色社会主义事业新局面,带领人民不断创造历史伟业。"两个伟大革命论"纠正了以往将新民主主义革命、社会主义革命和建设时期同改革开放历史阶段相互割裂并人为对立的错误倾向,弥合了革命、建设、改革话语之间的鸿沟,统一了改革开放前后与新时代三个历史时期,并为辩证认知与深刻理解为何改革开放是中国的第二次革命,以及改革开放前三十年同后四十年之间既有所区别却又一脉相承提供了坚实思想基础与正确理论指引。①

自我革命是新时代中国共产党人领导人民进行伟大斗争、建设伟大工程、推进伟大事业、实现伟大梦想中坚持真理,修正错误,永葆革命精神不断从胜利走向胜利的重要"法宝"。中国共产党的自我革命理论包含以下要点:一是坚守共产主义的远大理想,坚持为人民谋解放;二是坚守全心全意为人民服务的根本宗旨,坚持以人民为中心;三是保持革故鼎新的创新品格,坚持理论创新;四是旗帜鲜明讲政治,始终保持党的先进性纯洁性;五是保持批评与自我批评的作风,坚持强化人民监督;六是加强党的执政能力建设,坚持民主集中制原则;七是弘扬伟大建党精神,坚持把奉献社会作为最高价值追求。这些基本理论不仅是中国共产党不断自我革命的武器,也是中国共产党不断提高党的建设质量的法宝。中国共产党的自我革命理论深刻回答了"中国共产党是一个什么样的政党",以及"建设什么样的长期执政的马克思主义政党、怎样建设长期执政的马克思主义政党"②等重大命题,形成了中国共产党政党理论新范式。

---

① 李雪阳、郭立:《辩证认知同深刻理解伟大社会革命和党的自我革命——兼析习近平总书记"两个伟大革命论"》,《贵州社会主义学院学报》,2019年第4期。

② 《〈中共中央关于党的百年奋斗重大成就和历史经验的决议〉辅导读本》,人民出版社,2021年,第8页。

3.实践方面：自我净化、自我完善、自我革新、自我提高

习近平总书记在庆祝改革开放40周年大会上的讲话中强调："我们党只有在领导改革开放和社会主义现代化建设伟大社会革命的同时，坚定不移推进党的伟大自我革命，敢于清除一切侵蚀党的健康肌体的病毒，使党不断自我净化、自我完善、自我革新、自我提高，不断增强党的政治领导力、思想引领力、群众组织力、社会号召力，才能确保党始终保持同人民群众的血肉联系。"①由此，"四自"被赋予了新的内涵，并超越了廉洁政治的语义范畴，成为一种独立的术语，成为党建领域的庄重用语。从实践方面理解，自我革命指向的是自我净化、自我完善、自我革新、自我提高。

自我净化，就是要过滤杂质、清除毒素、割除毒瘤，不断纯洁党的队伍，保证党的肌体健康。自我净化彰显了中国共产党人刀刃向内、刮骨疗毒的勇气。党的十八大以来，以习近平同志为核心的党中央坚持不懈把全面从严治党向纵深推进，以"无禁区、全覆盖、零容忍"的态度惩治腐败，坚决纠治"四风"，"打虎""拍蝇""猎狐"并举，一体推进不敢腐、不能腐、不想腐，打出了一套全面从严治党的"组合拳"，反腐败斗争取得了压倒性胜利。党的自我革命永远在路上，要持续推进党风廉政建设与反腐败斗争，不断净化党内政治生态，纯净党的队伍、党的组织，清除一切侵蚀党的健康肌体的病毒，涤荡党内痼疾、扫除作风积弊，确保党不变质、不变色、不变味。

自我完善，就是坚持补短板、强弱项、固根本，防源头、治苗头、打露头，修复肌体、健全机制、丰富功能，堵塞制度漏洞，健全监督机制，提升党的长期执政能力。新时代推进党的自我革命，关键要在制度建设上增强自我完善能力，不断健全规章制度，严明纪律规矩，构建内容科学、程序严密、配套完

---

① 《十九大以来重要文献选编》(上)，中央文献出版社，2019年，第735页。

备、运行有效的党内法规制度体系，在堵塞漏洞、健全机制、提升党的长期执政能力上下功夫，营造风清气正的良好政治生态。新时代推进党的自我革命，重点要促使党员干部增强自我完善能力，用好批评和自我批评这一武器，全面检视自身优缺点，有计划有步骤地自我改正。"打铁必须自身硬"，如果政治不纯、律己不严、品行不端，损害的是党的形象，透支的是人民群众对党的信任。要抓住"关键少数"，涵养以俭修身、克己奉公的精神境界，大力弘扬新风正气、营造激浊扬清的氛围。要以严实的作风锤炼党性，立党为公、执政为民，认真对待群众反映强烈的问题，坚决纠正损害群众利益的行为。

自我革新，就是深刻把握时代发展大势，坚决破除一切不合时宜的思想观念和体制机制弊端，勇于推进理论创新、实践创新、制度创新、文化创新，与时俱进、自我超越，通过革故鼎新不断开辟未来。中国共产党始终坚持弘扬改革创新精神，在自我扬弃、自我否定中不断革故鼎新，确保始终走在时代前列，永远立于不败之地。要坚持用党的创新理论尤其是习近平新时代中国特色社会主义思想武装全体党员头脑、指导实践、推动工作。要引导党员干部进一步解放思想、开拓创新，自觉把思想从一些不合时宜的观念、做法和体系中解放出来。要不断创新工作统筹协调机制、纪律监督监察机制和工作评价机制，严格落实党风廉政建设责任制，突破利益固化藩篱，破除体制机制弊端。要以抓铁有痕、踏石留印的韧劲，推动社会治理持续创新。

自我提高，就是要自觉向书本学习、向实践学习、向人民群众学习，加强党性锻炼和政治历练，增长新的本领、开拓新的境界，不断提升政治境界、思想境界、道德境界，全面增强执政本领，努力做到永不僵化、永不停滞。推进自我革命需要不断提升党员干部学习马克思主义理论的主动性和自觉性，尤其要深入学习习近平新时代中国特色社会主义思想，做到读原著、学原文、悟原理，在学懂弄通做实上下功夫，保持政治上的坚定与思想上的清醒，在学思践悟中提高政治品格、滋养党性修养，不断增强斗争精神、斗争本领与拒腐防变能力。要全面增强履职本领，教育党员干部自觉向实践学习、向人民群众学习，以实干精神担当好为民使命，真心实意为老百姓解难题、办实事，在解决实际问题中不断砥砺初心使命。

新时代全面从严治党是推进党的自我革命的最真实最具体也最有说服力的体现，展现了自我革命的实践威力。党中央把全面从严治党纳入"四个全面"战略布局，以前所未有的勇气和定力推进党风廉政建设和反腐败斗争，刹住了一些多年未刹住的歪风邪气，解决了许多长期没有解决的顽瘴痼疾，清除了党、国家、军队内部存在的严重隐患，管党治党宽松软状况得到根本扭转，探索出依靠党的自我革命跳出历史周期率的成功路径。

（二）党的自我革命的主要原则

中国共产党如何永葆先进性和纯洁性、永葆青春活力，永远得到人民拥护和支持，实现长期执政，是一个必须回答好、解决好的根本性问题。只有把握自我革命的主要原则，始终不丧失自我革命精神，才能不断把党的自我革命引向深入。自我革命的主要原则是中国共产党自我革命经验的产物，也是中国共产党自我革命方法，主要包括：坚持加强党的集中统一领导和解决党内问题相统一，坚持守正和创新相统一，坚持严管和厚爱相统一，坚持组织推动和个人主动相统一。

1.坚持加强党的集中统一领导和解决党内问题相统一

推进党的自我革命的根本目的，是为了加强而不是削弱党的领导。习近平总书记强调，我们要坚决克服党内存在的突出问题，但不能因为党内存在问题就削弱甚至否认党的领导，走到自断股肱、自毁长城的歪路上去。在这个问题上，全党同志必须头脑特别清醒、眼睛特别明亮、立场特别坚定。历史和现实充分证明,坚持和加强党的集中统一领导,必须重视解决党内存在的问题,否则党的领导地位就可能会被弱化虚化、难以持久下去;解决党内存在的问题,必须着眼坚持和加强党的集中统一领导,否则党的自身建设就可能会迷失正确方向、难以取得成效。只有坚持二者相结合,才能相互推动、相得益彰,才可以产生自我革命的叠加效应。

一方面,加强党的集中统一领导是中国共产党自我革命的核心目的。自我革命是在党集中统一领导下进行的,离开了党的集中统一领导,不可能有真正意义上的自我革命。党的自我革命是有目的的自我革命,即始终围绕民主集中制等建党原则,不断加强党的集中统一领导,把党锻造成为中国特色社会主义事业的坚强领导核心。党的集中统一领导使党有无比强大的自我革命的力量,能够以雷霆万钧之力荡涤党内存在的污泥浊水。没有党的集中统一领导,就难以有清除自身病灶的决心和能力,问题就会滋生蔓延,最终危及党的领导地位。坚持党中央的集中统一领导,体现了党的政治原则,正是因为坚持党中央的集中统一领导,才使中国共产党保持了强大的执政能力,团结和带领人民创造了中国经济社会发展的巨大成就。坚持党中央的集中统一领导,反映出了党的政治优势。中国共产党是经过磨难,久经考验的党,是密切联系群众,为中国各族人民的利益不断奋斗的党。在长期革命、建设和改革实践中,中国共产党确立了自身的执政地位,形成了自己鲜明的特色和巨大政治优势。其中,最大的政治优势就是善于组织群众、宣传群众、联系群众。只有坚持党中央的集中统一领导,才能够有效避免政治上的争拗和内耗,保持政治稳定和政策连续性,从而汇聚全国最广大人民的智慧和力量。

另一方面,解决党内问题是中国共产党自我革命的可靠手段。中国共产党自我革命的第一重境界和初级目的就是解决党内问题,既要解决影响党

25

长期执政的根本性问题,也要解决影响党的执政形象的突出问题。敢于直面并不断解决党内存在的问题,是中国共产党的伟大政治品格,也是坚持和加强党的集中统一领导的重要保障。危急关头的力挽狂澜,关键时刻的正本清源,失误之后的拨乱反正,集中体现了解决党内问题对加强党的集中统一领导的关键作用。在党的集中统一领导下,广大党员、干部特别是领导干部要敢于同一切弱化党的领导、动摇党的执政基础、违反党的政治纪律和政治规矩的行为做斗争,这不仅是对党员的基本要求,也是推进自我革命顺利进行的前提条件。

2.坚持守正和创新相统一

知常明变者赢,守正创新者进。坚持在守正创新中不断推进党的自我革命,是中国共产党的一条成功经验。守正是创新的基础和前提,创新是为了更好地守正。守不住初心使命这个"正",就丢了魂、忘了本;守不住党和国家的红色基因这个"正",就改了色、变了质。守正和创新相互促进、相互统一,二者共同推进中国共产党的自我革命不断走向深入。

一方面,守正是中国共产党自我革命的前提、基础和旨归。自我革命是在坚守党的性质宗旨、理想信念、初心使命的基础上进行的。中国共产党进行自我革命要恪守正道,党的性质宗旨、理想信念、初心使命无论何时何地都不能动摇和改变,这是党自我革命的底色和根基。能够自我革命,是因为我们坚信马克思主义,在人类思想史上,没有其他学说能像马克思主义那样对世界产生如此巨大的影响。依靠马克思主义,我们拥有了进行自我革命的科学理论指导,不会误入歧途。能够自我革命,是因为我们有远大的共产主义理想,习近平总书记指出:"中国共产党之所以叫共产党,就是因为从成立之日起我们党就把共产主义确立为远大理想。我们党之所以能够经受一次次挫折而又一次次奋起,归根到底是因为我们党有远大理想和崇高追求。"

依靠远大理想,我们拥有了进行自我革命的光明灯塔,不会被浮云遮望眼,更不会被乱花迷了眼。能够自我革命,是因为我们有为人民谋幸福、为民族谋复兴的初心使命,守初心就是要牢记全心全意为人民服务的根本宗旨,担使命就是要牢记我们党肩负的实现中华民族伟大复兴的历史使命。依靠初心使命,我们就拥有了自我革命的"绝世武功"。

另一方面,创新是中国共产党自我革命的必然要求。坚守不是固守,更不是拒绝发展创新。自我革命要与时俱进,随着时代条件、社会背景、目标任务的变化,要求党进行自我革命时要采取新的理念、思路、办法、手段,从而为解决好党内存在的各种矛盾和问题提供有效路径。我们清醒地认识到,在长期执政条件下,各种弱化党的先进性、损害党的纯洁性的因素无时不有,各种违背初心和使命、动摇党的根基的危险无处不在,"四大考验""四种危险"依然复杂严峻,如果不严加防范、及时整治,久而久之,必将积重难返,小问题就会变成大问题、小管涌就会沦为大塌方。只有不断创新自我革命的思路和手段,坚持自我净化、自我完善、自我革新、自我提高,才能不断纯洁党的队伍,保证党的肌体健康,切实提高自我革命的实效。

3.坚持严管和厚爱相统一

严是爱,松是害。严管不是捆住广大党员干部担当作为、干事创业的手脚,而是让权力、制度成为"建功立业"的指挥棒,切实解决"为官不为""为官乱为"的问题,让党组织的厚爱更实在、更有温度。习近平总书记指出:"要把严格管理干部和热情关心干部结合起来,既要求干部自觉履行组织赋予的各项职责,严格按照党的原则、纪律、规矩办事,不滥用权力、违纪违法,又对干部政治上激励、工作上支持、待遇上保障、心理上关怀,让广大干部安心、安身、安业,推动广大干部心情舒畅、充满信心、积极作为、敢于担当。"严管和厚爱互为表里,二者共同彰显中国共产党自我革命的新价值。

一方面,严管是中国共产党自我革命的要求和手段。严管才是厚爱,严管才能让党员干部时刻"如履薄冰、如临深渊",时刻保持警醒,不犯错误。对干部严格管理,才是真正关心干部、爱护干部。随着世情、国情、党情的深刻变化,在党长期执政条件下,党内出现了一定程度的违背初心使命、丧失党性原则、背离宗旨原则、动摇根基根本、削弱先进性纯洁性等问题。自我革命的一个基本前提就是党的全面从严治理。习近平总书记指出:"党和人民事业发展到什么阶段,全面从严治党就要跟进到什么阶段,坚持严字当头,把严的要求贯穿管党治党全过程,以自我革命的政治勇气着力解决党内存在的突出问题,做到管党有方、治党有力、建党有效。"坚持思想教育从严、干部管理从严、作风要求从严、组织建设从严、制度执行从严,不断夯实党的执政基层,巩固党的执政地位。

另一方面,厚爱是中国共产党自我革命的情怀。自我革命要不断放开广大党员、干部担当作为、干事创业的手脚,把广大党员、干部的积极性、主动性、创造性充分激发出来。厚爱方能激发党员干部干事创业的昂扬斗志,使党员干部更加自觉地为完成历史使命砥砺前行,全心全意投入到建功新时代、争创新业绩的宏伟目标中,使党始终赢得人民衷心拥护,确保党始终成为中国特色社会主义事业的坚强领导核心。一切伟大自我革命都是在全党生动活泼的局面中进行的,如果是万马齐喑的局面,就不可能把党的自我革命进行到底。正因如此,要健全党的监督管理机制,用好监督执纪的"四种形态",破解影响干部干事创业、担当奉献的关键症结,通过制度的激励和约束,切实放开广大党员干部担当作为、干事创业的手脚,真正捆住少数不作为、乱作为人的手脚,形成当好主人翁、建功新时代、争创新业绩的良好氛围和生动局面。

4.坚持组织推动和个人主动相统一

党的自我革命意味着党员干部主动接受无产阶级思想的教育和洗礼，同一切有害于党和人民事业的错误思想倾向进行斗争。推进党的自我革命，绝不能仅仅依靠党员干部的个人主动，而是必须依赖于组织推动与个人主动的有效联动、组织教育与个人学习的内外互动才能真正得以实现。组织推动是个人主动的上层推力，个人主动是组织推动的基层动力，组织推动和个人主动上下联动、相得益彰，共同驱动党的自我革命不断向前。

一方面，组织推动是中国共产党自我革命的主要依托。自我革命是有组织的自上而下的革命，不是随性的、无组织、无纪律的任意妄为。组织强则战斗力强，依靠强大组织推动，解决各类问题就能势如破竹。中国共产党形成了包括党的中央组织、地方组织、基层组织在内的严密组织体系，这是世界上任何其他政党都不具有的强大优势。推进自我革命，必须充分发挥各级党组织的作用，依靠各级党组织严格要求、严格教育、严格管理、严格监督，坚决防止党组织弱化、虚化、边缘化等现象。严格要求，就是要求党员向党中央看齐，向党的理论和路线方针政策看齐，向党中央决策部署看齐。严格教育，就是教育引导广大党员干部坚定对马克思主义的信仰、对中国特色社会主义的信念，要加深对习近平新时代中国特色社会主义思想的理解。严格管理，就是坚持以严的标准要求干部、以严的措施管理干部、以严的纪律约束干部，使干部心有所畏、言有所戒、行有所止。严格监督，就是要把干部的权力使用严格置于党组织和人民群众的监督之下，既要发挥好巡视制度这一"达摩克利斯悬剑"的作用，又要发挥好人民群众火眼金睛的作用。

另一方面，个人主动是中国共产党自我革命的重要支点。自我革命本质上是广大党员干部自我教育、自我修养的革命。自我革命就要靠广大党员、干部自觉行动，要以"君子检身，常若有过"的态度主动检视自我，打扫身上的政治灰尘,提高政治免疫力,筑牢抵御"病菌"侵蚀的防线。作为"党的肌体细胞",每一位党员干部,都要敢于"刀刃向内""刮骨疗毒",敢于坚持真理、修正错误,勇于面对批评、接受批评,自觉发现自己身上的缺点和不足,找出存在的问题,改正自身错误,时常扫去身上的"政治思想灰尘",让自我提升的革命进行到底,才能一身正气,从而保证党内的风清气正。党的各级领导干部特别是高级干部,要以身作则、以上率下,带头深入学习习近平新时代中国特色社会主义思想,带头增强"四个意识"、坚定"四个自信"、做到"两个维护",切实破除安于现状、不思进取、贪图享乐的状态,以大无畏的革命精神将自我革命进行到底。

三、党的自我革命体系

勇于自我革命是中国共产党最鲜明的品格和独特优势,是中国共产党历经百年而风华正茂、饱经磨难而生生不息的奥妙所在。党的二十大报告强调:"全党必须牢记,全面从严治党永远在路上,党的自我革命永远在路上,决不能有松劲歇脚、疲劳厌战的情绪,必须持之以恒推进全面从严治党,深入推进新时代党的建设新的伟大工程,以党的自我革命引领社会革命。"①党的自我革命是一个内涵丰富、逻辑严密的系统工程,涉及党的领导、党的建设的方方面面。党的自我革命体系主要包括目标体系、动力体系、行为体系和评价体系。

---

① 习近平:《高举中国特色社会主义伟大旗帜 为全面建设社会主义现代化国家而团结奋斗——在中国共产党第二十次全国代表大会上的报告》,人民出版社,2022年,第64页。

(一)党的自我革命的目标体系

党的十九大明确提出了新时代党的建设总要求，强调党的建设的基本目标是："把党建设成为始终走在时代前列、人民衷心拥护、勇于自我革命、经得起各种风浪考验、朝气蓬勃的马克思主义执政党。"①党的二十大报告再次强调："我们要落实新时代党的建设总要求，健全全面从严治党体系，全面推进党的自我净化、自我完善、自我革新、自我提高，使我们党坚守初心使命，始终成为中国特色社会主义事业的坚强领导核心。"②这也构成了党的自我革命的目标。具体而言，党的自我革命的目标体系主要包括巩固党的执政地位、保持党的先进性和纯洁性、完成党的历史使命。

1.巩固党的执政地位

党政军民学，东南西北中，党是领导一切的，是最高政治领导力量。中国共产党的领导地位不是自封的，而是中国历史和中国人民的选择。我们党作为世界上最大的马克思主义执政党，要始终赢得人民拥护、巩固长期执政地位，必须时刻保持解决大党独有难题的清醒和坚定，不断解决自身存在的问题。如果管党不力、治党不严，人民群众反映强烈的党内突出问题得不到解决，那中国共产党迟早会失去执政资格，不可避免被历史淘汰。

勇于自我革命是中国共产党区别于其他政党的显著标志。党的伟大不在于不犯错误，而在于从不讳疾忌医，积极开展批评和自我批评，敢于直面问题，勇于自我革命。自我革命的目的是使党始终过硬。中国共产党长期执

---

① 习近平:《决胜全面建成小康社会 夺取新时代中国特色社会主义伟大胜利——在中国共产党第十九次全国代表大会上的报告》，人民出版社，2017年，第62页。

② 习近平:《高举中国特色社会主义伟大旗帜 为全面建设社会主义现代化国家而团结奋斗——在中国共产党第二十次全国代表大会上的报告》，人民出版社，2022年，第64页。

政的底气和不竭动力来自善于自我革命，只有以自我革命的勇气彻底解决党内存在的突出问题，不断增强党的创造力、凝聚力和战斗力，才能巩固党的执政地位、夯实党的执政基础。

当前，形势环境变化之快、改革发展稳定任务之重、矛盾风险挑战之多，对中国共产党治国理政考验之大，前所未有。党面临的长期执政考验、改革开放考验、市场经济考验、外部环境考验是长期而复杂的，面临的精神懈怠危险、能力不足危险、脱离群众危险、消极腐败危险是尖锐而严峻的。这对党的建设提出了新的更高要求。中国共产党要担负起新时代的历史使命，要巩固自身执政地位，就要做到"打铁必须自身硬"，就要以"革命者必先自我革命"的意志和决心，以刀刃向内、无私无畏的政治勇气，敢于向积存多年的顽瘴痼疾开刀，敢于触及深层次利益关系和矛盾，勇敢面对"四大考验"，坚决战胜"四大危险"，坚决清除各种各样的"拦路虎"和"绊脚石"，以越是艰险越向前的革命精神迎难而上、知难而进，把新时代党的自我革命推向深入。

2.保持党的先进性和纯洁性

保持党的先进性和纯洁性，是马克思主义政党建设的永恒课题。能否始终保持党的先进性和纯洁性，关系党的生死存亡和前途命运。党的先进性和纯洁性并不会在任何条件下都自然而然地存在。一方面，先进性和纯洁性是与时俱进的，随着时代的发展而不断发展。另一方面，保持先进性和纯洁性也需要同来自内外的腐朽落后的思想和势力做斗争。中国共产党是具有崇高理想和奋斗目标的马克思主义政党，但也处于复杂的社会环境之中，各种腐朽思想不可避免地会影响到党的队伍。中国共产党人自建党之初就清醒地认识到，先进的马克思主义政党不是天生的，只有不断在现实中通过革命性实践，不断地超越现存的不足和改造现存的问题，才能实现进步和发展。对于一个马克思主义政党来说，党自身不可能是绝对完美的，不论发展到什么样的程度,总会存在或大或小的问题和不足,只有通过自我革命,不断统一思想、凝聚共识、惩治错误、弥补不足,才能保持党的先进性和纯洁性,避免陷入歧途。

毛泽东强调:"房子是应该经常打扫的,不打扫就会积满了灰尘;脸是应该经常洗的,不洗也就会灰尘满面。我们同志的思想,我们党的工作,也会沾染灰尘的,也应该打扫和洗涤。"①勇于自我革命,是中国共产党成熟强大的内在动力,是推动伟大事业不断发展的制胜法宝。中国共产党历经百年沧桑依然风华正茂,根本在于坚持自我革命,从而使党永葆先进性和纯洁性。中国共产党的历史,就是始终保持党的先进性和纯洁性、不断防范被瓦解被腐化的危险的历史。中央苏区时期,毛泽东对贪腐腐化行为力主严惩,主张与贪污腐化做斗争,是共产党人的天职。新中国成立前夕,毛泽东提出的"两个务必"及其"进京赶考"的警示,新中国成立初期的"三反五反"运动,都昭示了中国共产党对自身建设的清醒和自觉。改革开放以来,中国共产党有力推进党的建设新的伟大工程,以自我革命的政治自觉、思想自觉和行动自觉,保持自身的先进性和纯洁性,为中华民族伟大复兴提供了坚强的政治保证和组织保证。党的十八大以来,以习近平同志为核心的党中央推进全面从严治党,进行伟大自我革命,抓思想从严、抓管党从严、抓执纪从严、抓治吏从严、抓作风从严、抓反腐从严,推动新时代全面从严治党取得了历史性、开创性成就,极大凝聚了党心军心民心。由此可见,只有坚持自我革命,不断清除一切损害党的先进性和纯洁性的因素,不断清除一切侵蚀党的健康肌体的病毒,才能永葆党的先进性和纯洁性,才能赢得人民的尊重、信任和支持。

---

① 《毛泽东选集》(第3卷),人民出版社,1991年,第1096页。

3.完成党的历史使命

中国共产党的历史就是一部勇于自我革命的历史。党在不同的历史时期面临不同的历史使命和主要任务。新民主主义革命时期,党面临的主要任务是,反对帝国主义、封建主义、官僚资本主义,争取民族独立、人民解放,为实现中华民族伟大复兴创造根本社会条件。社会主义革命和建设时期,党面临的主要任务是,实现从新民主主义到社会主义的转变,进行社会主义革命,推进社会主义建设,为实现中华民族伟大复兴奠定根本政治前提和制度基础。改革开放和社会主义现代化建设新时期,党面临的主要任务是,继续探索中国建设社会主义的正确道路,解放和发展社会生产力,使人民摆脱贫困、尽快富裕起来,为实现中华民族伟大复兴提供充满新的活力的体制保证和快速发展的物质条件。新时代党面临的主要任务是,实现第一个百年奋斗目标,开启实现第二个百年奋斗目标新征程,朝着实现中华民族伟大复兴的宏伟目标继续前进。[①]只有勇于进行自我革命,坚持真理、修正错误,同一切影响党的先进性、弱化党的纯洁性的问题做坚决斗争,才能完成不同历史阶段的使命和任务。

中国共产党是在不断自我批评、自我革命中成长成熟的,一次次拿起手术刀革除自身的病症,一次次靠自己解决了自身的问题,攻克了一个又一个看似不可攻克的难关,从而为完成党在不同阶段的历史使命提供了坚强保障。例如,延安整风运动,是党在抗日战争时期通过总结历史经验,从思想上批判以王明为代表的"左"倾教条主义错误,提高全党马克思主义理论水平的一次自我革命。遵义会议后,党从军事上、政治上纠正了以教条主义为特征的王明"左"倾错误,但一直没有来得及从思想上系统地彻底清算这种错

---

① 《〈中共中央关于党的百年奋斗重大成就和历史经验的决议〉辅导读本》,人民出版社,2021年,第17~35页。

误。有鉴于此,加强党的建设,解决党内思想矛盾,批判党的历史错误,克服错误的思想认识,提高全党特别是高级干部的马克思主义水平,就非常必要。这次整风运动既是一次全党范围内深刻的马克思主义的思想教育运动,也是破除党内把马克思主义教条化、把共产国际决议和苏联经验神圣化错误倾向的思想解放运动,对于全党同志特别是党的高级干部坚持一切从实际出发、理论联系实际、实事求是的辩证唯物主义的思想路线,坚持把马克思列宁主义基本原理同中国革命具体实际相结合,具有极其重大和深远的意义。正是由于党勇于自我革命,及时开展延安整风运动,从而为夺取抗日战争的胜利和新民主主义革命在全国的胜利奠定了坚实基础。由此可见,中国共产党只有发扬彻底的自我革命精神,根据不同历史阶段的历史使命和主要任务,不断锤炼自己,不断改变自己,才能改造客观世界,完成不同历史阶段的使命任务。

(二)党的自我革命的动力体系

自我革命是中国共产党与生俱来的优秀品质,是中国共产党团结带领全国各族人民取得伟大成就的重要法宝。党的自我革命的动力主要包括两大方面,即内在动力和外在压力。

1.内在动力

中国共产党自我革命的内在动力主要包括:

一是马克思主义政党的内在属性。先进性是马克思主义政党的本质属性,也是党自我革命的重要内源。以自我革命清除消极因素是先进阶级基础的必然指向。工人阶级是代表先进生产方式的先进阶级,共产党人是工人阶级中最无所畏惧的先进战士。只有先进的共产党人才能在先进阶级群众与广大劳动人民中发挥引领作用,完成历史使命。《共产党宣言》指出:"在实践方面,共产党人是各国工人政党中最坚决的、始终起推动作用的部分;在理论方面,他们胜过其余无产阶级群众的地方在于他们了解无产阶级运动的条件、进程和一般结果。"①资产阶级政党受其阶级局限无法进行彻底革命,不可避免地沦为少数人操控政治的工具。作为资产阶级政党的对立面,中国共产党只有通过自我革命防范、警醒、修正影响自身先进性的突出问题,从容抵御风险挑战,同一切影响、破坏党的先进性因子做斗争,及时发现、果断清除党内存在的消极因子,才能锻造实现民族复兴的强大引领力量。以自我革命消除思想认识误区是先进指导思想的内在要求。党的自我革命必须坚持马克思主义指导思想,以彻底的唯物主义态度坚持真理、修正错误,时刻警惕各类思想隐患,同各种错误思潮展开坚决斗争。党的历史上出现的几次"左"倾和右倾机会主义错误,某种程度上都是脱离了马克思主义实事求是的态度,陷入了思想误区。八七会议、遵义会议、延安整风等在历史关键节点的纠偏是党遵循马克思主义认识方法进行自我革命的生动实践。

二是使命型政党的信念追求。使命型政党是有明确理想信念与目标追求,肩负崇高历史使命与伟大历史责任的政党。为中国人民谋幸福,为中华民族谋复兴是中国共产党的初心使命。初心使命是中国共产党建党的根本目的,也是激励中国共产党不断进行自我革命的精神动力。中国共产党立足政党使命的实现,通过构建内在信念与目标追求把全党、全国人民凝聚成坚不可摧的"信仰共同体",以此锻造自我革命的坚定决心和坚强意志。中国共产党以巨大的政治勇气和坚定的政治魄力不断进行自我革命,不断检视自己,正视和改正缺点错误,坚决同一切弱化党的现象和行为做斗争,其精神动力就根植于初心使命的深情沃土之中。

---

① 《马克思恩格斯选集》(第1卷),人民出版社,2012年,第413页。

中国共产党把政党使命与民族使命相联结，为党的自我革命提供了明确的目标导向。选举式政党单纯回应或迎合民众诉求的做法是不可取的，是一种"尾巴主义"。①使命型政党内蕴引领特质，这就要求党自身拥有过硬品质，无论任务如何繁重、挑战如何艰巨，都能发扬自我革命精神，永不懈怠、自净自新，引领群众朝着体现共同意志的方向不断前进。正是党以自我革命推进伟大事业、成就民族复兴的坚定追求。党只有坚定自我革命的使命担当和行动自觉，才能确保党始终成为民族复兴事业的领航人。

三是人民性政党的价值取向。人民性是党的鲜明属性，标注了党一切奋斗的价值取向。"立党为公、执政为民"的执政理念是中国共产党自我革命的根本缘由和必然逻辑。从毛泽东提出"全心全意为人民服务"的宗旨到习近平总书记提出"以人民为中心"的发展理念，"人民"二字始终镌刻在中国共产党的旗帜上，铭记在中国共产党人的心头上，体现在中国共产党人的行动上。习近平总书记指出："我们党之所以有自我革命的勇气，是因为我们党除了国家、民族、人民的利益，没有任何自己的特殊利益。"②人民主体、依靠人民、为了人民是党自我革命的重要推动力量。中国共产党一经成立，就将为人民谋幸福作为价值指向。不管什么时候，党都站在人民立场反思自身问题，凭借为人民谋幸福的初心纠正错误、校正航向。正因为不代表任何利益集团、权势团体、特权阶层利益，善于从最广大人民根本利益出发思考、度量自我，党才能突破西方政党的利益局限与党派纠葛，永葆自我革命的精神基因。

以人民性价值取向推进党的自我革命还深刻彰显在人民监督与评判

---

① 解读中国工作室编：《读懂中国：海外知名学者谈中国新时代》，天津人民出版社，2019年，第174页。

② 《十八大以来重要文献选编》（下），中央文献出版社，2018年，第590页。

上。人民性政党的内在特质要求人民在党自我革命的过程中担任监督者、评判者的角色。世界政党兴衰交替、苏共瓦解,一个重要原因就是没有找到人民监督的伟大力量与有效途径。习近平总书记指出:"我们不能关起门来搞自我革命,而要多听听人民群众意见,自觉接受人民群众监督。"①早在延安时期,毛泽东就提出依靠"人民监督",通过"民主新路"破解历史周期率的正确答案。新中国成立后,党不断健全社会主义民主制度,发展全过程人民民主,人民监督的体制机制日益完善。人民监督彰显我国国家政权性质、政党制度优势,是党推进自我革命的重要经验和宝贵财富。人民群众的认可度、获得感是检验党自我革命成效的重要标尺。在人民监督与检验下,党获得了自查、自省的智慧源泉,拥有了自净、自强的依靠力量,深刻彰显了党自我革命内外联动的辩证逻辑。

2.外在压力

中国共产党需要自我革命也离不开客观存在的外在压力:

一是"历史周期率"的压力。综观人类历史,历史周期率是无数政权兴亡更替的真实写照,也是近代以来世界政党政治中较为普遍存在的政党兴衰更替的客观反映。敢于正视"历史周期率"的压力,避免陷入政权兴亡周期率的泥潭,是无产阶级政党必须回答的重大现实问题。无产阶级政党必须通过不断自我净化、自我完善、自我革新、自我提高,时刻保持自我革命精神,才能解答世界政党政治的哥德巴赫猜想(一党长期执政条件下的自我监督、自我约束)。

在党的正确领导下,中国先后取得了革命、建设、改革的骄人成绩,中国道路日益走向世界,为中国共产党赢得了世界的广泛尊重和赞誉。但在长期

---

① 《十九大以来重要文献选编》(中),中央文献出版社,2021年,第122页。

执政的条件下，有些党员干部由于立场不坚定、党性不纯以及权力缺乏制约等因素，也难免出现自我松懈与自我膨胀等违犯党纪国法的错误行为，甚至产生了严重权力腐败行为，给党和人民带来了重大损失，严重损害了党的形象与执政地位。要解决长期执政面临自我松懈和自我膨胀等突出矛盾和问题，离不开党的自我革命。苏联是世界上第一个社会主义国家，取得过辉煌成就，但后来失败了、解体了。苏共垮台，与执政党能不能进行自我革命有直接关系，正是由于这个躯体强大的政党缺乏改革动力与活力，错失自我完善、自我发展和自我救赎的关键节点，最终从世界舞台中烟消云散，没有能够跳出历史周期率的泥潭。这一惨痛教训不得不引起各国政党的深刻反思和时刻警醒。当前，中国共产党正面临着许多新的历史特点的伟大斗争，担负的历史重任愈加繁重，要实现兴党强党，就必须勇于进行党的自我革命，从而为党和国家事业的繁荣发展注入源源不断的生机活力。

二是不同时代的风险挑战压力。时代是出卷人，我们是答卷人，人民是阅卷人。不同时期面临不同严峻挑战的考题，需要党的自我革命来答卷，人民则是这场考试的最终阅卷人。在这举世瞩目的大考中，党只有勇于自我革命，积极破解所面临的严峻挑战，才能顺利通过这场考试并取得优异成绩。

当前，世界百年未有之大变局加速演进，世界之变、时代之变、历史之变正以前所未有的方式展开，给我国的现代化建设提出了一系列新课题新挑战，直接考验我们的斗争勇气、战略能力、应对水平。从国内看，当前我国经济社会发展面临一些新的矛盾风险挑战，由经济下行压力引发的各种经济问题、民生问题日益凸显，各领域都还存在一些深层次矛盾和问题，也有不少风险隐患。我们面临关键核心技术受制于人、产业链供应链安全、粮食和能源安全、防范金融风险等战略性问题。各种敌对势力加紧进行渗透、破坏、颠覆、分裂活动，企图在思想上、政治上搞乱我们，动摇党执政的社会基础和群众基础。在社会领域、民生领域出现了一些新矛盾新问题。我国改革发展稳定面临不少深层次矛盾躲不开、绕不过,各种"黑天鹅""灰犀牛"事件随时可能发生。从国际上看,风险挑战主要来自美国遏华阻华的政治战略。现在,美国视我国为其主要战略竞争对手,更加肆无忌惮地对我国进行全领域打压、全球性围堵,用渗透、制裁、断供、脱钩、抹黑等各种手段打压我们,利用网络对我国发动认知战,目的就是要搞垮中国共产党领导和我国社会主义制度,打断我国现代化进程,阻止中华民族伟大复兴。面对来自国内外的风险挑战,我们党必须以自我革命的勇气破解难题,以壮士断腕的决心,敢于向积存多年的顽瘴痼疾开刀,敢于触及并解决深层次的利益关系和复杂矛盾,使全党全国各族人民在党的旗帜下团结成"一块坚硬的钢铁",才能战胜一切可以预见和难以预见的风险挑战。

(三)党的自我革命的行为体系

2022年1月18日,习近平总书记在十九届中央纪委六次全会上深刻总结新时代党的自我革命成功实践,鲜明提出"六个必须":"必须坚持以党的政治建设为统领,坚守自我革命根本政治方向;必须坚持把思想建设作为党的基础性建设,淬炼自我革命锐利思想武器;必须坚决落实中央八项规定精神、以严明纪律整饬作风,丰富自我革命有效途径;必须坚持以雷霆之势反腐惩恶,打好自我革命攻坚战、持久战;必须坚持增强党组织政治功能和组织力凝聚力,锻造敢于善于斗争、勇于自我革命的干部队伍;必须坚持构建自我净化、自我完善、自我革新、自我提高的制度规范体系,为推进伟大自我革命提供制度保障。"[①]习近平总书记关于"六个必须"的重要论述,不仅深化

---

① 《坚持严的主基调不动摇 坚持不懈把全面从严治党向纵深推进》,《人民日报》,2022年1月19日。

了党的自我革命的理论内涵，也为探索党自我革命的实践路径提供了基本遵循，构成了党的自我革命的行为体系。

1.以政治建设保证正确方向

政治建设是党的根本性建设，关系到党的建设的性质和方向。党的自我革命要坚持根本政治方向，党的政治建设保证自我革命的正确方向。政治建设把准政治方向，发挥政治指南针作用，自我革命的方向就不会偏离。政治建设必须坚持党的政治领导，引导全党自觉在思想上、政治上、行动上同党中央保持高度一致，自我革命的目的是加强和改善党的领导。政治建设紧扣民心这个最大的政治，夯实政治根基，自我革命同人民想在一起、干在一起。政治建设涵养政治生态，避免党内邪气横生，自我革命增强政治免疫力。政治建设防范政治风险，及时消除各种政治隐患，自我革命克服政治麻痹症。政治建设永葆政治本色，防止党内形成利益集团，自我革命塑造清明政治。政治建设提高政治能力，辨别政治是非，自我革命保持政治定力。因此，只有坚持以党的政治建设为统领，从政治上着眼着手，自我革命才不会偏离正确方向，才能将伟大自我革命推向纵深。

2.以思想建设淬炼思想武器

思想建设是党的基础性建设，旨在牢固树立马克思主义信仰、共产主义理想、中国特色社会主义共同理想，巩固中国共产党人的精神支柱，纯净中国共产党人的政治灵魂。理论建设是思想建设的基中之基、重中之重，坚持理论强党，是党百年来不断成长壮大、成就伟业的宝贵经验。进行党的自我革命，需要坚定意志和强大勇气，这种意志和勇气建立在思想自觉、理论清醒的基础上，思想建设淬炼自我革命的锐利思想武器。思想建设正本清源、固本培元，能够引导党员、干部筑牢信仰之基、补足精神之钙、把稳思想之舵。如果丧失理想信念，得了"软骨病"，必然导致政治上变质、经济上贪婪、道德上堕落、生活上腐化。因此,进行党的自我革命并不仅是对党内严重违纪违法者的严厉惩处,更为根本的是确保党不变质、不变色、不变味,从而更加自觉和坚定地推进党的自我革命。中国共产党自成立以来,先后开展了延安整风运动、整风整党运动、"三讲"教育、保持共产党员先进性教育活动等,特别是党的十八大以来,先后开展了党的群众路线教育实践活动、"三严三实"专题教育、"两学一做"学习教育、"不忘初心、牢记使命"主题教育、党史学习教育、学习贯彻习近平新时代中国特色社会主义思想主题教育,这些都是党的自我革命的重要内容,都属于党的自我革命的思想革命。

3.以作风和纪律建设强化制约力量

作风建设关系党的形象和威信,关系人心向背,关系党和国家的生死存亡,同时作风建设也是反映党和人民群众关系的晴雨表。加强纪律性,革命无不胜。纪律是管党治党的"戒尺",也是党员、干部约束自身行为的标准和遵循。纪律建设是保持党的优良作风的重要机制,纪律如果成为"橡皮筋",作风建设也很难见到成效。党的自我革命包括党的自我监督、自我约束。党在长期执政的条件下,一些党员、干部容易产生不愿意接受监督和约束,特别是不愿意接受外部监督和约束的倾向。党的作风建设、纪律建设不仅是要强化外部监督和约束,更是从自我监督和约束做起。敢于自我监督才能欢迎外部监督,严于自我约束才能不怕外部约束。作风建设的各项要求,不是只说不做,也不是做做样子,而是以上率下,从领导做起;纪律建设的条条规定,不是只对他人不对自己,也不是只对部下不对领导,而是在纪律面前没有特殊、特例和特权。党的自我监督、自我约束,也内含每个党员干部都要修炼好"心经",无论在什么情况下,都能够严格自律,决不放松要求、放纵自己,而是定力如钢、坚如磐石。

4.以反腐败斗争彰显坚强决心

腐败是危害党的生命力和战斗力的最大毒瘤，反腐败是最彻底的自我革命。反腐败斗争关系民心这个最大的政治，是一场输不起也决不能输的重大政治斗争。党的历史，既是领导推进伟大社会革命的历史，也是进行伟大自我革命、不断化解内部风险的历史。在党的自我革命历史进程中，反腐败是贯穿始终的主线。中央苏区时期，中国共产党领导开展了卓有成效的反腐倡廉运动。新中国成立初期，开展声势浩大的"三反"运动，果断处置刘青山、张子善等腐败分子，在全党和全国人民中产生了深远影响。进入新时代，面对一系列长期积累及新出现的突出矛盾和问题，以习近平同志为核心的党中央果断抉择，推进全面从严治党，猛药去疴、重典治乱，刮骨疗毒、壮士断腕，通过波澜壮阔、世所罕见的反腐败斗争，开辟了百年大党自我革命的新境界。

反腐败斗争从"两军对垒，呈胶着状态"，到"反腐败斗争压倒性态势已经形成"，再到"反腐败斗争取得压倒性胜利并全面巩固"，消除了党、国家、军队内部存在的严重隐患，党的自我净化、自我完善、自我革新、自我提高能力显著增强。我们成功走出一条依靠制度优势、法治优势反腐败之路，书写了人类反腐败斗争历史新篇章。自我革命不能隔靴搔痒、蜻蜓点水，而是要在关键处出重拳，在要害处治病症，以雷霆之势反腐惩恶，打好自我革命攻坚战、持久战。习近平总书记指出："党中央的态度是非常鲜明的，不论谁在党纪国法上出问题，党纪国法决不饶恕！特别是对那些攫取国家和人民利益、侵蚀党的执政根基、动摇社会主义国家政权的人，对那些在党内搞政治团伙、小圈子、利益集团的人，要毫不手软、坚决查处！"①反腐败斗争必须永

---

① 习近平:《更好把握和运用党的百年奋斗历史经验》,《求是》,2022 年第 13 期。

远吹冲锋号,这是由马克思主义执政党的政治本色、政权属性所决定的,坚决惩治腐败是党有力量的表现,彰显了党自我革命的坚强决心。

5.以组织建设锻造骨干队伍

党的各级组织是党的力量系统,能够确保党的路线方针政策和决策部署贯彻落实。党的干部是党和国家事业的中坚力量。党的组织建设和干部队伍建设直接关系党的执行力、战斗力、创造力,必须增强党组织政治功能和组织力凝聚力,锻造敢于善于斗争、勇于自我革命的干部队伍。党的自我革命依靠从中央到基层的全层次推动,既要在党中央的正确领导下全面布局,又要在各级党组织的各项工作中自觉贯彻。党的组织建设是自我革命的组织保证,各级党组织在中央统一部署下将党中央决策部署落在实处、落在深处、落在细处,这就保证了党的自我革命的全方位展开。党的自我革命依靠各级领导干部的全力推动,锻造一大批保持共产党人政治本色、挺起共产党人精神脊梁的优秀干部,造就一大批不谋任何自己特殊利益的中坚力量,党的自我革命就有了一大批站在前列、挺立高处的带头人、攻坚者。

6.以制度建设建构牢固基石

党的自我革命是自我净化、自我完善、自我革新、自我提高的完整体系,是具有严密内在逻辑关系的系统工程。党的自我革命不仅要依靠组织系统推动,而且要依靠制度体系保障。党的百年奋斗史,也是党的制度不断规范完善的过程。在新民主主义革命时期,党制定了纲领和章程,发布了《中共中央关于增强党性的决定》《关于严格执行报告制度的指示》等法规,通过严明党纪,将思想行动统一起来,有力保障了党领导全国人民夺取政权。在社会主义革命和建设时期,党围绕党的领导和党的建设出台了一系列党内法规制度,积极理顺党政关系,有效巩固了新生的社会主义政权。在改革开放和社会主义现代化建设新时期,颁布了《关于党内政治生活的若干准则》《中国共产党党内法规制定程序暂行条例》等重要的法规制度,促进了党内法规建设的系统性、科学性,开启了党的建设新的伟大工程。

进入中国特色社会主义新时代,以习近平同志为核心的党中央把构建全面从严治党制度体系作为推进伟大自我革命的制度保障,立足实际、放眼长远,出台了一批基础性、标志性的制度规范,形成了由党章和党的组织法规、领导法规、自身建设法规、监督保障法规共同构成的覆盖党的领导和党的建设各方面的制度法规体系。制度建设贯穿党的政治建设、思想建设、组织建设、作风建设、纪律建设之中,党的各项建设的制度要求,也都要成为有利于不断清除一切损害党的先进性和纯洁性的因素,推进党的自我革命的制度。党的二十大进一步提出完善党的自我革命制度规范体系,健全党统一领导、全面覆盖、权威高效的监督体系,这就从制度规范体系的基础性建设的角度,强化和深化了党的自我革命效能,为党的自我革命建构起牢固基石。

(四)党的自我革命的评价体系

评价体系,即评价指标体系,是指衡量自我革命的多个指标所构成的具有内在结构的有机整体。评价体系是党的自我革命体系的重要组成部分,是衡量自我革命效果的检验标准。党的自我革命的评价体系主要包括问题标准、能力标准、人民标准和历史标准。

1.问题标准

坚持问题导向是马克思主义的理论品格和根本要求。马克思提出,问题就是时代的口号,是它表现自己精神状态的最实际的呼声。问题标准就是以解决问题为目的和方向。只有集中全部力量与各种有效资源攻坚克难,盯着问题改、追着问题走,才能提出解决问题的新理念新思路新办法。中国共产党领导人民干革命、搞建设、抓改革，都是为了解决我国的实际问题。中国共产党正是这样一个具有强烈问题导向的政党，始终保持夕惕若厉的忧患意识，始终做到居安思危，不回避问题，勇于向自身的顽瘴痼疾开刀。八七会议、遵义会议、延安整风、"两个务必"整风整党、党的十一届三中全会全面拨乱反正、党的十八大以来的全面从严治党等，都是直面问题、修正错误、使我们的事业转危为安的伟大自我革命。党的自我革命究竟效果如何？评价的标准只能看党内存在的突出矛盾和问题有没有得到解决。在党的二十大报告中，习近平总书记原创性地提出了"大党独有难题"的新观点。他强调："我们党作为世界上最大的马克思主义执政党，要始终赢得人民拥护、巩固长期执政地位，必须时刻保持解决大党独有难题的清醒和坚定。"①大党独有难题为科学把握党情提供了新的视角。面对大党独有难题，只有时刻保持清醒和坚定，持之以恒地逐步破解这些难题，才能始终赢得人民拥护、巩固长期执政地位。因此，评价自我革命的问题标准，就是看大党独有难题解决与否、解决的程度如何，看"损害党的先进性和纯洁性的因素""侵蚀党的健康肌体的病毒"消除与否、消除的程度如何。

2.能力标准

推进党的自我革命，关键是要解决历史这么长、规模这么大、执政这么久的马克思主义政党能否跳出治乱兴衰历史周期率的政治难题。这需要在自我革命实践中不断提升自身的政治能力，特别是提高政治判断力、政治领悟力、政治执行力。提高政治判断力，就是要立足于维护国家政治安全，增强政治敏锐性和政治鉴别力，认清各类腐败问题的政治本质与政治危害，从而清醒辨别是非，做出正确选择。提高政治领悟力，就要从政治上领会党中央

---

① 习近平：《高举中国特色社会主义伟大旗帜 为全面建设社会主义现代化国家而团结奋斗——在中国共产党第二十次全国代表大会上的报告》，人民出版社，2022年，第63页。

重大决策部署,自觉与党中央在思想上、政治上、行动上保持高度一致。

提高政治执行力,需要经常对表对标,推动党中央决策部署落地生根。同时,提高政治能力,要提高辨别政治是非、保持政治定力、驾驭政治局面、防范政治风险的能力。辨别政治是非,首先是对待党的基本理论、基本路线、基本方略以及党和国家的基本制度、基本历史的立场和态度,要善于辨别这些方面的"是"与"非",旗帜鲜明地坚持"是"而反对"非",不能有丝毫的含糊和动摇。保持政治定力,是指坚定理想信念、坚守共产党人精神追求,在大是大非面前不能态度暧昧、不能动摇基本政治立场、不能被错误言论所左右,做到政治信仰不变色、政治立场不动摇、政治方向不偏移。驾驭政治局面,是指准确把握影响政治局面的各种因素尤其是消极因素,坚决同一切破坏安定团结的言行做斗争,善于及时把控各种突发事件,将各种政治隐患化解在萌芽状态,切实维护好和巩固好安定团结的政治局面。防范政治风险,是指能科学预判政治风险所在,正确把握政治风险走向,有效化解政治风险。评价自我革命的能力标准,就是看在经济社会深刻转型的条件下、在各种风险挑战面前,党的政治能力是否足够强大,化解风险挑战的本领是否足够高强。

3.人民标准

马克思主义认为,人民群众是社会物质财富和精神财富的创造者,是推动社会变革的决定性力量。人民立场是中国共产党的根本政治立场,是马克思主义政党区别于其他政党的显著标志。中国共产党打江山、守江山,始终代表最广大人民根本利益,与人民休戚与共、生死相依,没有任何自己特殊的利益,从来不代表任何利益集团、任何权势团体、任何特权阶层的利益,每项政策始终以人民的利益为出发点,为中国人民谋幸福,为中华民族谋复兴。在革命、建设、改革的过程中,中国共产党自始至终以人民的需求为导向,把人民放在心中最高的位置,针对人民最关心、最直接、最现实的利益问题,不断保障和改善民生,促进社会公平正义,让人民有更多的幸福感和获得感。时代是出卷人,我们是答卷人,人民是阅卷人。人民是中国共产党的工作的最高裁决者和最终评判者。中国共产党的执政水平、执政成效怎样,必须而且只能由人民来评判,最终都要看人民是否真正得到了实惠,人民生活是否真正得到了改善,人民权益是否真正得到了保障。在衡量党的自我革命问题上也是如此。中国共产党坚持以人民为中心推进自我革命,尊重人民群众的主体地位和首创精神,顺应人民的新期待、新要求,不断探索自我革命的新内容、新方法、新路径,把群众所急、所思、所盼作为实施自我革命的出发点,聆听人民心声、回应现实需要,努力让人民群众得到更多实惠。因此,自我革命的成效如何,必须由人民群众进行评判和验收,人民群众的幸福感、获得感和满意度是检验自我革命成效的根本标准。

4.历史标准

历史标准就是把历史、现实、未来贯通起来,从中把握历史规律和发展趋势并做出定位和判断。党的各项工作都要经得起历史检验,党的自我革命也是如此。坚持历史标准,就要联系五千多年中华文明史、五百多年世界社会主义发展史、建党一百多年、新中国成立七十多年、改革开放四十多年的历程,把党的自我革命放在"历史长河"中进行定位和评判,把握自我革命的重大意义、评判自我革命的重要成果、展望自我革命的发展趋势。评判党的自我革命是否成功,关键要看党的历史使命是否完成。对于无产阶级政党的历史使命,马克思、恩格斯明确指出,共产党人不屑于隐瞒自己的观点和意图,而是公开宣布"我们的目的是要建立社会主义制度"和"实现共产主义"。实现中华民族伟大复兴是近代以来中华民族最伟大的梦想,谁能够肩负起这个历史使命,谁就能赢得各族人民的衷心拥护,成为中华民族的主心骨。

"中国共产党一经成立，就把实现共产主义作为党的最高理想和最终目标，义无反顾肩负起实现中华民族伟大复兴的历史使命。"①回顾党的奋斗历程，不同历史时期，尽管面临的主要任务不同，但是党始终紧扣实现中华民族伟大复兴这一主题，勇于克服前进道路上的各种风险挑战，不断推进自我革命，努力为完成自身的历史使命不懈奋斗。因此，党的历史使命的完成状况是评判党的自我革命是否成功的关键要素。

---

① 习近平：《决胜全面建成小康社会 夺取新时代中国特色社会主义伟大胜利——在中国共产党第十九次全国代表大会上的报告》，人民出版社，2017年，第13页。

第二章　中国共产党自我革命的理论逻辑

理论清醒是政治坚定和行动坚定的前提。作为中国共产党最鲜明的政治品格，坚持自我革命是党百年奋斗的宝贵历史经验之一。正因为具有自我革命的理论自觉，中国共产党才能在危难之际重新奋起，在失误之后拨乱反正，在挫折磨难中不断提升。勇于自我革命，是马克思主义赋予党的内在品格，是践行党的初心使命的必然要求，是对党内法规制度优势的充分发挥，也是对中华民族自省文化的继承发展。

一、政党属性：马克思主义政党的本质要求

强大的政党只有在革命性锻造中才能更加坚强有力。只有在革命中，无产阶级政党才能抛却自己身上一切陈旧的东西，真正胜任重建社会的工作。马克思指出："如果说无产阶级在反对资产阶级的斗争中一定要联合为阶级，如果说它通过革命使自己成为统治阶级，并以统治阶级的资格用暴力消灭旧的生产关系，那么它在消灭这种生产关系的同时，也就消灭了阶级对立

和阶级本身的存在条件,从而消灭了它自己这个阶级的统治。"①马克思主义政党以实现人的自由全面发展和解放全人类为己任,要实现这样的崇高使命,就必须永葆先进性和纯洁性,就要勇于自我革命。

(一)马克思主义是革命的理论

革命是无产阶级政党的永恒主题。马克思主义首先是一种革命的理论。在马克思、恩格斯的著作中,充满了革命与斗争的精神。恩格斯在《在马克思墓前的讲话》中强调,马克思"首先是一个革命家",斗争是马克思的生命要素。革命性是马克思主义理论的本质属性。马克思主义革命理论也是一条鲜活的红线,同马克思主义哲学、政治经济学与科学社会主义一道,构成了马克思主义完整的思想理论体系。

马克思主义认为,革命是改变现实的实践活动。《关于费尔巴哈的提纲》奠定了马克思革命思想的主要框架,从而使马克思的革命理论与其他思想家的革命理论区别开来。马克思强调,"哲学家们只是用不同的方式解释世界,问题在于改变世界"②。人类社会的发展是在人类的实践运动中展开的,人的实践活动是社会变革的基础运动,也是人类社会进步的动力,而人类实践运动的一条主线就是改造世界。马克思认为:"对实践的唯物主义者即共产主义者来说,全部问题都在于使现存世界革命化,实际地反对并改变现存的事物。"③人的实践行为就是一种革命化的手段,贯穿在"改变世界"的过程之中。

在《共产党宣言》中,包含着关于无产阶级革命的原因、程序、目的、结果

---

① 《马克思恩格斯选集》(第1卷),人民出版社,2012年,第422页。

② 《马克思恩格斯选集》(第1卷),人民出版社,1995年,第57页。

③ 《马克思恩格斯选集》(第1卷),人民出版社,1995年,第75页。

等一系列革命的重大问题。马克思、恩格斯强调:"过去的一切运动都是少数人的或者为少数人谋利益的运动。无产阶级的运动是绝大多数的、为绝大多数人谋利益的独立的运动。"①无产阶级政党的使命就是要领导广大人民群众,团结一切可以团结的力量,进行无产阶级革命,消灭一切剥削和压迫,建立无产阶级专政,最终实现共产主义、解放全人类。革命具有长期性、复杂性和持续性,要将无产阶级革命进行到底,没有指向自身的自我革命,革命者无法实现淬炼思想、纯洁队伍、健全肌体、保持活力的目的,也无法卓有成效地推进以改造客观外部世界为目的的革命。党的自我革命是社会革命前提和条件,只有敢于对自身行为和客观存在进行批判,始终坚持对的、改正错的,做到正视问题、解决问题,才能引领和推动中国的社会革命。

在《资本论》中,包含着关于资本主义社会的批判理论,其目标就是通过资本批判而追求人之自由,最终实现"最高级自由革命"②。马克思通过对当代资本主义世界的批判研究,为革命理论的正当性进行了合理论证。马克思基于当时资本主义世界的现实,特别是对资本主义世界的经济生产活动进行了长达数十年的研究,力图通过对资本主义经济生产活动中的矛盾分析,对整个资本主义的生产方式和现实状况进行揭露和批判。在《资本论》中,马克思通过深入的研究揭示出了资本的本质与剩余价值规律,并且进一步阐释了资本主义由产生、发展到灭亡的自然规律,从而在理论上为无产阶级反抗资产阶级,发动革命改变现实状况提供了合法正当性。因此,马克思主义革命理论是一种由无产阶级发动起来的"解放世界的事业"的理论,正如恩格斯所言"解放世界的事业,是现代无产阶级的历史使命。深入考察这一事业的历史条件以及这一事业的性质本身,从而使负有使命完这一事业的今

---

① 《马克思恩格斯选集》(第1卷),人民出版社,2012年,第411页。
② [美]罗伯特·查尔斯·塔克:《马克思主义革命观》,高岸起译,人民出版社,2012年,第52页。

天受到压迫的阶级认识到自己的行动的条件和性质，这就是无产阶级运动的理论表现即科学社会主义的任务"①。

从目的性和对象性而言，马克思主义革命理论是号召无产阶级行动起来，推翻资产阶级统治的革命学说。革命是一种政治行为，但是引起革命的真正原因却不在政治生活领域之中，而是来自社会生产领域的经济活动，主要表现为生产力和生产关系发生矛盾而产生的一系列斗争与冲突。在人类社会发展中，生产力是一个反映社会发展快慢的最直观与最活跃的因素，而生产力本身也处在不断变革的进程之中。无产阶级要真正实现自己的解放，必然要推翻资产阶级的剥削和统治，并对资本主义社会的政治制度、经济制度、社会生活状况以及整个上层制度进行全面的革命性变革。因此，无产阶级革命的核心问题是政权问题。无产阶级如果不能通过政治革命夺取政权上升为国家的主人，无产阶级就不可能顺利地在国家政治、经济层面实现自己的正当地位。对此，恩格斯指出："革命是政治的最高行动，谁要想革命，谁就必须承认准备革命和教育工人进行革命的手段，即承认政治行动，没有政治行动，工人总是在战斗后的第二天就会受到法尔夫和皮阿之流的愚弄。"②

在马克思主义经典作家的著作中还涉及无产阶级革命的战略和策略的理论。无产阶级革命的战略和策略是辩证统一的。具体而言，一方面，无产阶级战略指导无产阶级策略，策略是战略的一部分，战略关乎全局性，策略涉及阶段性；另一方面，二者的区分是相对的，在一定条件下可以相互转化。无产阶级在制定具体的革命战略和革命策略时，要分清敌我友，团结一切可以团结的力量。要坚持整个无产阶级的利益，协调处理好国际利益与民族利益、长远利益与眼前利益、整体利益与局部利益、共同利益与个人利益等的

---

① 《马克思恩格斯选集》(第 3 卷)，人民出版社，1995 年，第 634 页。

② 《马克思恩格斯选集》(第 3 卷)，人民出版社，1995 年，第 123~124 页。

关系。要坚持原则性和灵活性相统一,在坚持无产阶级的立场和利益的前提下,灵活地采取斗争的策略,讲究斗争的艺术。自我革命作为一种战略或策略,是中国共产党根据社会历史条件和革命实践进行的理论创新,是保持中国共产党旺盛生机和活力的策略表达。

(二)马克思主义政党是勇于自我革命的政党

无产阶级政党理论是指导无产阶级政党建设的理论依据,也是中国共产党自我革命最直接的理论来源。马克思主义的无产阶级政党建设理论包括马克思、恩格斯的无产阶级政党理论以及列宁的共产党执政理论和执政党建设思想。

19世纪三四十年代,无产阶级运动的深入发展,迫切需要建立一个用先进科学理论武装的、按照严格的组织制度建立起来的、能够为工人运动提供正确的行动纲领和策略的政党作为工人运动的核心和领导者。马克思、恩格斯在指导工人运动的实践中逐渐积累了建立无产阶级政党的经验。历史唯物主义的创立奠定了建立无产阶级政党的理论基础。此外,通过宣传共产主义理论,批判空想主义和宗派主义等,极大提高了各国共产主义者和革命者的觉悟。1848年发表的《共产党宣言》是马克思、恩格斯为世界上第一个无产阶级政党——共产主义同盟撰写的纲领,也是第一部全面阐释无产阶级政党理论的科学著作。在《共产党宣言》中,马克思、恩格斯阐述了无产阶级政党的性质、特点、基本纲领和策略原则等,标志着无产阶级政党理论的诞生。

列宁紧密结合俄国革命和建设实际,以马克思主义为指导,创立了新型无产阶级政党理论。列宁关于民主集中制原则、批判与自我批评原则、执政党的先进性建设等理论,对马克思主义无产阶级政党理论做出了重大贡献。关于共产党如何领导和执政,列宁指出,共产党的领导是"对所有国家机关

的工作进行总的领导",而不是过分频繁的、琐碎的干预;共产党执政要始终
代表群众的根本利益,保持同群众的密切联系。总之,共产党治国理政是不
同于任何其他执政党的,它既是执政者,也是领导者,始终坚持伟大的历史
使命,在共产主义实现之日,政党和国家也随着阶级的消灭而消亡。关于如
何巩固无产阶级专政,取得社会主义共产主义的胜利,列宁认为,一是要反
对骄傲自大和官僚主义,他严厉批判了有些"共产党员的狂妄自大",同时指
出"我们内部最可恶的敌人就是官僚主义";二是要发展党内民主,他强调要
不断吸收新成员,实行集体领导和个人分工负责相结合等;三是要加强党内
监督,他指出党的各级监察委员会应"由受党的培养最多、最有经验、最大公
无私且最能严格执行党的监督的同志组成";四是要维护党的团结统一,他
提出改善党的队伍质量问题,清除"徒有其名的党员""混进党里来的人"、官
僚化分子、不忠诚和不坚定的党员等。这些都为中国共产党进行自我革命提
供了理论指导。

中国共产党勇于进行自我革命是由无产阶级政党理论决定的。首先,是
由无产阶级政党的性质决定的。马克思指出:"共产党人不是同其他工人政
党相对立的特殊政党。他们没有任何同整个无产阶级的利益不同的利益。"①无
产阶级政党代表无产阶级的根本利益。作为中国工人阶级的先锋队,同时也
是中国人民和中华民族的先锋队,中国共产党没有私利也不谋私利,因此才
具备条件和可能进行彻底的自我革命,始终坚持以马克思主义为指导,不忘
初心和使命,站在最广大人民群众的利益立场上对自身进行净化和完善。

其次,是由无产阶级政党的作用决定的。无产阶级政党具有教育、组织
和领导作用。无产阶级政党的教育作用表现在通过宣传、教育和引导等方

---

① 《马克思恩格斯选集》(第 1 卷),人民出版社,2012 年,第 413 页。

式,对广大工人进行科学理论武装,促使其进行自觉的革命行动;组织作用表现为通过团结一切可以团结的力量,把全社会动员起来、整合起来、集中起来,凝聚成统一的、有战斗力的政治力量;领导作用表现为通过指明方向、确定道路、坚定理论,带领广大人民群众为无产阶级革命事业而努力奋斗。中国共产党要真正发挥好无产阶级政党的作用,既要不断进行理论革命,以马克思主义中国化理论成果武装人民,不断推进伟大的社会革命;又要不断进行组织革命,通过吸收各领域的社会精英进入党组织实现组织队伍的革新,同时团结各民主党派、组织全社会爱党爱国的人民群众汇聚成强大的政治合力,凸显中国特色社会主义集中力量办大事的特色优势;还要不断进行政治革命,通过不断增强"四个意识"、坚定"四个自信"、做到"两个维护",发挥共产党员的先锋模范作用,领导广大人民群众沿着中国道路不断前进。

最后,是由无产阶级政党的组织原则决定的。民主集中制是无产阶级政党的组织原则,一方面,无产阶级政党要充分发扬民主,集中绝大多数党员的意见,以确保党的决策的科学性和正确性;另一方面,无产阶级政党要坚持集中统一。作为一个有机整体,党必须保持思想统一和行动,才能真正发挥党组织的战斗堡垒作用。党内民主决定了中国共产党自我革命的可能性,只有充分发扬民主,通过批评与自我批评等民主的方式才能发现党员个体和党组织的问题,才能充分发掘关于党的建设和发展的集体智慧;党的集中又决定了中国共产党自我革命的现实性,只有党中央统一部署、协调和推进党的自我革命,全党才能在思想上政治上行动上保持一致,共同推进党的自我净化、自我完善、自我革新和自我提高。

中国共产党自我革命是在无产阶级政党理论框架内进行的。列宁指出,"全部历史,特别是历次革命的历史,总是比最优秀的政党、最先进阶级的最觉悟的先锋队所想象的更富有内容,更形式多样,更范围广阔,更生动活泼,

'更难以捉摸'"①。因此,推进党的自我革命最根本的就是坚持实事求是的思想精髓,在坚持党的领导和加强党的建设两个理论领域进行党的自我革命。进行党的自我革命最核心和最关键的是坚持和加强党的领导。自我革命首先要强调党组织的统一,反对分裂党组织;其次"是靠这个先锋队所实行的政治领导正确,靠它的政治战略和策略正确"②来强力推进党的自我革命战略;最后"是靠无产阶级先锋队的觉悟和它对革命的忠诚,是靠它的坚忍不拔、自我牺牲和英雄气概"③来将自我革命的实践落地见效。

　　进行自我革命要不断加强党的建设。在组织建设方面,列宁强调党是工人阶级的先进部队,是工人阶级的有组织的部队,是无产阶级组织的最高形式,是无产阶级专政的工具,是全体党员意志的统一,是靠清洗党内的机会主义分子而巩固起来的"④;在作风建设方面,列宁强调"没有铁一般的斗争中锻炼出来的党,没有为本阶级一切正直的人们所信赖的党,没有善于考察群众情绪和影响群众情绪的党,要顺利地进行这种斗争是不可能的"⑤;在纪律建设方面,列宁强调"无产阶级政党的内部就必须实行极严格的集中和极严格的纪律"⑥,等等。此外,进行自我革命要讲究革命的战略和策略。进行自

---

　　①　中共中央马克思恩格斯列宁斯大林著作编译局:《列宁专题文集:论无产阶级政党》,人民出版社,2009 年,第 259~260 页。

　　②　中共中央马克思恩格斯列宁斯大林著作编译局:《列宁专题文集:论无产阶级政党》,人民出版社,2009 年,第 245 页。

　　③　中共中央马克思恩格斯列宁斯大林著作编译局:《列宁专题文集:论无产阶级政党》,人民出版社,2009 年,第 245 页。

　　④　俞良早:《东方视域中的列宁学说》,中共中央党校出版社,2001 年,第 503 页。

　　⑤　中共中央马克思恩格斯列宁斯大林著作编译局:《列宁专题文集:论无产阶级政党》,人民出版社,2009 年,第 252 页。

　　⑥　中共中央马克思恩格斯列宁斯大林著作编译局:《列宁专题文集:论无产阶级政党》,人民出版社,2009 年,第 252 页。

我革命要坚持正确的方向,确定革命的力量,根据形势的变化以新的斗争口号代替旧的斗争口号,以新的斗争形式代替旧的斗争形式。中国共产党所进行的自我革命是"需要坚持不懈、纪律严明、坚定不移、百折不挠和意志统一的战争"①,要充分吸收列宁的执政党建设思想。在坚持执政党建设原则方面,要反对骄傲自大和官僚主义、发展党内民主、加强党内监督、维护党的团结统一等;在开展工作方面,要"把对共产主义思想的无限忠诚同善于进行一切必要的实际的妥协、机动、通融、迂回、退却等等的才干结合起来"②。

二、价值理念:践行党的初心使命的必然要求

中国共产党是以马克思主义为指导、以全心全意为人民服务为根本宗旨的无产阶级政党。党的初心使命明确了党的价值追求和价值理想。中国共产党为人民而生,因人民而兴,把人民的价值诉求作为党的价值追求,为人民利益而奋斗。为人民谋幸福、为民族谋复兴是马克思主义的鲜明理论品格,是中国共产党人不断前行的强大动力,也是党敢于刀刃向内自我革命的勇气之源、底气所在。

(一)初心使命是马克思主义政党的鲜明底色

中国共产党人的初心和使命,就是为中国人民谋幸福,为中华民族谋复兴。党的初心和使命是党的性质和宗旨的集中体现。近代以来,中国共产党

---

① 中共中央马克思恩格斯列宁斯大林著作编译局:《列宁专题文集:论无产阶级政党》,人民出版社,2009年,第245页。

② 中共中央马克思恩格斯列宁斯大林著作编译局:《列宁专题文集:论无产阶级政党》,人民出版社,2009年,第259页。

在中华民族积贫积弱的时期,在马克思主义科学理论的指导下,勇敢承担起
争取民族独立和人民解放的历史重任。从石库门到天安门,从兴业路到复兴
路,党始终把为中国人民谋幸福、为中华民族谋复兴作为自己的初心和使
命,把实现和维护最广大人民根本利益作为开展工作的出发点和落脚点,生
动诠释了对马克思主义的忠诚信奉和坚定实践。党的初心和使命是党的理
想信念和奋斗目标的集中体现。实现共产主义是马克思主义的最终理想,也
是我们党的最高理想和最终目标。对于共产主义,马克思、恩格斯进行了描
述:"代替那存在着阶级和阶级对立的资产阶级旧社会的,将是这样一个联
合体,在那里,每个人的自由发展是一切人的自由发展的条件。"①在共产主
义社会中,人在对生产力和财富全面占有的基础上,实现了基于个体差别的
自我实现。中国共产党自诞生之日起,就把对实现人的自由解放的共产主义
追求转化为初心使命,转化为理想信念和政治灵魂,把坚定共产主义远大理
想和中国特色社会主义共同理想相统一,不断把为崇高理想奋斗的伟大实
践推向前进。

　　党的初心和使命是激励中国共产党人不断前进的根本动力。习近平总
书记指出:"回顾党的历史,为什么我们党在那么弱小的情况下能够逐步发
展壮大起来,在腥风血雨中能够一次次绝境重生,在攻坚克难中能够不断从
胜利走向胜利,根本原因就在于不管是处于顺境还是逆境,我们党始终坚守
为中国人民谋幸福、为中华民族谋复兴这个初心和使命。"在新民主主义革
命时期,党团结带领人民浴血奋战、百折不挠,为的是推翻"三座大山",使中
国人民站起来;在社会主义革命和建设时期,党团结带领人民自力更生、发
愤图强,为的是改变国家一穷二白的落后面貌,使中华民族屹立于世界民族

---

① 《马克思恩格斯文集》(第 2 卷),人民出版社,2009 年,第 53 页。

之林；在改革开放和社会主义现代化建设新时期，党团结带领人民解放思想、锐意进取，为的是让中国人民富起来，让中国大踏步赶上时代；中国特色社会主义进入新时代，党团结带领人民自信自强、守正创新，为的是推动中华民族实现从站起来、富起来到强起来的伟大飞跃。

（二）初心使命为党的自我革命提供保障

勇于自我革命是马克思主义政党的内在要求。马克思主义是一个由马克思、恩格斯创立的，为后继者所发展的，以反对资本主义、建设社会主义和共产主义为最终目标的科学理论体系，它深深根植于人类社会生活实践和无产阶级革命运动实践。这就决定了它不是一个固守已有结论的封闭的理论体系，而是一个随着实践发展不断丰富的理论体系。前进道路上，如何科学对待马克思主义，成为中国共产党不忘初心、牢记使命的重大考验。这就要求中国共产党始终站在时代前列，反映时代要求，引领时代潮流，不断推动马克思主义中国化时代化，在不断总结和回答时代提出的问题的基础上进行理论创新和自我革命。一方面，在坚持和继承的前提下发展，在发展和创新过程中坚持。把坚持马克思主义和发展马克思主义统一起来，结合新的实践不断做出新的理论创造；另一方面，坚持理论创新和实践创新相统一，努力实现理论创新引领实践创新、实践创新推动理论创新的良性互动。唯其如此，马克思主义政党才能始终充满生机和活力，具有强大生命力和战斗力。

勇于自我革命是党永葆先进性和纯洁性的根本途径。马克思、恩格斯从理论上揭示了社会主义、共产主义社会的必然历史趋势，但是他们不可能预见各个社会主义国家的国家治理具体情况，更不可能预见共产党作为执政党将要面对的各种风险和挑战。中国共产党人深深懂得，马克思主义政党的先进性和纯洁性不是随着时间推移而自然保持下去的，共产党员的党性不是随着党龄增长和职务提升而自然提高的。在长期执政条件下，弱化党的先进性、损害党的纯洁性的因素总是存在，违背初心和使命、动摇党的根基的危险总是存在，如果不能通过高度自觉的自我革命刮骨疗毒、去腐生肌、强身健体，久而久之，必将积重难返，小问题就会变成大问题、小管涌就会沦为大塌方，甚至可能酿成全局性、颠覆性的灾难。中国共产党人应对执政考验的态度一贯清醒而坚定，基本思路是"赶考"，即把执政视为应答时代命题、接受人民评判、决定自身命运的考试。这样的清醒和坚定，来源于摆正党和人民的关系，从而使中国共产党勇于为人民利益而进行刀刃向内的自我革命。新时代，习近平总书记反复强调，"党面临的'赶考'远未结束"，要"始终保持奋发有为的进取精神，永葆党的先进性和纯洁性，以'赶考'的清醒和坚定答好新时代的答卷"。"赶考"集中体现了中国共产党以人民为中心的执政理念和谦虚谨慎向人民学习的态度，表明党在人民面前是恭敬向学的学生，在时代层出不穷的挑战面前是永不懈怠的学生，在绘制历史恢宏画卷中是尊师重道的学生。"赶考"是接受人民评判的自省精神，表明中国共产党自我评价的标准是客观的，对于人民和历史的评判是无条件接受的，对于认清自身存在的问题并认真加以改正的态度是完全诚恳的。"赶考"是认识问题和解决问题的进行时，表明我们党接受人民和历史的检验不是一次性的，而是"永远在路上"，彰显了时刻自省、永不懈怠的革命精神。

勇于自我革命是党应对时代变局的必然要求。当前，国际力量对比深刻调整，外部发展环境更趋复杂严峻。中国作为世界和平建设者、全球发展贡献者、国际秩序维护者，正日益走近世界舞台的中央。但是以美国为首的西方反华势力采取单边主义政策，不断在贸易、科技和文化交流等领域制造矛盾，妄图打击和遏制中国发展。从国内来看，当前我国社会主要矛盾发生转变，经济社会发展进入"三期叠加"的矛盾凸显阶段，全面深化改革涵盖领域的广泛性、触及利益格局调整的深刻性、涉及矛盾和问题的尖锐性、突破体制机制障碍的艰巨性、进行伟大斗争形势的复杂性前所未有。面对复杂的国内外形势,党要更好地满足人民对于美好生活的新期待,就需要增强忧患意识、居安思危,保持战略定力,办好自己的事,将自我革命进行到底。

三、制度支撑:党内法规制度优势的充分发挥

以民主集中制为核心的党内法规制度是中国共产党自我革命的重要制度支撑。一百多年来,正是由于以民主集中制为核心的党内法规制度优势的充分发挥,中国共产党才能发扬彻底的自我革命精神,破除体制机制之顽疾、突破思维思想之障碍、攻陷改革发展之壁垒,使我们党能够在顺境中居安思危,在逆境中保持坚韧。

民主集中制是民主和基础上的集中和集中指导下的民主相结合的制度。民主集中制是党的重要组织原则。党的一大召开前夕,陈独秀委托陈公博带给一大讨论的党纲中就指出要实行民主集权制。党的一大至四大虽没有明确提出民主集中制的概念,但在大会通过的党纲、党章、党章修正章程中都体现了民主集中制的精神。受党的五大委托,1927 年 6 月由中央政治局会议讨论通过的《中国共产党第三次修正章程决案》,在“党的建设”一章中明确提出党的指导原则为民主集中制,正式把这一组织原则写进党章。确立民主集中制的原则,对于党充分发扬民主、正确实现集中、保证党的思想统一和行动一致具有重要意义。由于这一时期党所处的环境非常复杂,自身力量又不够强大,党内仍然是集权型的权力结构,强调高度集中和绝对服从,集中多于民主。

党的五大通过的《组织问题议决案》,提出了党的集体领导原则,指出:

"中央应该强毅地实行集体的领导。"①为了实现集体领导,一方面,设立中央政治局并组织中央常务委员会,取消之前对总书记职权的规定,并就议事报告制度做出规定,这就防止了个人专断,有利于加强地方组织对中央组织的监督。另一方面,扩大党的中央委员会,党的五大选举中央委员 31 人,候补中央委员 14 人,比之前几届代表大会的人数多得多(二大分别是 4 人、3 人,三大和四大分别是 9 人、5 人)。这进一步健全了党的中央机关,加强了集体领导原则,为后来的八七会议奠定了重要的组织基础。

　　民主集中制的组织原则提出后,中国共产党根据革命斗争的实际和党的建设的需要不断进行发展。1938 年,党的六届六中全会把纪律的内容概括为"(甲)少数服从多数;(乙)下级服从上级;(丙)个人服从团体;(丁)全党服从中央"②,并提出要与破坏纪律的行为(不受调动、讨价还价、破坏党的决定、自由批评上级等)做斗争。这是党的历史上首次提出"四个服从"的概念。"四个服从"不仅体现了民主而且体现了集中,是民主集中制的重要内容。

　　党的七大通过的党章首次在条文前面增加《总纲》,在《总纲》中提出:"中国共产党是按民主集中制组织起来的,是以自觉的、一切党员都要履行的纪律联接起来的统一的战斗组织。"③在《党的组织机构》一章中明确了民主集中制的含义和基本条件,指出民主集中制是民主基础上的集中和集中领导下的民主,其基本条件包括各级领导机关由选举产生、各级领导机关向自己的党组织做工作报告、坚持"四个服从"、严格遵守党纪并无条件执行党的决议。由此进一步丰富了民主集中制的内涵,使党的组织更加严密,同时"四个服从"成为组织纪律的核心内容,为党加强组织纪律建设提供了重要

————————

　　①　《中共中央文件选集》(1927),中共中央党校出版社,1983 年,第 67 页。

　　②　《中共中央文件选集》(1936—1938),中共中央党校出版社,1985 年,第 633 页。

　　③　《中共中央文件选集》(1945—1947),中共中央党校出版社,1987 年,第 55 页。

遵循。

新中国成立后,为更好执掌全国政权,恢复和发展社会生产力,中国共产党严格执行民主集中制,严肃党内政治生活,及时解决党内存在的突出问题,推动党的建设不断加强。新中国成立后,党面临的脱离群众、脱离集体领导的危险性大大增加。对此,毛泽东指出:"我们需要建立一定的制度来保证群众路线和集体领导的贯彻实施,而避免脱离群众的个人突出和个人英雄主义,减少我们工作中的脱离客观实际情况的主观主义和片面性。"①针对这一时期的现实情况和党的历史经验,结合苏联共产党出现的脱离群众、个人崇拜的教训,明确提出共产党执政后要继续坚持民主集中制,坚持集体领导原则,只有这样才能推动党的事业取得成功。

毛泽东在不同场合多次强调了民主集中制和集体领导的重要性。在1953年8月召开的全国财经工作会议上,他就强调只有实行集体领导,反对分散主义和主观主义,才能保证社会主义的成功。1953年12月,毛泽东在审阅党在过渡时期总路线的学习和宣传提纲时,专门写了一段话,进一步强调了集体领导的极端重要性,他说:"集体领导是我们这一类型的党的最高组织原则,它能防止分散主义,它能防止党内个人野心家的非法活动(如像中国的张国焘,苏联的贝利亚),因此必须特别强调和认真实行党组织的集体领导制度,而决不可以不适当地过分地去强调任何个人的英雄作用。"②针对一些党内干部对集体领导重要性认识不足的现象,1954年2月,毛泽东在起草的《关于增强党的团结的决议》中明确提出要严格遵守民主集中制,遵守集体领导原则,坚决反对分散主义和个人主义,反对骄傲情绪和个人崇拜。1956年,党的八大通过《党章》重申了民主集中制的组织原则,强调只有发扬

---

① 《毛泽东文集》(第七卷),人民出版社,1999年,第19页。
② 《建国以来重要文献选编》(第四册),中央文献出版社,1993年,第730页。

党内民主,党的集中统一才能巩固,才能建立自觉的纪律。同时,党的民主原则不能离开党的集中原则,只有实现正确的集中,党才能带领人民战胜强大的敌人,实现社会主义和共产主义。

改革开放以后,中国共产党贯彻执行民主集中制,在实践中不断优化民主集中制的内部关系,既发挥了民主决策的优势,又发挥了高效集中的优势。1979 年 3 月,邓小平指出,民主集中制是"民主基础上的集中和集中指导下的民主相结合"①,表明党从"相结合"的辩证视野贯彻执行民主和集中两方面内容,对于民主集中制构成要素的理解更趋合理。1980 年 8 月,邓小平强调,不宜过分集中,否则就会严重伤害和谐民主的氛围、集思广益的空间、集体决策的环境。1982 年的十二大党章指出,所有组织和个人都必须无条件贯彻执行民主集中制原则,在确保维护党内领导人权威的基础上,严禁"任何形式的个人崇拜"②。1989 年 12 月,江泽民强调,民主集中制是"实现决策科学化、民主化必不可少的制度保证"③。2007 年 12 月,胡锦涛指出,坚持和发扬民主集中制,可以"巩固全党的团结统一、增强全党的创新活力"④。

党的十八大以来,中国共产党以制度机制建设为重点,发挥民主集中制在治国理政中的巨大政治优势,在实践中最大限度地发挥了民主集中制的政治作用。2018 年 8 月修订的《中国共产党纪律处分条例》首次提出了"两个维护"。作为新时代加强党的政治建设的首要任务,"两个维护"是党对民主集中制的创造性运用。一方面,做到"两个维护"的过程就是发挥民主集中制的政治优势的过程。这体现在,做到"两个维护",即要求在民主的氛围下坚

---

① 《邓小平文选》(第 2 卷),人民出版社,1994 年,第 175 页。

② 《十二大以来重要文献选编》(上),人民出版社,1986 年,第 74 页。

③ 《江泽民文选》(第 1 卷),人民出版社,2006 年,第 97 页。

④ 《十七大以来重要文献选编》(上),中央文献出版社,2009 年,第 115 页。

持和加强集中领导,同时要求在正确的集中领导下保障最广泛的民主诉求。另一方面,"两个维护"在民主集中制的"四个服从"原则基础上进一步突出强调了对党的领袖的拥护。"四个服从"中最根本的一条就是要做到"全党服从党中央"。这与"两个维护"强调的"坚决维护党中央权威和集中统一领导"是一致的。在此基础上,两个维护还强调了要"坚决维护习近平总书记党中央的核心、全党的核心地位",这就以党的根本政治任务的形式表达了对党内领袖地位和权威的尊重和维护。新时代,中国共产党坚持以民主集中制为抓手推动全面从严治党向纵深发展。一方面,民主集中制被确立为新时代"强化党内监督的核心",要通过贯彻执行民主集中制实现对党内全方位、全方面、全覆盖的民主监督。另一方面,党中央在新时代创造性地把民主集中制运用于严肃党内政治生活的各方面和各环节。习近平总书记强调,民主集中制是"党内政治生活正常开展的重要制度保障"①。只有贯彻执行民主集中制原则,才能提高党的组织性和纪律性,才能规范党内政治秩序,形成清朗的党内政治生态。

四、文化传统:中华优秀传统文化的继承发展

中华文明是人类历史上唯一一个绵延五千多年未曾中断的古老文明,孕育了博大精深、悠久灿烂的中华优秀传统文化。中国共产党人始终是中华优秀传统文化的忠实继承者和弘扬者,在推进马克思主义中国化时代化的同时,不断锤炼锻造形成了独特的自我革命精神。中国共产党"自我革命"的文化资源是多维度的,其继承了来自马克思主义否定之否定规律,借鉴了西

---

① 《关于新形势下党内政治生活的若干准则 中国共产党党内监督条例》,中国法制出版社,2016年,第27页。

方自我认知的理性传统,创造性运用了中华优秀文化中的自省传统。党在延安时期就曾指出:"中国共产党人是我们民族一切文化、思想、道德的最优秀传统的继承者,把这一切优秀传统看成和自己血肉相连的东西,而且将继续加以发扬光大。"明确指出党是优秀传统文化的继承者。我们党之所以能在关键时期敢于坚持真理,敢于自我革命,正是作为马克思主义政党,在政治伦理中很好地继承并发扬了中华优秀文化的自省传统。

(一)中华文化基因中的"变革"思想

中华文明延绵数千年至今仍显示出巨大的生命力,很大程度上来源于中华文化基因里蕴含的"革新"意识。中国文明史,就是一部变革与创新的历史。在中国传统文化的视野中,天地能四季循环、滋生万物的原因,就在于它处于一个不断变化的过程中。这种思维运用到政治生活中就形成了变革、革新的政治理念。先是有汤之盘铭曰:"苟日新,日日新,又日新。"后有周开文教之风,盛行儒学,出现诸子百家。"生生不息""革故鼎新"等思想逐渐融入中华文化的基因中。《周易》中有"变易""不易""简易"三原则,而其中的"变易"认为万事万物都不是一成不变的,自然界与社会的发展处于不断变化之中,这也进一步说明了革新的重要性。中国传统文化认为事物的发展有兴盛、衰败的规律,新事物取代旧事物是一种象征吉祥的发展规律,如孔颖达注疏中解释:"生生,不绝之辞。阴阳变转,后生次于前生,是万物恒生,谓之易也。"但是革新并不是要一味地舍弃过去而崇尚未来,而是充满辩证色彩地推陈出新、革故鼎新。孔子也在其思想学术活动过程中强调了革新的重要性。在学习方法上,其强调"温故知新",通过温习学过的知识来达到学习新知识的目的,以历史维度来界定知识学习的更新特点,论证了新旧两者的辩证关系。中华文化基因中蕴含的与时俱进精神,一直也是古代执政者推崇的执政理念。法家代表韩非子提出了"时移而难治,则乱治也"的主张,认为国家处于时代变化的发展态势之中,若不改变治理方式、革新治理思维,就会造成混乱。这些都体现了中华文化返古开新、求新求变的精神追求,与中国共产党自我革命精神的内在规定性相契合,是党自我革命精神产生和发展的文化源泉。

(二)中华文化精神中的"自省"思想

自省是中国传统文化中非常重要的修养方法。这套独特的修养方法,要求根据一套普遍的道义原则,经常反省自我的思想意识、言论行动等,审视其是非,辨识其善恶,不断提高道德修养与人生境界。如《论语》的"内省不疚,夫何忧何惧?""见贤思齐焉,见不贤而内省也。""吾日三省吾身"更是耳熟能详的自省方法。《周易》的"见善则迁,有过则改",《孟子》的"行有不得者,皆反求诸己",《资治通鉴》的"尽小者大,慎微者著"等,都在时刻提醒自我反省。至宋明后,自省传统进一步发展,王阳明曾言:"要人晓得一念发动处,便即是行了。发动处有不善,就将这不善的念克倒了,须要彻根彻底,不使那一念不善潜伏在胸中。此是我立言宗旨。"要求时刻以是非善恶来警醒自我。中华文化中的自省传统源远流长,影响深远。中国共产党是优秀传统文化的最坚定继承者与真正发扬者,从建党之日起就把中华民族深远悠久的自省传统作为政党伦理的重要组成部分。这些历代先贤修身治国的重要思想,已成为中国共产党人保持清醒头脑的高度政治自觉,把其转化到勇于自我革命、勇于着力解决自身存在问题的政治坚守上。长期以来,中国共产党不仅养成了发现错误、纠正错误的自我革命习惯,还发展了"实事求是"思想路线,确立了实践是检验真理的唯一标准,找到了"批评与自我批评"有效方法,形成了配套完善的纠错机制和制度性保障,从而能够固本培元、焕然一新,把革命事业不断推向前进。

(三)中华优秀传统美德中的"自强"思想

自强不息,是中华儿女最为亮丽的民族底色,也是中华儿女最为鲜明的民族气节。作为中国传统文化的精神典范,自强不息的精神源远流长、历久弥新,传承千年而不衰,自古以来勉励无数仁人志士迎难而上、不屈不挠,为了理想不懈奋斗。《尚书·皋陶谟》中,皋陶为舜帝提出选取贤人的标准,强调"强而义",要求所选官员应当强直自立、无所屈挠。先秦时期,以孔子为代表的儒家先贤持续诠释自强不息精神,从伦理道德角度出发,反对消极无为,提倡自强不息、刚健有为,以实现"修身、齐家、治国、平天下"的人生理想。孔子在论说儒家最重要的理念"仁"时,指出"刚、毅、木、讷近仁",充分契合天道之"健"、人道之"强"。孟子主张人无论在任何处境下都应保持本心,尤其面对逆境时要"动心忍性",自励自强。荀子主张"修道不贰",人应该在遵循客观规律的时候能够"制天命而用之",即改造自然、利用自然、自强不息为人类造福。唐代刘禹锡历经坎坷却矢志不渝,以我命由我不由天的顽强斗志写下"千淘万漉虽辛苦,吹尽狂沙始到金"的豪情壮志。北宋时期,王安石谋求政治上革故鼎新,强调"君子之道始于自强不息",针对北宋中后期冗官、冗兵、冗费的问题,坚持除弊革新,促成了重大的变法运动。程颢、程颐认为天道覆育万物,体现出了生物之德,君子修德应当"终日乾乾""自强不息"。郑板桥托物言志,"咬定青山不放松,立根原在破岩中。千磨万击还坚劲,任尔东西南北风",即使面对严峻环境,依然展示出坚韧毅力与顽强品格。清末,康有为等人面对内外交弊,明确指出"自强"的重要性,认为上天不佑弱者,只有自强才能改变中国的衰弱局面。中国共产党人很早就将这些自强不息的民族精神铭刻于心,激励全党继续以勇于自我革命的精神开创事业新局面,为实现中华民族伟大复兴提供价值引领。

(四)中国古代治国智慧中的民本思想

民本思想作为中国古代的政治准则,影响深远,先贤思想家与统治阶级通过对民生的关注,以此纠正治理思想上的不妥之处。从上古时期的"禅让制"到周朝的"敬天保民",从《管子》"政之所兴在顺民心,政之所废在逆民心"到《尚书》"民惟邦本,本固邦宁""德惟善政,政在养民",再到《荀子》"民为贵,社稷次之,君为轻""水可载舟,亦可覆舟"等,都强调了百姓对国家治理的作用,并警示统治者要亲民、重民、爱民。唐太宗认为以民为本,国之本也,提出了"天地之大者,黎元是也"理念,提倡顺民心意,从民所求原则,让百姓安居乐业,以百姓呼声匡正治理弊病,补齐短板,达到自我完善的目的。民本思想作为中国传统社会的基本价值理念之一,从根本上要求执政者以民为本、以德治国、公正廉洁。中国共产党继承了中华传统文化中的民本思想,将马克思主义的群众观与中国文化中的民本思想相结合,形成了一切为了群众、一切依靠群众、从群众中来到群众中去的群众路线,用实际行动完美诠释了"江山就是人民,人民就是江山"。而中国共产党之所以能够进行自我革命,也正是由于中国共产党始终坚持"以人民为中心",全心全意为人民服务,没有与人民群众相反的私利,也不谋求个人的私利,如此才具有了进行自我革命的原初动力和持续推动力。中国共产党自我革命的价值取向就是坚持"以人为本""以民为本",正是在正确的价值指引下,党的自我革命才能从理论化为实践,并且始终沿着正确的方向前进,不断获取强大的政治力量,不断开辟善政的新境界。

新时代党的自我革命挖掘传统智慧,汲取中华优秀传统文化的精神力量,寻找文化共鸣,让优秀传统文化在实践中得到传承,在创新中得到发展,从而实现优秀传统文化和自我革命精神的深度融合。

第三章　中国共产党自我革命的历史进程

中国共产党的历史就是一部自我革命的历史。新民主主义革命时期,党的自我革命主要表现在对一些党员和党组织思想不纯、组织不纯、主观主义、宗派主义,以及对来自"左"和右两方面的错误进行坚决的斗争。社会主义革命和建设时期,党的自我革命主要表现在对贪污、浪费、官僚主义等进行坚决的斗争。改革开放和社会主义现代化建设新时期,党的自我革命主要表现在对党自身的思想观念、行为习惯、体制机制等方面进行的深刻变革。回顾党的历史,中国共产党之所以能够在各种政治力量的反复较量中脱颖而出,之所以能够始终走在时代前列、成为中国人民和中华民族的主心骨,根本原因就在于中国共产党始终保持自我革命精神,在勇于自我革命中保持先锋队的本色。

一、新民主主义革命时期党的自我革命的初步探索

新民主主义革命时期,中国共产党在同国内外敌人进行革命斗争的过程中,党的自我革命始终贯穿其中,推动党不断发展壮大和革命形势深入向前发展,为战胜国内外异常凶狠的敌人、夺取新民主主义革命的最终胜利奠

定了坚实基础。

（一）大革命时期党的自我革命

中国共产党成立之初就提出要成为组织严密、有集权精神、有铁的纪律的政党。《中国共产党第一个纲领》规定了党的地方委员会的活动要受中央执行委员会的监督，确定了中央的权威；还规定"在党处于秘密状态时，党的重要主张和党员身份应保守秘密"[①]。党的二大在《关于工会运动与共产党的决议案》中指出，要使工会成为团结紧密的、中央集权的和有纪律的产业组合。在《关于共产党的组织章程决议案》中对党员个人的行为提出了明确的要求，如必须在行动上表现出是共产主义者、必须牺牲个人利益以拥护党的一致、随时随地规范自己的言论和行动等。党的三大通过的《中国共产党第一次修正章程》中对入党的程序进行规范，努力使党的组织更加严密。这一时期，党的自我革命主要表现在以下方面。

1.颁布了党的历史上第一个反腐败通告

大革命时期，随着工农运动蓬勃发展，各地积极开展罢工运动，支援北伐战争。但在此时，党的力量还很弱小，1925年党中央决定大力发展党的组织、壮大党的队伍。这时，一些投机分子也进入党的队伍，加上入党把关不严、考察和教育没有跟上，党员数量虽然增多了，但是质量不佳，发生了侵吞公款、贪污腐败的行为，影响了党的形象，降低了党的威望。面对这种情况，1926年8月4日，中国共产党发布了《关于坚决清洗贪污腐化分子的通告》，指出要坚决和这些不良倾向做斗争，并将这些不良分子洗刷出党，以此树立党在群众中的威望。通告发布后，各地及时整顿党的组织，加强党员教育，并

---

① 《中共中央文件选集（1921—1925）》，中共中央党校出版社，1982年，第6页。

把腐化分子清除出党，保证了党的肌体健康和党的纯洁。在大革命高潮时期，党通过发布通告，直面腐败问题，并采取措施坚决加以清除腐败分子，表明了无产阶级政党与腐败现象是不相容的，体现了无产阶级政党勇于自我革命的鲜明态度。

2.设置监察委员会，明确处分方式

不受监督的权力必然导致腐败。中国共产党一经成立，就重视发挥监督的作用，但在党的五大之前一直没有专门的监督机构。1920年，列宁在俄共（布）第九次全国代表大会上提出设立监察委员会，通过建立强有力的监察机构加强党内监督，实践证明，苏共监察机构的设立效果明显，腐败现象得到遏制，民主作风进一步发扬。为了纠正陈独秀的个人专断和家长制的作风，发扬党内民主，纠正党内存在的贪污腐化现象，适应从在野党转换成半政府党，党的五大决定设置监察委员会，规定在全国代表大会和省代表大会中选举中央和省监察委员会。各级检察委员可以参加同级委员的会议，具有发言权，并明确了党的各级组织和监察委员会的关系。这是党的历史上第一次组建监察委员会。中央监察委员会包括主席一人，委员六人，候补委员三人，第一届中央监察委员会主席由王荷波担任。由于当时复杂的历史环境，再加上王荷波的牺牲，监察委员会并没有真正开展工作，但它开启了设立党内监督机构的先河。对于违反党的纪律的行为，《中国共产党第三次修正章程决议案》中规定："对于整个的党部则加以警告，改组或进行总的重新登记（解散组织）；对党员个人，则加以警告，在党内公开的警告，临时取消其党的、国民党的、国民政府的及其他的工作，留党察看，及开除党籍。"①

---

① 《中共中央文件选集（1927）》，中共中央党校出版社，1989年，第152页。

3.严密党的组织,强化党的纪律

中国共产党是组织严密、纪律严明的政党。八七会议通过的《党的组织问题议决案》指出:"要造成坚固的能奋斗的秘密机关。每一党部都应严格的与其上级及下级党部建立极密切的极秘密的联系。"[1]1927 年 11 月 14 日通过的《最近组织问题的重要任务议决案》指出,由于党在组织问题上存在的缺点和弱点,导致产生不能领导广大工农群众共同奋斗以及造成党员脱党现象,由此提出要用工农分子的新干部代替非无产阶级的知识分子干部,在乡村和军队中建立党支部并吸收新的工农兵革命分子入党,以此严密党的组织,加强党的领导。同时该议决案规定了党的纪律对于秘密党的重要性,要求一切党员都应绝对服从党部机关之一切决议、决定和调遣等;凡破坏纪律者,应给予停止职务、开除党籍等严厉处分。党的六大通过的《党章》将"纪律"一章改为"党的纪律",体现出党纪的严肃性。同时规定,党纪应该迅速正确地执行;对于不执行党部的决议或犯了错误,应该受到纪律处分,并规定了执行纪律的方法。这一做法保证了党的纪律严格执行,加强了党的集中统一领导,有利于党在秘密状态下的工作正常开展。

(二)土地革命战争时期党的自我革命

土地革命战争时期,虽然党处在严峻的环境中,但党始终发扬自我革命精神,采取各种措施与一切非组织行为做斗争,以维护党的团结统一。

1.与一切非组织行为做斗争

八七会议通过的《党的组织问题议决案》,要求党员要绝对服从党部机关的决议,指出:"虽极小的破坏秘密纪律,都应予以严厉的处分(一直到开

---

[1]　《中共中央文件选集(1927)》,中共中央党校出版社,1989 年,第 303 页。

除）。"①党的巩固建立在党的统一意志的基础上，要通过坚决肃清党内的个人主义、地方主义和小团体主义倾向，增强党的战斗力。和党内的机会主义等破坏党的组织原则和党的纪律的行为进行斗争，不仅要在政治路线上和理论上肃清这些相反的纲领，同时还要把这些破坏分子开除出党，以巩固党的一致；肃清这些机会主义分子，不仅不会削弱党，而且还会加强党，强化党的铁的纪律。在严肃党纪处分的同时，党更多地采用教育的方式来解决由于无产阶级基础薄弱和党内政治水平较低带来的非正式纠纷，只有在不接受纠正并且纠正无望的时候，才执行开除等纪律处分。

2.规范巡视制度，加紧巡视工作

党的二大通过的《党章》首次明确规定设立特派员，创立了特派、巡视的工作方式。大革命失败后，中央为加强对地方的监管力度，确保党的领导和信息畅通，进一步规范了巡视制度。八七会议决定派出巡视员到各级党组织指导工作，帮助各地恢复和整顿党组织。1927年11月，中央临时政治局扩大会议决定，建立各级党部的巡视指导制度，并向各级党部派出巡视员。为提升巡视制度的规范化水平，1928年10月8日，中央发布第五号通告《巡视条例》，对巡视的目的、人数、期限、任务、职责等做了详细规定，规定"中央、省委、县委、特委都须设专门巡视员"②，并加紧在全国范围内推行。1929年6月通过的《组织问题议决案》指出："巡视工作是目前密切各级党部关系加强政治指导的主要方法。"③上级组织应该经常派巡视员巡视其指导的下级党部，检查地方的工作，考察并了解下级党部与群众的关系，传达上级党部的指示并和下级党部共同决定工作计划，指导当地党的工作。1931年召开的党的六

---

① 《中共中央文件选集（1927）》，中共中央党校出版社，1989年，第303页。
② 《中国共产党组织史资料》（第8卷）上，中共党史出版社，2000年，第226页。
③ 《中共中央文件选集（1929）》，中共中央党校出版社，1983年，第240页。

届四中全会提出要建立完全的巡视制度,这次会议通过的《中央巡视条例》,对巡视员的条件、基本任务、工作方法、职权教育与纪律做出详细规定,要求巡视员要肃清"立三路线"的残余,同脱离群众的官僚主义进行坚决斗争,并揭发实际工作中的机会主义与两面派;巡视员在工作中要站在检查和帮助地方党部的立场上,调动群众积极性,团结党的干部,努力为党工作,使党的巡视制度进一步规范化。在革命战争时期,党处于秘密状态和交通不便的分散环境中,巡视制度在传达上级指示、贯彻党的政治路线、执行党的纪律方面发挥了重要作用。从整体来看,在建立和发展根据地的过程中,巡视工作效果显著,有力地推动了下级工作的开展和党的路线的贯彻落实。

3.设置党内专门监督机构

设立专门的党内监督机构是减少复杂环境下不良作风的影响的重要举措。土地革命战争时期,中国共产党为适应革命战争形势,多次调整设置党内纪律监督机构,为保持党的纯洁性发挥了重要作用。

一是设立中央审查委员会。面对大革命失败后党面临的严峻形势,为防止党内意志薄弱的不可靠分子的投敌倾向,1928 年,党的六大决定设置中央审查委员会,以审查各党部的党员是否有不可靠分子,刘少奇任中央审查委员会书记,孙津川、阮啸仙任委员。党的六大通过的《党章》专门设置"审查委员会"一章,指出设立审查委员会的目的是为了监督各级党部的财政会计和各机关工作。通过审查,清除对党部不可靠的分子和可疑的分子,同时加强了党员与党部的联系,强化了党的领导。

二是成立中央特别工作委员会。为了强化纪律监督,1931 年 6 月,成立中共中央特别工作委员会,这是党内最高纪律检查机关,主要职责是"审查党员违反党纪的问题"①。1933 年 1 月,随着临时中央政治局领导机关的迁移,该机构撤销。

三是成立中央党务委员会和中央苏区省县监察委员会。为防止党内违反党章、破坏党纪以及官僚腐化现象的发生,1933 年 9 月 17 日,中共中央发布《关于成立中央党务委员会及中央苏区省县监察委员会的决议》,决定设立中央党务委员会,各省县成立监察委员会,其职责为:"在以布尔什维克的精神,维持无产阶级政党的铁的纪律,正确的执行铁的纪律,保证党内思想和行动的一致,监督党章和党的决议的实行,检查违反党的总路线的各种不正确的倾向与官僚主义及腐化现象等,并与之作无情的斗争。"②这一机构的成立,为加强党内监督、严肃党的纪律提供了重要保证。但同时也应该看到,在残酷的革命战争环境中,党内监督机构发挥的作用其实非常有限,以及当时党内长期受到"左"倾错误的干扰,这一机构并没有正常发挥作用。

(三)全面抗战时期党的自我革命

全面抗战时期,由于一些不良作风渗透到党内,影响了党的纯洁性。为消除这些不良作风,中国共产党发扬自我革命的精神,坚决惩治各类违纪违法行为,同时创造了整风运动的新形式,保持了党的肌体健康。

1.惩治腐败行为,加强民主监督

严厉惩治贪污腐败,切实加强群众监督,是全面抗战时期中国共产党自我革命的有力举措。为此,边区政府制定和颁布了惩治贪污腐败的条例和法律,为惩治贪污腐败提供法律依据。1938 年 8 月,边区政府颁布《陕甘宁边区惩治贪污条例》,对不同贪污数额对应的处罚方式做出了明确规定。1939 年

---

① 《中国共产党第二次至第六次全国代表大会文件汇编》,人民出版社,1981 年,第 366 页。
② 《中共中央文件选集(1932—1933)》,中共中央党校出版社,1985 年,第 705 页。

颁布的《抗战时期施政纲领》,规定要"发扬艰苦作风,厉行廉洁政治,肃清贪污腐化"①。1943 年 10 月,毛泽东重申必须反对浪费、禁止贪污,同时边区政府要严格执法、惩办腐败分子。根据这些条例和法律,我们党严肃查处了一批违法违纪行为。例如,1937 年 10 月,红军师团级干部黄克功因逼婚未遂,枪杀了陕北公学女学员刘茜,由革命的功臣变成杀人犯。事件发生后,中央高度重视,经过慎重考虑,决定将黄克功处以死刑。又如,1941 年,时任陕甘宁边区税务分局局长肖玉璧滥用职权、贪污腐化,共计贪污了三千余元公款,根据《陕甘宁边区惩治贪污条例》中贪污 1000 元以上者判处死刑的规定,判处肖玉璧死刑。虽然黄克功和肖玉璧曾立过赫赫战功,但当他们违反党纪国法时,党坚持纪律面前一律平等,对他们依法严厉惩办。

2.开创了整风运动的先河

由于党的发展过程中, 各种非无产阶级思想和不良作风经常会渗透到党内。1937 年 9 月,毛泽东在《反对自由主义》一文中列举了自由主义的 11 种表现,这些行为无一不是破坏党的团结统一的行为。1941 年 7 月,中央政治局通过《中央关于增强党性的决定》,指出了党在政治上、组织上和思想意识上存在的违反党性的倾向,并提出为纠正这些错误倾向,要更加强调党的统一性和集中性,严格检查一切决议的执行,加强自我教育。此外,毛泽东在《改造我们的学习》《整顿党的作风》《反对党八股》等文章中分析了党内存在的主观主义倾向、宗派主义倾向和党八股问题。为克服党内存在的不良倾向,增强组织纪律性,维护党的团结统一,中国共产党开创了运用整风整党的方法进行自我革命的先河。

在延安整风运动期间,毛泽东专门做报告、写文章,按照马克思列宁主

---

① 关文发、于波:《中国监察制度研究》,中国社会科学出版社,1998 年,第 215 页。

义的原则整顿党的作风,通过学习马克思列宁主义的著作和党的文件,在思想和行动上严格要求自己,保持廉洁的作风,并用批评和自我批评的方法克服自身存在的突出问题。经过整风运动,克服了党内存在的破坏党的团结的倾向,加强了党的集中统一领导,增强了组织纪律性,有力推动了廉洁党风政风的形成。

3.坚持思想建党与制度治党

中国共产党是以马克思主义为指导思想的政党,提高全党马克思列宁主义理论水平是提高思想自觉和行动自觉、克服党内存在的形式主义和教条主义等错误思想、增强组织纪律性的重要一环。这一时期,中国共产党采取措施加强对党员干部的马列主义理论教育,以马克思列宁主义重新训练党员干部。1938年召开的党的六届六中全会就党校教育的教育方针和教育计划的拟定等做出明确规定。1939年2月,中央发出《关于成立干部教育部的通知》,统一领导党政军民各机关的干部教育工作。各地通过开设各种干部训练班,把马列主义、党的建设和游击战争作为中心内容,同时出版翻印马克思列宁主义的书籍刊物,组织相关的研究会和读书会,公开宣传马克思列宁主义。1939年8月,中央政治局发出《关于巩固党的决定》,提出"巩固党的中心一环,就是加强党内马克思列宁主义的教育,阶级教育与党的教育"①,同时指出必须提高党的纪律、加强党的团结,开展正确的思想斗争,确保党的思想统一和行动一致。1942年2月,中央政治局通过《中共中央关于在职干部教育的决定》,把在职干部教育分为业务教育、政治教育、文化教育、理论教育四种。通过学习马克思列宁主义,增强了党员干部的理论水平和纪律观念,提高了思想自觉和行动自觉,为战胜敌人、取得抗日战争的最后胜利

---

① 《中共中央文件选集(1939—1941)》,中共中央党校出版社,1986年,第132页。

奠定了思想基础。

毛泽东在党的六届六中全会上提出要对党员进行党的纪律的教育。1939 年 7 月,中央军委发布《关于抗大工作的指示》,除要求知识青年掌握马克思列宁主义、克服资产阶级和小资产阶级思想外,还要教育他们增强组织纪律性,同时要反对组织上的无政府主义和自由主义。在 1942 年的延安整风运动中,纪律教育是其中的重要一环。中央将《列宁、斯大林等论党的纪律与党的民主》《共产主义运动中的"左派"幼稚病》等文献作为必读文件,以统一思想、凝聚共识。1942 年,陈云在《增强新党员新干部的党性》中指出,要全方位加强纪律教育,同时提出要"对过去纪律教育情况详加检讨和总结"[①],并将其作为干部考察内容之一。在加强纪律教育的同时,中国共产党还注意反对纪律执行中的惩办主义倾向。刘少奇指出,党加强纪律,是为"提高同志服从多数、服从组织的精神,而不是要指导机关经常用纪律去制裁同志"[②]。因此,党在严肃执行纪律的同时,坚持惩前毖后、治病救人的方针,防止滥用纪律处分造成惩办主义和破坏党的团结的现象发生。

(四)解放战争时期党的自我革命

解放战争时期,中国共产党适应革命战争的需要,不断加强自身建设,勇于自我革命,为推翻国民党反动统治、赢得解放战争胜利奠定了坚实基础。

1.全方位开展党内教育,筑牢思想根基

思想是行动的先导。只有克服各种非无产阶级的思想倾向,不断加强马克思主义的思想锻炼,才能增强组织纪律观念。党在创建初期,在思想理论

---

① 《陈云文集》(第 1 卷),中央文献出版社,2005 年,第 364 页。
② 《刘少奇论党的建设》,中央文献出版社,1991 年,第 36 页。

上的准备是不足的,在长期的革命斗争中,中国共产党始终重视马克思主义理论的学习,不断筑牢思想根基。解放战争时期,面对党组织发展和党员人数增多带来的思想不纯、纪律观念淡薄等问题,面对解放战争势如破竹的发展形势,中国共产党在党内全方位开展党内教育,增强了党的凝聚力,有效克服了无纪律和无政府状态。

1946 年 7 月,毛泽东在《注意加强部队纪律教育》中强调:"任何部队,在每一次行动前,必须进行一次公开的全体的纪律教育。"①1948 年 4 月,毛泽东要求全党干部学习《共产主义运动中的"左派"幼稚病》第二章,以消灭工作中的无纪律状态或无政府状态。1948 年 9 月发布的《中央关于党校教学材料的规定》中把党校的学习材料分成八类,要求努力学习革命理论,克服经验主义。1949 年 1 月 8 日,中央政治局会议对党在 1949 年的任务中提出,各野战军要进一步正规化,加强军队的组织性和纪律性,并在干部教育计划中明确了理论和各项具体政策的学习计划,同时要求在 1949 年 3 月底以前把对某些严重存在的无纪律、无政府状态的斗争进行完毕。

根据毛泽东的提议,1949 年 3 月召开的党的七届二中全会做出了六条规定,为"进京赶考"立下规矩,被称为"六曰",即"一、不做寿;二、不送礼;三、少敬酒;四、少拍掌;五、不以人名作地名;六、不要把中国同志同马恩列斯平列",这六项规定是加强党的纪律教育的重要内容。同时,在这次会议上,毛泽东指出了由于胜利可能带来的骄傲自满和贪图享乐等现象,提出了"两个务必",以保持党的纯洁性。总之,解放战争时期的纪律教育起到了良好效果,使纪律观念牢牢刻在党员干部心上,为推翻国民党的反动统治、实现新民主主义革命的胜利奠定了思想基础。

---

① 《毛泽东文集》(第 4 卷),人民出版社,1996 年,第 154 页。

2.克服无纪律状态和无政府状态

解放战争时期,面对工作中存在的某些严重的无纪律状态、无政府状态和党内闹独立性的现象,党中央充分认识到革命纪律的重要性,指出:"如果领导中国革命的中国共产党没有极严格的真正的铁的纪律,并取得广大人民群众最衷心的、全心全意的拥护,那么,我们就将不能取得全国革命的胜利,而且不能保持已得的胜利。"[1]只有克服现在工作中的无纪律现象和地方主义、经验主义等倾向,全党才能实现政策和纪律的完全统一,以便迎接全国革命的胜利。这一时期,为克服无纪律状态和无政府状态,主要采取了以下措施:

(1)建立请示报告制度,保证党的集中统一

请示报告制度是加强党的集中统一领导,反对无政府、无纪律倾向的重要手段。早在土地革命战争和全面抗战时期,中国共产党就曾对请示报告的问题做出规定,由于受战争条件和农村分散环境的制约,请示报告制度一直没有具体化、规范化,导致中央不能经常了解地方的重要活动,发生了一些不可挽回的错误。针对这一情况,为帮助地方少犯错误,克服某些地方存在的地方主义、分散主义等错误倾向,1948年1月,中共中央发出《关于建立报告制度的指示》,要求"各中央局和分局,由书记负责,每两个月,向中央和中央主席做一次综合报告"[2],并对报告的具体内容和要求进行详细规定。这一制度的建立,是在全国胜利在望的革命新形势下,把一切必须和可能的权力集中于中央、克服无纪律状态的重要步骤。此后,中央对请示报告制度又多次做出明确要求。例如,3月发出的《中央关于建立报告制度的补充指示》,要求各地对发出的有关政策及策略性质的指示和答复,需要发给中央一份,同

---

①　《中共中央文件选集(1948—1949)》,中共中央党校出版社,1987年,第157页。

②　《毛泽东选集》(第4卷),人民出版社,1991年,第1264页。

时对下级所做的重要的政策和策略性的报告，也需报告中央，并赋予中央委员和候补委员单独向中央反映情况和陈述意见的义务与权利。6月通过的《中共中央关于宣传工作中请示与报告制度的决定》，就宣传工作中请示与报告工作进行详细规定，以进一步统一党的宣传，消除宣传部门中存在的无纪律状态。9月会议通过的《中央关于各中央局、分局、军区、军委分会及前委会向中央请示报告制度的决议》，对何者需要事前请示中央并得到批准后才能实行、何者需要事后报告中央备审做出详细规定，以克服党内存在的无纪律状态和无政府状态，保证各种政策的完满实施。9月通过的《中共中央关于召开党的各级代表大会和代表会议的决议》，要求将不同意见和争论及时向上级报告，以便了解党内的思想动态，给以指示。请示报告制度的建立并不断趋于科学化、规范化，显示了党中央和毛主席的智慧和远见，对于加强党中央的集中统一领导，尽快打垮国民党反动统治集团，实现新民主主义革命的胜利提供了制度保证。

（2）健全党委制，加强集体领导

党委制是确保集体领导、防止个人包办的重要党内制度。解放战争时期，面对党内存在的个人包办、个人解决重要问题的现实状况，中国共产党在健全党委制、加强集体领导方面进行了积极探索，不仅总结了集体领导的成功经验，纠正了一些错误做法，而且扩大了实行集体领导的范围。1947年2月27日发布《中央关于在军队中组织党委会的指示》，要求组织军队中的各级党委会，避免单纯首长制产生的一些缺点。1948年9月20日，中共中央下发《关于健全党委制的指示》，指出了个人决定重要事项、委员间分歧长期不能解决、党委委员形同虚设的问题，提出："必须建立健全党委会议制度，一切重要问题均须交委员会讨论，由到会委员充分发表意见，做出明确决定,然后分别执行。"①同时,还把集体领导和个人负责结合起来,并赋予首长临机处置权。这些指示为加强党的集体领导指明了方向。

党的各级代表大会和代表会议是实现集体领导、扩大党内民主生活、纠正党内存在的无纪律现象的重要手段。1948 年 9 月通过的《中共中央关于召开党的各级代表大会和代表会议的决议》,要求"党的各级委员会,必须遵照党章的规定,从现在起,定期召开党的各级代表大会及代表会议,讨论中央的指示和工作"②,同时对各级代表大会和代表会议中的纪律要求做出明确规定,如实行少数服从多数、下级服从上级的规定,对不遵守党章、破坏党内纪律和正当秩序的分子给予处罚等。在 1949 年 3 月召开的党的七届二中全会上,毛泽东在《党委会的工作方法》中提出了加强集体领导、改进党委会工作的 12 条原则,为清除个人包办、专断独裁现象提供了明确路径。解放战争时期健全党委制、加强集体领导的一系列做法强化了集体领导原则,增强了组织纪律观念,巩固了党的执政地位,为夺取解放战争胜利提供了组织纪律保证。

（3）严格开展整党运动

为解决党的农村组织存在的思想不纯、组织不纯问题,充分动员广大农民支援前线,1947 年 7 月,在西柏坡召开的全国土地会议上做出结合土地改革整党的决定。整党的主要内容是开展"三查"(查阶级、查思想、查作风)"三整"(整顿组织、整顿思想、整顿作风)。1948 年 5 月 25 日,毛泽东在《一九四八年的土地改革工作和整党工作》中指出:"必须坚决地克服许多地方存在着的某些无纪律状态或无政府状态。"③1948 年 6 月发布的《中央关于晋绥整

---

① 《毛泽东选集》(第 4 卷),人民出版社,1991 年,第 1340~1341 页。

② 《建党以来重要文献选编(第 25 册)》,中央文献出版社,2011 年,第 516 页。

③ 《毛泽东选集》(第 4 卷),人民出版社,1991 年,第 1332 页。

党工作的指示》指出,在整党过程中,要发扬民主,用批评和自我批评的方法分清是非,而不是从重处分党员,才能达到纠正党内存在的作风不纯现象,改善领导作风。经过全党的共同努力,1949年春,整党运动胜利结束,基本上克服了党内存在的不良倾向,做到了整党和日常工作两不误、两促进。

二、社会主义革命和建设时期党的自我革命的展开

社会主义革命和建设时期,以毛泽东同志为核心的第一代中央领导集体继承新民主主义革命时期的优良传统,发扬自我革命精神,为取得社会主义革命和建设的巨大成就奠定了重要基础。

(一)社会主义革命时期党的自我革命

社会主义革命时期,随着中国共产党工作重心的转移和执政环境的变化,为了恢复和发展国民经济、顺利进行社会主义革命和社会主义改造,中国共产党坚持刀刃向内,努力消除党内存在的各种的隐患,为完成这一时期的各项任务提供了坚强保证。

1.开展整风整党运动,整顿党的组织

新中国成立后,中国共产党从1950年上半年至1954年春开展了一次整风整党运动,其任务是统一思想、整顿作风、加强纪律、纯洁组织,这是中国共产党改进党的作风、纯洁党的组织的重要形式。通过这一运动,有效解决了党内存在的突出问题,使中国共产党经受住了执政的考验。

这次整风整党运动先从整风开始,在历时半年的整风运动中,针对党内存在的官僚主义、命令主义作风,以及破坏党的政策和威信,甚至贪污腐化、违法乱纪等现象,中国共产党适应形势的需要,在学习文件、检查和总结工

作、开展批评与自我批评的同时,严明党的纪律,改进干部的领导作风,对严重损害人民利益的腐化堕落分子严肃执行纪律,保证了党的组织纯洁。此外,中国共产党在整风运动中,加强干部队伍建设,提拔优秀分子,代替不称职的冗员,不仅补足了因调整或撤销犯错误的干部而造成的缺额,也为国家建设储备了人才,保证了各项工作的顺利完成。

由于整风运动时间较短,未能解决党内的思想不纯和组织不纯问题。为此,从 1951 年初开始,中央决定用三年时间开展一次整党运动。在 1951 年 3 月召开的第一次全国组织工作会议上,刘少奇在报告中肯定了广大共产党员在工作中奋不顾身、照顾大局、遵守纪律、密切联系广大人民群众的总体情况,同时指出,由于党的高级领导机关在过去接收党员时没有进行严格的审查,再加上一些基层党组织随意降低党员条件,使得党内混进来一些投机分子和阶级异己分子,影响了党组织的纯洁性和战斗力。为此,必须对党的组织进行有计划、有准备、有领导地整理。

在整党运动中,首先要做好整党的准备工作,即训练整党干部、对全体党员进行共产党员标准教育、进行整党典型试验,然后开始整顿党的基层组织。在组织整顿阶段,首先,要求党员在规定时间内,对照共产党员的八项条件,考虑自己能否按照党员标准继续做一个共产党员。愿意做党员的进行登记,不登记的视为自愿退党。其次,在党员登记后,对党员进行审查,实事求是地做出鉴定,最后进行组织处理。在运动中,中国共产党一方面紧密依靠党的基层组织中的先进分子,开展批评和自我批评,对工作进行正确评估,通过支部的内在运动整顿组织;另一方面,认真审查所有党员,及时清除混入党内的坏分子,对不够党员条件的或者有问题的党员,本着治病救人的精神,帮助他们提高思想觉悟,改正缺点和错误;对拒绝党的教育或经教育后无效的消极分子,令他们退出党的组织或撤销党籍。在清除党内坏分子的同时,适当提高党员条件,正如刘少奇在报告中强调的,"在今后接收的党员,都是工人和劳动人民中最优秀的人物,都是经过考察,经过教育,成分好,觉悟高,历史清楚,对党忠诚,在群众斗争中及工作、生产和学习中表现积极,懂得党的事业,并愿终身为党的事业奋斗,能够遵守党的纪律的人物"①,及时接收积极分子入党,特别是注重在产业工人中吸收新党员和建立党的组织。通过整顿党的基层组织和发展新党员,极大地改变了党内组织不纯、纪律涣散的现象,提高了党的战斗力。

2.惩治贪污腐败,抵制"糖衣炮弹"的进攻

新中国成立后,面对"糖衣炮弹"的进攻,中国共产党通过惩治贪污腐败等措施狠抓廉政建设,进一步树立了党的廉洁形象,营造了良好的社会风气。但由于资产阶级腐朽思想的侵袭和受旧公务人员中腐败作风影响等因素,当时的廉政建设面临严峻的考验。加强廉政建设、抵制"糖衣炮弹"的进攻成为当时的重要任务。为此,中国共产党通过开展整风整党运动、"三反""五反"运动、"新三反"运动等,清除了大量贪污分子,挽回了国家经济损失,同时在全社会形成了廉洁朴素光荣、贪污浪费可耻的思想观念。

在整风整党运动中,中国共产党通过整顿党的作风、及时清除党员队伍中的腐化堕落分子,铲除了贪污腐败滋生的土壤,整顿了党的组织,纯洁了党的队伍。据统计,截至1953年底,共有32.8万人离开了党组织,其中,23.8万人是丧失党员条件的堕落蜕化分子。在整党运动的过程中,针对揭发出来的贪污、浪费和官僚主义的问题,中央决定开展"三反"运动,重点是反对贪污。在运动中,各单位发动群众开展斗争,揭露了一批严重的贪污案件,并召开公审大会,依法严惩了一批贪污分子,其中刘青山、张子善案件震动全国。

---

① 《建国以来重要文献选编》(第二册),中央文献出版社,1992年,第162~163页。

据 1952 年 10 月安子文的报告称："全国县以上党政机关（军队除外）参加
'三反'运动总人数三百八十三万六千多人,共查出贪污分子和犯贪污错误
的一百二十万三千多人……全国被贪污的赃款赃物六万亿元, 现已退回二
万亿元。"①在"三反"运动中,由于一些大的贪污案件和民族资产阶级的违法
活动相联系,中央又开展了"五反"运动,打击了一批不法资本家,推动"三
反"斗争的广度和深度进一步拓展。

　　由于"三反"运动没有深入到县及县级以下并且也没有解决官僚主义的
问题,1953 年 1 月,中央发出指示,开始了以反对官僚主义、命令主义和违法
乱纪为主要内容的"新三反"运动,处理了曹春生事件、苍山拔棉事件、黄逸
峰事件等典型事件。各地通过处理这些事件,清除了党内的反动作风残余,
增强了党的组织纪律性,减少了贪污腐败现象滋生蔓延的机会。"三反"运动
后不久,贪污现象又不断出现,例如据河南省七个专区、三个市和一个煤矿
的不完全统计,"三反"运动后有 2118 人被发现有贪污行为,贪污款达 21517
万元。为此,中国共产党在开展"新三反"运动的同时,继续同贪污腐败现象
作斗争。1954 年 11 月,中央转发了国务院监察部党组《关于"三反"后所发生
的贪污情况的报告》,指出了贪污现象发生发展的趋势,并提出了加强思想
教育、检查和克服官僚主义现象、健全财务制度等措施,从而遏制了腐败现
象的发展,推动党的廉政建设不断加强。

　　3.切实纠正损害群众利益的行为

　　新中国成立后,在党的干部中仍然存在着官僚主义和主观主义的现象,
主要表现为强迫命令作风,他们用简单粗暴和强制的办法去完成任务,损害
了群众的利益。例如,山东省苍山县(现兰陵县)县长强迫群众拔除四百多亩

---

① 《建国以来重要文献选编》(第三册),中央文献出版社,1992 年,第 385 页。

棉花改种斯字棉；河北省深县（现深州市）刘家园的干部强迫群众打井；东北动员农民售给国家粮食时，不顾实际情况，按户平均摊派等。这些做法严重损害了农民利益。中国共产党及时制止这一行为，对强迫命令现象进行了严厉批评，并号召群众通过来信来访的方式，解决各种命令主义行为，然后抓住典型事件进行处理，有效遏制了命令主义和违法乱纪现象，维护了群众的利益。

随着经济建设的展开，各项工程陆续建设，需要征用土地或侵占群众利益的情形逐渐增多。为了公共利益的需要，一部分农业用地逐渐地成为工业用地是必须的，但由于政策执行不合理，各地出现了一些损害群众利益的事件。这些严重损害了农民利益的错误行为，如不及时制止，必将影响到工农联盟的巩固和国家建设的事业的正常开展。针对这些问题，中国共产党积极听取群众意见，克服不经党委批准滥下命令的做法，坚决纠正损害群众利益的错误行为。1953年12月7日，党中央为贯彻政务院《关于国家建设征用土地办法》给各级党委发出指示，要求贯彻既保证国家建设所需土地又照顾群众切身利益的原则，对被征用的土地及土地上的青苗、房屋等附着物给予合理补偿，同时要妥善安置土地被征用者的生产生活，防止农民因此而流离失所。在互助合作运动中，一些干部没有采取切合实际的工作方法，出现了强迫农民参加互助组等现象，损害了农民利益，党中央及时纠正了这种急躁冒进倾向，避免可能发生的重大偏差，维护了农民的利益，保持了农业生产的稳步提高。

4.成立并发挥党的纪律检查机构的作用

纪律检查机构通过对违纪行为的惩治，克服党内消极因素，优化党组织自身功能，在党的自我革命中发挥了重要作用。为更好地执行党的政治路线和各项具体政策，加强组织性和纪律性，保证党的决议的正确实施，1949年

11 月 9 日,中央政治局通过《中共中央关于成立中央及各级党的纪律检查委员会的决定》,成立中央及各级党的纪律检查委员会,朱德任书记,王从吾、安子文任副书记,其任务与职权是:"检查中央直属各部门和各级党的组织、党的干部及党员违犯党的纪律的行为;受理、审查并决定中央直属各部门、各级党的组织及党员违犯纪律的处分,或取消其处分;在党内加强纪律教育,使党员、干部严格地遵守党纪,实行党的决议与政府法令,以实现全党的统一与集中。"①党的纪律检查委员会实行双重领导,中央纪律检查委员会在中央政治局领导之下进行工作,地方各级党的纪律检查委员会在同级党委会指导下工作,上级党的纪律检查委员会,有权改变或取消下级党的纪律检查委员会的决定。

根据中央要求,各中央局、省、市、地委纷纷成立党的纪律检查委员会,有的还建立了专门的办事机构并培养配备了专职干部,开始受理党员违犯党纪的案件。到 1950 年底,全国大部分地、县级以上党委都建立了纪委。据不完全统计,截至 1951 年 8 月,各中央局、分局及人民解放军党的纪律检查委员会共受理各种违犯纪律案件 8671 起,处分党员 8026 人,其中 3014 人涉及党纪处分。中央纪律检查委员会共受理案件 295 件,处分党员 201 人,其中 136 人涉及党纪处分。

这一时期,各级纪律检查委员会围绕党在不同时期的任务有重点地开展纪律检查工作,通过检查工作,了解党组织和党员执行政策和决议、遵守纪律的情况,及时处理违反党纪的各种案件,保证党在各个时期任务的贯彻执行。1953 年以前,党的纪律检查工作主要围绕"三反"运动、整党运动、"新三反"运动等来进行,在这期间,各级党的纪律检查委员会与党内的资产阶

---

① 《中共中央文件选集:1949 年 10 月—1966 年 5 月》(第 1 册),人民出版社,2013 年,第 72 页。

级思想和各类违纪现象坚决进行斗争,对犯有贪污腐化、铺张浪费等错误的党员干部进行思想批判或进行纪律处分,并坚决清除了蜕化变质分子和混入党内的反革命分子,同时从清理积案、受理群众控告申诉入手,处理了一批重大案件,维护了党的纪律,保证了党的集中统一领导和各项政策、决议的贯彻执行。1953 年后,围绕党在过渡时期总路线和"一五"计划,党的各级纪律检查委员会为维护党的发展生产的政策、保证总路线的贯彻执行,及时检查和处理了违反党的政策和国家法律、破坏国家五年计划、不如实报告真实情况、妨碍生产发展的党组织和党员干部,并对情节严重的给予相应的纪律处分,努力清除一切破坏总路线的行为,确保党的总路线和五年计划的顺利实现。

党的各级纪律检查委员会在围绕党的中心任务检查工作和处理案件同时,配合党的组织部门和宣传部门巩固和纯洁党的组织,通过典型案件的处理,加强党内纪律教育,抵制资产阶级思想对党的腐蚀,并清除了党内的蜕化变质分子和腐败分子,保持了党的肌体健康。另外,党的各级纪律检查委员会通过受理群众来信来访和控告申诉,查处了各类违纪违法行为,同时严肃处理了打击报复群众批评的坏分子,不仅维护了群众利益,而且巩固了党同群众的血肉联系。

1955 年 3 月 31 日,中国共产党全国代表会议通过了《关于成立党的中央和地方监察委员会的决议》,"决定成立党的中央的和地方各级的监察委员会,代替中央的和地方各级的党的纪律检查委员会,借以加强党的纪律,加强反对党员中各种违法乱纪现象的斗争"①。这是中国共产党根据现实需要对党的纪检机构做出的调整和完善。在产生方式上,中央监察委员会由全

---

① 《中共中央文件选集:1949 年 10 月—1966 年 5 月》(第 18 册),人民出版社,2013 年,第 329 页。

国代表会议选举,报中共中央批准;地方各级监察委员会由同级党代表会议选举产生,报上级党委批准,这就提升了监察委员会的地位,并在人事上不受同级党委制约。在领导体制上,明确了监察委员会的上下级关系,《决议》规定:"党的上级监察委员会有权检查下级监察委员会的工作,并有权审查、批准和改变下级监察委员会对案件所做的决定。党的下级监察委员会应向上级监察委员会报告工作,并忠实地报告一切党员和党的组织违反纪律的情况。"①在监察委员会和党委的关系上,规定了监察委员会认为同级党委的决定不适当时,有向上级党委申诉的权利,这就加强了监察委员会的独立性,有利于监察委员会作用的发挥,也为后来纪检机关的双重领导奠定了基础。1956年,党的八大通过的党章中就"党的监察机关"设立专章,规定:"党的中央委员会,省、自治区、直辖市、自治州委员会和县、自治县、市委员会,都设立监察委员会。党的中央和地方监察委员会的任务是:经常检查和处理党员违反党的章程、党的纪律、共产主义道德和国家法律、法令的案件;决定和取消对党员的处分;受理党员的控诉和申诉。"②在领导体制上,规定各级监察委员会在党的委员会领导下进行工作。

1956年上半年,各级监察委员会相继建立,并按照编制配备干部;结合党在当时的社会主义改造任务,开展纪律检查工作。在农业合作化过程中,各级党的监察委员会加强工作,检查和处理了农村党员中存在的阻碍合作化发展等违反党纪的大量案件,清除了一批蜕化变质分子和混入党内的坏分子,处分了一批犯有严重错误的党员,批评教育了一批有轻微错误的党

---

① 《中共中央文件选集:1949年10月—1966年5月》(第18册),人民出版社,2013年,第330页。

② 《中共中央文件选集:1949年10月—1966年5月》(第24册),人民出版社,2013年,第245页。

员,从而严肃了党的纪律,保证了党的路线的贯彻执行,同时也在实际工作中提高了监察工作的业务水平。

(二)社会主义建设时期党的自我革命

社会主义建设时期,党和国家事业经历了一个曲折发展的过程。这一时期,在中国共产党执政地位不断巩固的基础上,中国共产党适应社会主义制度建立后大规模社会主义建设的需要,针对党内存在的突出问题,发扬自我革命精神,取得了显著成效,为取得社会主义建设的伟大成就奠定了基础。

1.开展整风运动,整顿党的作风

在社会主义改造基本完成、社会主义建设即将全面展开的历史转折关头,针对党内脱离群众和脱离实际的官僚主义、宗派主义和主观主义有新的滋长的状况,1957年4月27日,中共中央发出《关于整风运动的指示》,认为有必要"在全党重新进行一次普遍的、深入的反官僚主义、反宗派主义、反主观主义的整风运动,提高全党的马克思主义的思想水平,改进作风,以适应社会主义改造和社会主义建设的需要"①。整风运动是发扬社会主义民主、加强党的建设的重要步骤,能够有效克服官僚主义、宗派主义和主观主义现象。

(1)深入开展批评和自我批评

整风运动从检查领导干部的思想作风开始,通过同志间谈心的方式深入开展批评和自我批评。中国共产党发扬开门整风的优良传统,1957年5月4日,中共中央发出《关于继续组织党外人士对党政所犯错误缺点展开批评的指示》,鼓励党外人士对党政所犯缺点错误进行批评,以利于改正错误、提

---

① 《中共中央文件选集:1949年10月—1966年5月》(第25册),人民出版社,2013年,第292页。

高威信。1958年4月2日,中共中央下发《关于整风问题的指示》,要求通过召开小型整风会议的形式,严肃认真而又和风细雨地开展批评与自我批评,以揭发和批判官僚主义、主观主义、宗派主义为主要内容,在农村紧密结合生产进行整党、整团、整社。批评和自我批评的开展,使党员干部意识到自身存在的短板和不足,提高了思想认识,增强了遵规守纪的思想自觉和行动自觉。

(2)建立脑力劳动和体力劳动相结合的制度

在整风运动中,为切实解决官僚主义、宗派主义和主观主义现象,中国共产党在实际生活中继承艰苦奋斗的优良传统,提倡各级党政军领导干部同工人农民一起参加体力劳动,发扬密切联系群众的优良作风,建立党和国家的领导工作人员的脑力劳动和体力劳动相结合的根本制度,同人民群众打成一片,在生产劳动中解决思想作风问题,大大减少了党和国家生活中存在的官僚主义、宗派主义、主观主义。1958年2月28日,中共中央下发《关于下放干部进行劳动锻炼的指示》,指出下放干部是整顿作风、改进工作、改造干部思想、提高干部质量的一个重要环节。通过建立脑力劳动和体力劳动相结合的根本制度以及下放干部进行劳动锻炼,使党员干部深入基层一线从事生产劳动,在实际工作中了解国情、锤炼作风,有效提高了干部的思想觉悟,发扬了良好作风。

(3)坚持勤俭建国,反对铺张浪费

在整风运动的过程中,1958年3月3日,中共中央下发《关于开展反浪费、反保守运动的指示》,这是在改进整个国家工作和促进全民大干劲的一个带有决定性的运动,有力地揭露出一些干部思想作风上的主观主义、官僚主义和宗派主义的危害性,迅速地打掉官气、阔气、娇气等,减少违纪行为的发生,密切干群关系,使干部和群众真正打成一片。1958年12月24日,中共中央下发《关于注意会议招待浪费现象的通知》，指出了会议中存在招待过好和以土产名义赠送礼物等现象。1959 年 1 月，中共中央批转中共河南省委《关于防止形式主义和铺张浪费的几项规定》，从不同方面详细规定了防止铺张浪费的各项措施，要求在本省、本县范围内组织的会议、参观等，禁止群众性欢迎欢送、酒席招待等，向上级报喜要力求简单朴素，人民公社的干部食堂一律取消，贯彻执行勤俭办社的方针，把主要力量用到重点生产基本建设方面。1963 年 1 月 3 日，中共中央批转湖南省委《关于勤俭过春节防止浪费的通知》的指示中强调，要进行广泛的宣传教育工作，号召群众勤俭办社、办队，勤俭办一切事业，以达到防止农村浪费现象的目的。

在发扬艰苦奋斗、坚持勤俭建国的同时，中国共产党还及时纠正损害勤俭建国方针的现象。例如，1959 年 7 月 7 日，煤炭工业部发出《关于厉行节约反对浪费的紧急指示》，指出当前在人力、物力、财力上的各种浪费现象十分严重，这与对广大职工的思想教育抓得不紧、经营管理不善、制度混乱有关，并采取有效措施及时加以改变。又如，四川省委为了坚持勤俭建国方针、维护群众利益，及时纠正和防止基本建设用地定额过高和占用土地过多的行为。

2.坚持刀刃向内，开展"三反""五反"运动

社会主义革命时期的"三反"运动和"新三反"运动尽管成效显著，但由于对官僚主义根源的认识局限在"反动作风的残余"上，没有从制度层面解决问题。另外，对反贪污、浪费也只是附带进行，加之"大跃进"、人民公社化运动对干部作风的严重影响，以致共产风、浮夸风、命令风又刮了起来，损害了党的形象，触犯了人民的利益。

（1）开展"三反"运动，密切联系群众

1960 年 3 月 30 日，中共中央印发《关于反对官僚主义的指示》，指出历

城县存在的"五多五少"(会议多,联系群众少;文件、报表多,经验总结少;人们蹲在机关多,认真调查研究少;事务多,学习少;一般号召多,细致地组织工作少)的官僚主义、事务主义作风,使我们的领导严重脱离实际、脱离群众,什么事情也难办好。对此,党采取六级干部会师到田的方法,通过领导干部活跃在生产最前线,和劳动群众打成一片的措施,把各项工作做得更好。之后,全国部分地区在农村中初步开展了反贪污、反浪费、反官僚主义的运动。1960年4月16日,中共中央转发中央监察委员会两个报告的指示,指出对坏人坏事要彻底检查认真处理,从而使党的事业免受损失,不给敌人以可乘之机。

在正确判断形势的基础上,1960年5月15日,中共中央发出《关于在农村中开展"三反"运动的指示》,强调运动的目的是:"普遍提高干部的政治思想水平,改善他们的工作作风,进一步密切党和广大群众的联系;同时,对隐藏在我们队伍中的坏分子加以清理,以纯洁我们的组织。"[1]在运动中要坚持教育为主,惩办为辅,对那些没有犯严重错误的人采取教育的方法,只惩办那些错误极其严重、民愤极大的人。同时强调,对犯有贪污、多占、挪用等错误的人,不论什么人,不论贪污、多占、挪用的数量大小,都必退必赔,对贪污数量大或者贪污行为恶劣的人可进行强制劳动。

为了在农村正确开展"三反"运动,中央监委召开会议制定了具体政策:对贪污300元以上1000元以下的必须给予必要的处分,凡贪污1000元以上的定为大贪污犯,给予刑事处分,是党员的开除党籍;对犯有官僚主义错误的人,主要是进行教育,但对不负责、丧失职守且造成恶果者,给予撤销职务和其他处分;对犯有严重铺张浪费错误而造成重大损失的干部,应追究责

---

[1]　《中共中央文件选集:1949年10月—1966年5月》(第34册),人民出版社,2013年,第188页。

任,必要时给予适当的纪律处分。这次会议还规定对犯错误干部的处分控制面应大体占参加运动干部的3%,其中受撤职和开除党籍处分的占1%。这次"三反"运动的特点在于把经济上以至政治上的纠"左"与整顿干部作风密切结合起来,对纠正农民反映最为强烈的五风(共产风、浮夸风、命令风、干部特殊风和对生产瞎指挥风),推动农村经济政策的调整起到了积极作用。

（2）开展"五反"运动,改进党的作风

为改进思想作风,防止资本主义的侵蚀,保证我国社会主义建设事业的顺利开展,1963年3月1日,中共中央决定在全国范围内,有领导有步骤地开展反对贪污盗窃、反对投机倒把、反对铺张浪费、反对分散主义、反对官僚主义(简称"五反")的运动。之后,"五反"运动在全国部分城市逐步展开。运动分为三个阶段进行。首先,把增产节约运动切实深入地开展起来;其次,结合增产节约,反对铺张浪费,整顿制度;最后,结合增产节约和整顿制度,开展群众性的反对贪污盗窃和投机倒把的运动。1963年6月10日,中央监察委员会发布《关于各级监委必须积极参加"五反"运动和农村社会主义教育运动的通知》,要求各级监委必须有计划地深入到厂矿、企业、学校等基层单位,重点调查运动中揭发的问题,掌握系统材料,选择典型案例,研究组织处理的政策界限供党委和上级监委参考。"五反"运动的开展,纯洁了党的组织,改进了党的作风,进一步解决了党内存在的突出矛盾和问题。

3.加强党的监察机关建设

纪检监察机关在党的自我革命进程中占据重要地位、发挥重要作用。这一时期,中国共产党在加强纪律检察工作的同时,也采取措施加强党的监察机关建设。1962年9月27日,党的八届十中全会通过了《关于加强党的监察机关的决定》,指出:"为了保证中国共产党章程得到全体党员的严格遵守;为了保证党中央的路线、方针、政策、决议,国家的法律、法令和国民经济计划的贯彻执行;为了加强党的民主集中制,加强党的集中统一的领导,健全党和国家的民主生活,坚决反对分散主义,反对脱离群众和破坏民主生活的现象;为了加强对党员首先是党员干部的监督,严格党的纪律,同一切违反党的纪律、违反共产主义道德和违反国家法律法令的现象进行斗争,决定:1.加强中央和地方各级的监察委员会,扩大各级监察委员会委员的名额。2.各级党的委员会,必须加强对同级监察委员会的领导,定期讨论党的监察工作。3.党的各级监察委员会,应当加强对同级国家机关的党员的监督工作。4.党的各级监察委员会和全体监察工作人员,都必须严格地按照党的章程办事,模范地遵守党的纪律和国家的法律、法令;都必须坚持党的原则,坚决地保护好人好事,反对坏人坏事;都必须密切联系群众,实事求是,及时地向同级党委和上级监察委员会反映情况;都必须经常地向同级党委和上级监察委员会报告和请示工作。"①

随着党的监察机关工作的加强,中央和各地党的监察委员会积极向党内违法乱纪、贪污盗窃、投机倒把、腐化堕落等违反纪律的行为进行斗争。此外,各地监察委员会还集中力量对近几年来受到批判和处分的党员干部进行了甄别。通过开展这些工作,有力地反对了坏人坏事,保护了好人好事,对纯洁党的组织发挥了重要作用。1963年1月27日,中共中央批准中央监察委员会制定的《中央监察委员关于共产党员犯有破坏人民公社集体经济走资本主义道路错误的处理意见(草案)》《中央监察委员关于严肃处理违法乱纪、腐化堕落等错误和反对特殊化行为的意见(草案)》《中央监察委员关于善始善终地做好甄别工作的意见》《中央监察委员工作细则》《党的监察工作人员守则(草案)》《中央监察委员常驻各中央局、国务院所属各部门监察组

---

① 《中共中央文件选集:1949年10月—1966年5月》(第41册),人民出版社,2013年,第51~53页。

试行工作条例(草案)》等,这些相关文件和草案的出台对监察机关高效开展工作具有重要指导意义。

三、改革开放和社会主义现代化建设新时期党的自我革命的不断深化

进入改革开放和社会主义现代化建设新时期,面对世情国情党情的深刻变化,党内出现了新情况新问题,中国共产党坚持刀刃向内,勇于自我革命,推动党的建设质量不断提高,为取得改革开放和社会主义现代化建设的巨大成就奠定了坚实基础。

(一)改革开放初期党的自我革命

1978 年 12 月召开的党的十一届三中全会果断停止使用"以阶级斗争为纲"的指导思想,决定把全党的工作中心转移到社会主义现代化建设上来,做出了实行改革开放的伟大决策,我国进入了改革开放和社会主义现代化建设的历史新时期。贯彻落实党的十一届三中全会确定的政治路线和组织路线,离不开强烈的自我革命的精神。

1.开展整党运动,改进党的作风

党的十一届三中全会以来,通过开展一系列工作和斗争,党的作风和党的组织得到了初步整顿,但还来不及对党在思想、作风、组织等各方面存在的问题进行全面、系统的整顿,再加上对党员的教育还不普遍、不充分。因此,有必要对党的组织和作风进行全面整顿,从而解决少数党员干部中存在的组织观念淡薄、纪律松弛、精神不振等现象,更好地开创社会主义现代化建设新局面。1982 年召开的中国共产党第十二次全国代表大会,决定从

1983 年下半年开始,用三年时间对党的作风和组织进行一次全面整顿。

根据党的十二大精神,1983 年 10 月,党的十二届二中全会通过了《关于整党的决定》,对整党的必要性紧迫性、整党的任务、步骤和方法做出明确规定,确定从 1983 年冬季开始全面整党。整党的任务是统一思想、整顿作风、加强纪律、纯洁组织。《关于整党的决定》确定了整党的步骤和方法,指出"整党的基本方法是:在认真学习文件,提高思想认识的基础上,开展批评和自我批评,分清是非,纠正错误,纯洁组织。在整党过程中,自始至终都要加强思想教育,着眼于提高广大党员的思想觉悟"①。

通过广大党员干部的共同努力,全党在思想、组织、纪律、作风方面都有较大进步,党内思想不纯、作风不纯和组织不纯的问题得到明显解决。通过整党,各地查处了一些党员干部严重违法乱纪、严重以权谋私的案件,基本上刹住了党政机关干部经商办企业等新的不正之风。通过整党,党员领导干部带头深入基层,积极开展调查研究,群众利益得到有效维护,许多地区解决了和群众密切相关的建设、改革和群众生活中存在的实际问题,密切了党群关系。通过整党,党员干部带头归还长期拖欠的公款、公物,基层的清理财务工作顺利进行,受到基层群众的欢迎。此外,整党工作还是一次党性教育、理想信念教育和宗旨意识的教育活动,加深了对党的十一届三中全会以来确立的路线的理解和认识,进一步消除了派性和"左"倾思想的影响,增强了抵制封建主义和资本主义腐朽思想侵蚀的能力。

2.加强党的纪检监察机关建设

党的九大取消了党的纪律检查机关,面对新形势和新任务,恢复党的纪检监察机构以更好维护党规党法是党的纪律建设中面临的一个重要问题。

---

① 《十二大以来重要文献选编》(上),中央文献出版社,2011 年,第 333~349 页。

1977 年召开的中国共产党第十一次全国代表大会就提出要恢复党的纪检监察机构,党的十一届三中全会正式决定恢复党的纪律检查机关,并选举产生了新的中共中央纪律检查委员会。1979 年 3 月 9 日,中央纪委和中央组织部发出《关于设立纪律检查委员会有关问题的通知》,要求省和县的各级党的委员会都设立纪律检查委员会。3 月 17 日又发出了《关于中央、国务院各部、委、局成立纪律检查机构问题的通知》,着力推进中央各部委纪律检查监督机构的建设。

为加强党的纪律检查工作,中国共产党在恢复和重建党的纪检监察机构的过程中,也对纪检监察机构的领导体制和运行机制进行了深入探索。1980 年 2 月 22 日,将省、市、区和省、市、区以下各级党的纪律检查委员会的领导关系,由受同级党委领导改为受同级党委和上级纪委双重领导,而以同级党委领导为主。①1982 年通过的十二大《党章》规定,党的各级纪律检查委员会都由同级党的代表大会选举产生,党的中央纪律检查委员会在党的中央委员会领导下进行工作,党的地方各级纪律检查委员会在同级党的委员会和上级纪律检查委员会的双重领导下进行工作。1988 年 6 月 6 日,中央纪委和中共中央组织部发布《关于党的各级纪委内部机构和干部职务设置的若干规定》,对各级纪委内部机构和干部职务设置不够明确的问题做出了详细规定,对指导纪检机构建设具有重要意义。

纪检干部队伍建设是确保纪检监察机关能够良好运行的重要条件。1949 年 4 月 25 日,中央纪委和中央组织部发布《关于迅速建立健全各级纪律检查机构的意见》,要求各级纪委的干部要按照编制数基本配齐。1983 年 3 月 2 日,中央纪委发布《关于印发纪检组织建设的文件的通知》,对各级纪

① 《中国共产党党风廉政建设文献选编(1921—2000)》(第 8 卷),中国方正出版社,2001 年,第 90 页。

检机构干部配备和管理原则做出了详细规定，对推动纪检干部队伍建设具有重要指导作用。中国共产党在高度重视纪检干部配备问题的同时，还重视提高纪检干部的政治素质、规范纪检干部的行为。如1981年12月8日中央纪委发布的《关于严禁纪检干部受礼的通知》，强调："所有做纪律检查工作的人员一律不准吃请，不准受礼，不准徇情，否则，以受贿论处。"①这些规定对新时期规范纪检干部的行为、防止纪律检查工作受到干扰具有重要意义。

随着党的纪检监察机构的恢复，各项工作也逐步展开。在领导干部违反党纪国法的典型案件中，其中相当一部分因严重违纪违法、滥用职权、贪污受贿等被判处死刑。通过对党员干部违纪违法案件的处理，展现了中国共产党刀刃向内、勇于自我革命的坚定决心和顽强意志，也体现了党的纪检监察机构的重要作用。

（二）党的十三届四中全会至党的十六大期间党的自我革命

党的十三届四中全会后，以江泽民同志为核心的第三代中央领导集体坚持刀刃向内，对党的建设进行了深入探索，为把中国特色社会主义事业成功推向21世纪发挥了保驾护航作用。

1.维护党的团结统一

1989年6月24日，在党的十三届四中全会闭幕当天，中央纪委便召开会议学习贯彻党的十三届四中全会和邓小平讲话的精神，强调必须坚持四项基本原则，反对资产阶级自由化。党的纪检监察机关对违反党的纪律的党员进行严肃处理，直至开除党籍，以此纯洁党的队伍。7月28日和8月28日，中央政治局先后通过《中共中央关于加强宣传、思想工作的通知》和《中

---

① 《中国共产党党风廉政建设文献选编(1921—2000)》(第8卷)，中国方正出版社，2001年，第277页。

共中央关于加强党的建设的通知》,进一步强调要维护党的团结统一,要加强宣传引导,使各级党员干部和党组织自觉在思想上和行动上同党中央保持一致。

2.纠正不良风气

党的作风关系党的形象,党内的不良风气与党的性质水火不容。1989年11月召开的党的十三届五中全会指出,必须牢固树立全国一盘棋思想,局部服从整体,加强组织纪律性,坚决反对分散主义,坚决克服腐败现象,同一切腐败现象作坚决的斗争。江泽民在党的十三届五中全会上着重就党群关系和反腐败问题发表讲话,指出了党内存在的脱离群众的官僚主义、命令主义现象以及以权谋私、贪污受贿等现象,强调:"全党同志,特别是党的高、中级领导干部,一定要在坚持群众路线、改进领导作风上有一个新的提高。"①1989年12月28日,为严肃党纪,同败坏社会主义道德的行为做斗争,保持共产党员先锋模范作用,密切党群关系,中共中央纪律检查委员会制定发布《关于共产党员违反社会主义道德党纪处分的若干规定(试行)》,明确了对共产党员的道德要求,对弄虚作假,骗取荣誉、职务、职称、待遇或其他利益的;利用职权,大办婚丧喜庆事宜的等行为规定了党纪处分的量纪标准,从而改变了长期以来党内处理道德问题在纪律处分标准上无章可循的状况,对加强党的思想教育发挥了重要作用。

保持优良作风,密切联系群众的是党的纪律的重要内容。为进一步端正党风,保持党同人民群众的血肉联系,1990年3月12日,党的十三届六中全会通过了《中共中央关于加强党同人民群众联系的决定》,这是纠正党内存在的不良风气的重要文件,决定从九个方面强调了如何加强同人民群众的

---

① 《十一届三中全会以来党的纪律检查工作大事记》,中国方正出版社,2008年,第130页。

联系，即：一、人民群众是我们党的力量源泉和胜利之本。二、我们党要密切同人民群众的联系，领导人民群众胜利前进，首要的问题是必须保证决策和决策的执行符合人民的利益。三、各级领导干部必须经常深入基层，深入群众，扎扎实实工作，把党的路线、方针、政策落到实处。四、从中央到地方，各级党委都要在深化政治体制改革中，推进社会主义民主和法律建设，积极疏通和拓宽党同人民群众联系的渠道。五、坚定不移地加强廉政建设，继续发扬艰苦奋斗精神，克服党内存在的消极腐败现象。六、对各级领导机关和领导干部必须加强监督。七、党的基层组织和广大党员，都要联系群众，宣传群众，组织群众，充分发挥战斗堡垒作用和先锋模范作用。八、在党内普遍深入地进行马克思主义群众观点和党的群众路线的再教育。九、各级党委要组织广大党员用整风精神学习和贯彻执行这个决定。①

为端正党风，中央纪委发布了多项法规，例如，1993 年 12 月 29 日发布的《关于党政机关县（处）级以上干部违反廉洁自律"五条规定"行为的党纪处理办法》；1995 年 4 月 14 日发布的《关于党政机关县（处）级以上领导干部廉洁自律补充规定的实施和处理意见》；1997 年 10 月 15 日发布的《关于对违反〈关于党政机关厉行节约制止奢侈浪费行为的若干规定〉行为的党纪处理办法》，等等。这些规定的出台，对纠正党内存在的不良风气具有重要指导意义。

3.开展"三讲"教育

1995 年 11 月 8 日，江泽民在北京视察工作时针对干部队伍中存在的问题，指出："在对干部进行教育当中，要强调讲学习，讲政治，讲正气。全国都

---

① 中华人民共和国国务院新闻办公室：中共中央关于加强党同人民群众联系的决定，http://www.scio.gov.cn/ztk/xwfb/37/9/Document/932154/932154.htm。

要这样做,北京市更要起带头作用。"①11 月 25 日,《人民日报》发表评论员文章——《讲学习 讲政治 讲正气》,文章指出:"讲学习,主要是学理论,学知识,学技术。首先是学理论。讲政治,包括政治方向、政治立场、政治纪律、政治鉴别力、政治敏锐性。讲正气,就是要继承和发扬我们党在长期革命和建设事业中形成的好传统、好作风,坚持真理、坚持原则,坚持同一切歪风邪气和各种腐败现象做斗争。"②1996 年 10 月召开的党的十四届六中全会做出决定,"对县处级以上领导干部进行一次以讲学习、讲政治、讲正气为主要内容的党性党风教育"。③1997 年召开的党的十五大强调要继续开展"三讲"教育。1998 年 11 月 21 日,中共中央发出《关于在县级以上党政领导班子、领导干部中深入开展以"讲学习、讲政治、讲正气"为主要内容的党性党风教育的意见》,提出了开展"三讲"教育的必要性和重要性、基本要求、必须遵循的原则、步骤和方法、教育活动的领导等重要问题,之后,"三讲"教育在全党范围内全面展开。

"三讲"教育采取自上而下的办法,分期分批进行,大体步骤和方法是:思想发动,学习提高;自我剖析,听取意见;交流思想,开展批评;认真整改,巩固成果。④通过"三讲"教育,广大党员干部受到一次深刻的马克思主义教育,理论水平和党性修养普遍提高;纪律意识显著增强,提高了自觉同党中央保持高度一致的自觉性。在"三讲"教育中,各地结合实际开展了形式多样的宣传教育,政治纪律在党员干部心中深入扎根,廉洁自律状况得到显著改善。

① 《江泽民文选》(第 1 卷),人民出版社,2006 年,第 483 页。
② 《讲学习 讲政治 讲正气》,人民日报,1995 年 11 月 25 日。
③ 《十四大以来重要文献选编》(下),中央文献出版社,2011 年,第 152 页。
④ 《十五大以来重要文献选编》(上),中央文献出版社,2011 年,第 553~554 页。

4.推进纪检监察体制改革

党的十三届四中全会后，党的纪检监察体制改革深入推进。1977年8月，党的纪律检查委员会得以重新恢复。1986年12月，全国人大常委会通过了设立中华人民共和国监察部的议案。在1992年召开的党的十四大上，中央纪委和国务院就开始酝酿中央纪委、监察部合署办公的问题。1993年2月22日，中共中央、国务院发布《批转中央纪委、监察部〈关于中央纪委、监察部机关合署办公和机构设置有关问题的请示〉的通知》，明确中央纪委、监察部实行合署办公，把党的纪检职能和国家的行政监察职能统一起来，确立了一套工作机构、两个机关名称的体制，理顺了党政监督关系。党的十四大报告提出了党政机构臃肿、层次重叠、效率低下的问题，合署办公是贯彻党的十四大精神的要求，是我国党政监督体制的一项重大改革，有利于发挥党政监督机关的整体效能，更加集中力量加强党风廉政建设，有利于落实"两手抓、两手都要硬"的战略方针，保障经济建设的顺利进行。

中央纪委、监察部的合署办公，必须解决好在此过程中涉及的体制机制问题。为此，1993年5月18日，中央纪委、监察部发布了《关于中央直属机关和中央国家机关纪委、监察机构设置的意见》，就中央直属机关和中央国家机关纪委、监察机构设置的原则和形式、领导体制和工作关系、职务设置和干部管理、人员编制等问题提出指导意见。1994年8月23日至26日，中央纪委、监察部召开合署办公后的第一次工作会议，总结合署办公以来的经验，研究新形势下加强纪检监察机关建设的问题，从而更好为改革、发展、稳定大局服务。时任中央纪委书记尉健行要求："纪检监察两项职能要注意掌握各自的特点、充分发挥各自的优势，形成党政监督的整体合力，把纪检监察工作提高到一个新水平。"①纪检监察体制改革的推进,为减少党和国家生活中的违纪违法现象发挥了重要作用。

(三)党的十六大至党的十八大期间党的自我革命

新世纪新阶段,在领导社会主义现代化建设事业的过程中,以胡锦涛同志为主要代表的中国共产党人发扬自我革命的精神,下大力气解决自身存在的突出问题,为推进中国特色社会主义事业向前发展起到了有力的促进作用。

1.纠正不正之风

党的十六大以来,党中央、国务院高度重视纠风工作,坚持执政为民、纠风为民,治理各种不正之风,为群众做实事好事。各级纪检监察机关坚持以人为本,把纠风工作贯穿经济社会发展的全过程,坚决纠正损害群众利益的不正之风,铲除不正之风滋生蔓延的土壤,取得了重要阶段性成果。

这一时期,纠正行业不正之风,包括治理教育乱收费、纠正医药购销中的不正之风、减轻农民负担工作、治理公路"三乱"等。要通过纠风工作着重解决社会反映强烈、严重损害群众切身利益的问题。中央纪委历次全会和国务院历次廉政工作会议,都把纠风工作作为党风政风建设的重点。2003 年 3 月 27 日,国务院召开廉政工作会议,时任国务院总理温家宝强调要规范从政行为,纠正部门和行业不正之风,解决人民群众反映强烈的突出问题。2004 年 1 月,在十六届中央纪委第三次全会上,胡锦涛明确要求把解决群众反映的突出问题作为反腐倡廉的重点;同时这次全会充分体现"以人为本"的理念和"执政为民"的要求,将纠风工作由"纠正部门和行业不正之风"改

---

① 《十一届三中全会以来党的纪律检查工作大事记》,中国方正出版社,2008 年,第 198 页。

为"纠正损害群众利益的不正之风",使纠风工作的内涵更加丰富,出发点和落脚点更为明确。

在这一时期的纠风工作中,治理商业贿赂、维护经济发展正常秩序是一项重要内容。2006年2月15日,国务院常务会议听取监察部工作汇报,强调要重点抓好治理商业贿赂专项工作,充分发挥监督监察职能,不断推进政府廉政勤政建设。2006年5月17日,据相关部门统计,全国检察机关共受理和自行发现商业贿赂案件线索9000余件,正在立案侦查的4367件,正在审查起诉的1195件,已向法院提起公诉的674件。[①]此外,这一时期,中国共产党还高度重视党风建设,强调要大力弘扬艰苦奋斗的优良传统和作风,坚决禁止铺张浪费,自觉抵制腐朽思想文化和生活方式的侵蚀;加强领导干部廉洁自律工作,坚决禁止以权谋私;切实转变工作作风,坚决克服形式主义和官僚主义,坚决制止损害群众利益的行为。

2.开展保持共产党员先进性教育活动

中国共产党的先进性要靠党员的先进性来体现,共产党员的先进性是党的先进性的基础。共产党员先进性的基本要求包括具有坚定的理想信念,全心全意为人民服务,自觉地在生产、工作、学习和社会生活中发挥先锋模范作用等方面。为了不断推进党的自我革命,保持党的先进性纯洁性,中国共产党历来重视党员先进性教育,2002年召开的党的十六大明确指出要在全党开展以实践"三个代表"重要思想为主要内容的保持共产党员先进性教育活动。2004年9月,党的十六届四中全会通过的《中共中央关于加强党的执政能力建设的决定》再次强调:"在全党开展以实践'三个代表'重要思想为主要内容的保持共产党员先进性教育活动,学习贯彻党章,坚定理想信

---

① 《十一届三中全会以来党的纪律检查工作大事记》,中国方正出版社,2008年,第397页。

念,坚持党的宗旨,增强党的观念,发扬优良传统,保持党员队伍的先进性和纯洁性。"①2004 年 11 月 7 日,中共中央发布《关于在全党开展以实践"三个代表"重要思想为主要内容的保持共产党员先进性教育活动的意见》,决定从 2005 年 1 月开始,用一年半左右的时间,在全党开展以实践"三个代表"重要思想为主要内容的保持共产党员先进性教育活动。

保持共产党员先进性教育活动,是加强党的执政能力建设和先进性建设的一次成功实践。在 2006 年 6 月 30 日召开的庆祝中国共产党成立 85 周年暨总结保持共产党员先进性教育活动大会上,胡锦涛总结了这次先进性教育活动取得的显著成效:广大党员受到了一次深刻的马克思主义教育,进一步坚定了理想信念,纪律意识显著增强,党员队伍中存在的一些突出问题得到初步解决;一些软弱涣散和不够健全的基层党组织得到整顿和加强,为加强党的纪律建设奠定了基础;各级党组织和党员干部自觉遵规守纪,服务群众的行动更加自觉,人民群众关心的一些重点问题和影响改革发展稳定的一些主要问题得到初步解决;各级党组织形成了一些务实管用的新制度,纪律规章进一步完善,推动了保持共产党员先进性长效机制建设等。

3.建立和完善巡视制度

巡视是从严治党的利剑,建立和完善巡视制度是新世纪中国共产党改革和完善党的纪检监察工作体制的重要举措。2002 年 11 月,党的十六大做出了"改革和完善党的纪律检查体制,建立和完善巡视制度"的重大决策。在 2003 年 2 月召开的十六届中央纪委二次会议上,胡锦涛再次强调了建立和完善巡视制度的问题。2003 年 8 月,中共中央、国务院正式批准了中央纪委、中央组织部关于设立专门巡视机构的请示,随即组建了中央纪委、中央组织

---

① 《十六大以来重要文献选编》(中),中央文献出版社,2006 年,第 291~292 页。

部巡视工作办公室和五个巡视组。在 2004 年 1 月 6 日,中央纪委、中央组织部、中央编办联合发出《关于省、自治区、直辖市党委设立巡视机构有关问题的通知》,在省(区、市)党委设立了巡视机构并建立了专职巡视队伍。巡视制度的建立,对加强领导班子和领导干部的监督,推动被巡视地区和单位党的建设发挥了重要作用。

为加强对地方巡视工作的指导,推动巡视工作的深入开展,2004 年 6 月,中央纪委、中央组织部召开全国巡视工作座谈会,强调要加强对领导干部特别是主要领导干部的监督,并对深入开展巡视工作进行了全面部署。会后,全国绝大部分省区市党委对社会做出廉洁从政的承诺。在稳步推进全国巡视工作的同时,加强巡视工作的制度化和规范化建设是推动巡视工作顺利开展并取得成效的重要一环。2004 年,中央纪委、中央组织部制定下发的《关于中共中央纪委、中共中央组织部巡视工作的暂行规定》,规范了巡视工作档案管理,强化了巡视情况反馈、巡视成果运用等工作。2009 年 7 月中共中央发布的《中国共产党巡视工作条例(施行)》,2010 年 4 月中央纪委、中共中央组织部下发的《关于被巡视地区、单位配合中央巡视组开展巡视工作的暂行规定》等,都是这一时期巡视工作党内法规制度建设的重要成果,为加强巡视监督、督促巡视单位党组织和党员干部自觉遵纪守法具有重要意义。此外,加强派驻纪检监察机构的统一管理也是这一时期纪律建设的又一重要举措。2004 年 4 月 7 日,中央纪委、监察部召开派驻机构统一管理工作会议,根据中央决定,中央纪委、监察部要全面实行对派驻机构的统一管理,将派驻机构由中央纪委、监察部和驻在部门双重领导改为由中央纪委、监察部直接领导。这是中央为改革和完善纪律检查体制作出的重大决策,是加强党内监督的一项重大举措。通过派驻监督,有效发挥了派驻机构的"探头"作用,为拧紧管党治党的螺丝发挥了重要作用。

第四章　新时代中国共产党自我革命面临的现实课题

　　改革开放以后,中国共产党坚持党要管党、从严治党,推进党的建设取得明显成效。同时,由于一度出现管党不力、治党不严问题,有些党员、干部政治信仰出现严重危机,一些地方和部门选人用人风气不正,形式主义、官僚主义、享乐主义和奢靡之风盛行,特权思想和特权现象较为普遍。特别是搞任人唯亲、排斥异己的有之,搞团团伙伙、拉帮结派的有之,搞匿名诬告、制造谣言的有之,搞收买人心、拉动选票的有之,搞封官许愿、弹冠相庆的有之,搞自行其是、阳奉阴违的有之,搞尾大不掉、妄议中央的也有之,政治问题和经济问题相互交织,贪腐程度触目惊心。这"七个有之"问题严重影响党的形象和威信,严重损害党群干群关系,引起广大党员、干部、群众强烈不满和义愤。①进入新时代,面对治国理政中的这些重大考验,中国共产党只有坚持刀刃向内,勇于自我革命,才能有效解决党内存在的消极腐败现象蔓延、政治生态恶化等严重问题,不断提升党的创造力、凝聚力、战斗力。

---

　　① 《〈中共中央关于党的百年奋斗重大成就和历史经验的决议〉辅导读本》,人民出版社,2021年,第38~39页。

一、在"补钙壮骨"中破解信仰危机

共产党员是否坚定地信仰马克思主义，是否具有坚定的共产主义理想和信念，是衡量共产党员先进性的根本性标准。信仰是前进方向，是精神支柱，是行动指南。中国共产党成立一百多年来之所以能够取得辉煌成就，就是由于始终坚持马克思主义信仰，坚持共产主义信念。党员干部如果没有马克思主义的信仰，没有共产主义的坚定信念，就会迷失方向。进入新时代，党员队伍总体上是好的，但也存在一些共产主义信仰动摇，甚至走向反面的党员。信仰危机虽然表现在少数党员身上，但造成的影响和危害极大。它严重侵蚀共产主义大厦的基础，严重削弱党的凝聚力和战斗力，严重危害党的事业的健康发展，严重影响党在人民群众心目中的形象和威信。这种信仰危机主要表现在以下方面。

一是悲观失望，信仰动摇。20世纪80年代末90年代初，东欧剧变、苏联解体，世界社会主义运动遭受了严重挫折。少数党员对世界社会主义的前途产生了疑虑和困惑，马克思主义信仰不同程度的动摇了，甚至产生了信仰危机。主要表现为对共产主义理想的悲观失望。在改革开放的进程中，少数党员被资本主义的物质文明所迷惑，对社会主义的优越性产生怀疑，对社会主义必然战胜资本主义失去了信心，走向了悲观主义。二是精神空虚，迷失方向。少数党员失去了精神支柱，没有正确的世界观、人生观、价值观，缺乏奋斗动力和前进方向，精神空虚，愤世嫉俗，逃避现实，产生看破红尘的极端的心理和行为。三是鼓吹"神秘现象"。少数党员宣扬神秘现象，兜售唯心主义，毒化人民群众的灵魂。甚至个别党员也耳濡目染、习以为常，是非不分，思想观念动摇，甚至忘记了自己是一名共产党员，加入了鼓吹神秘现象的行列。

四是盲目信仰宗教。少数党员在遇到精神困惑时,将这种精神关怀寄托于宗教。甚至少数共产党员直接参与了邪教组织,虽然表现在极少数党员身上,但在社会上造成了恶劣影响。五是热衷封建迷信。封建迷信中的一些腐朽丑恶反动的东西出笼。有些地方修庙立佛成风,少数党员领导干部建办公楼都要求神拜佛看风水。一些党员领导干部在工作决策时,不是坚持科学民主决策,看看人民群众拥护不拥护,答应不答应,而是求神拜佛,"不问苍生问鬼神"。还有少数党员干部对生老病死等正常生理现象产生恐惧,相信宿命论、唯心论的观点。有的对于自己掌握的权力地位,没有用在努力工作、为人民服务及创造幸福生活上,而用在了祈祷神圣保护、升官发财上,"不信马列信鬼神"。六是推崇资本主义文明。改革开放以来,随着各种外来思想观念的涌入,传统的与现代的、进步的与落后的、积极向上的与消极颓废的、正确的与反动的思想观念和行为习惯相互碰撞、磨合、斗争,资本主义的反动腐朽思想甚嚣尘上。在日趋多元化的文化观念面前,少数共产党员的世界观、人生观、价值观在改变,越来越信仰资本主义。有的为资本主义大唱赞歌,把共产主义的理想社会混同于资本主义文明;还有的党员追求资产阶级腐朽的生活方式,腐败堕落,蜕化变质,丧失马克思列宁主义的信仰,最终沦为人民的罪人。七是把自己混同于普通群众。信仰的缺失,造成了少数党员不思进取,忘记了马克思主义信仰共产主义理想和信念,忘记了自己是一名共产党员。言行上混同于普通老百姓,人云亦云,随波逐流,浑浑噩噩,是非不明,党员的先进性荡然无存。个别党员拒绝交党费,拒绝参加组织生活,甚至自愿脱党、退党。

少数党员干部之所以会出现信仰危机,一方面是由于市场经济的影响。少数干部想通过"权力—金钱"挂钩,获得"两全其美"的好处。在其驱使下,干部的忠诚度就会受到影响。"全心全意为人民服务"就会发生"位移",就会或多或少变成一个"利己主义"者。另一方面是由于忘记了初心使命。由于社会阶层的变化,当干部收入少,而当老板收入高。党员干部是保持定力,还是随波逐流,这是必须要做出的一个选择。少数党员干部由于放弃了马列主义理论的学习,放弃了世界观的改造,忘记了初心使命,随波逐流,其对党的忠诚程度,对马克思主义信仰的忠诚程度就会发生变化,从而出现了信仰危机。

理想信念是中国共产党人的精神支柱和政治灵魂,也是保持党的团结统一的思想基础。中国共产党成立一百多年来,始终是有崇高理想和坚定信念的党。这个理想信念,就是马克思主义信仰、共产主义远大理想、中国特色社会主义共同理想。要解决好党员信仰缺乏、信念缺失、精神缺"钙"的问题,就要坚定理想信念,加强党性修养、加强品格陶冶,把对马克思主义的信仰、对社会主义和共产主义的信念作为毕生追求,时刻用党章、用共产党员标准要求自己,时刻自重自省自警自励,做到坚定理想信念不动摇,明辨大是大非不糊涂。只有坚持不懈用马克思主义中国化时代化最新成果武装头脑、凝心聚魂,用理想信念和党性教育固本培元、补钙壮骨,自觉增强中国特色社会主义道路自信、理论自信、制度自信、文化自信,就一定能筑牢思想根基,补足精神之"钙",在乱云飞渡中做到"千磨万击还坚劲,任尔东西南北风",在泥沙俱下时诠释"丹可磨也,而不可夺赤"。

二、在坚持正确导向中匡正用人风气

"贤良之士众,则国家之治厚;贤良之士寡,则国家之治薄。"选人用人关乎国之根基,质量意识须臾不可松懈。干部选拔任用要突出政治过硬、品质优良、才能卓著、实干担当、心系百姓的选人标准,坚持事业为上,选好用好干部队伍,努力锻造一支高质量干部队伍。选人用人也是党内政治生活的风向标,用人上的不正之风和腐败现象对政治生活危害最烈,端正用人导向是严肃党内政治生活的治本之策。一段时间以来,一些地区和部门违规选人用人,一些干部"带病提拔""带病上岗",不仅损害了党的事业,也污染了当地的政治生态,成为新时代中国共产党必须解决的重要问题。

一段时间以来,选人用人上的不正之风主要表现在:一是忽视政治、淡化政治现象突出。在党员干部队伍中,有的不遵守政治纪律和政治规矩,妄议中央大政方针,做两面人;有的理想信念不坚定,对共产主义心存怀疑;有的干事创业精气神不够,干工作推诿拖延;有的热衷于搞"小圈子""拜码头";有的甚至以权谋私、腐败堕落。同时,一些党组织管党治党责任缺失,在政治上不设防、不把关,让一些政治上有问题的人混进领导班子。二是知人不深、识人不准现象较为普遍,导致用人不当。一些地方干部考察不深入、不透彻,特别是政治上的考察不到位,识别"两面人"缺乏精准有效的办法。任前考察时间仓促,方式方法单一,很多是"突击式""应景式"的考察,成了印证动议人选的形式,而不是甄别干部的途径。日常考察薄弱,对干部的经常性了解和掌握不足以支撑对干部的认识和使用。三是选人用人制度不健全。动议环节存在疏漏,动议范围小,选人视野窄;准备工作不充分,动议质量不高;动议程序不规范,工作存在随意性;动议的时机、主体、方式、程序等处于不确定状态,自由裁量度很大,这些都给用人权力留下了滥用的空间。四是论资排辈现象突出。一些地方和单位选人用人不注重干部的专业能力,当岗位出缺时,首先想到的是"该轮到谁了",而不是"谁最合适",致使有些专业性较强的单位领导班子,专业化配备不到位。有些企事业单位领导班子专业能力不能覆盖核心业务;有些地方党政班子成员大都是从下级党委正职干部中提拔起来的,党委班子成了"书记处",同质化问题严重。五是以票取人、以分取人问题突出。民主推荐是干部工作走群众路线的重要制度安排,主要目的是落实群众对干部工作的知情权、参与权、选择权和监督权,让干部对上负责与对下负责相统一,防止少数人说了算。但在实践中,一些推荐人员投"利益票""感情票""跟风票",导致推荐结果失真失实;部分地方、单位党组织被推荐票"绑架",过分看重票数,简单以票取人;一些干部因怕丢票而当"老好人"、不敢担当甚至拉票贿选等。公开选拔、竞争上岗是干部人事制度改革的重要举措,在拓宽选人视野,打破论资排辈和地域、体制限制,促进优秀人才脱颖而出等方面发挥了积极作用,但也出现了"凡提必竞"、动辄面向全国甚至海外选拔、"考试导向"冲击"干事导向"等现象。①此外,在干部的职位升迁、岗位调整、人事调动等方面,一些人利用各种社会关系,请托上级领导、老同志、身边工作人员等特定关系人,向用人单位领导说情打招呼,严重干扰干部选拔任用工作,导致干部"带病提拔""带病上岗"的问题时有发生。

选人用人上的不正之风,严重破坏党的团结和集中统一,严重影响党和人民事业发展,因此必须勇于自我革命,坚持正确的选人用人导向,把选人用人的标尺旗帜鲜明亮出来,下大力气整治违规破格提拔干部、超职数配备干部、突击提拔调整干部、干部"带病提拔、重用"、跑官要官、拉票贿选、"买官卖官"等行为,建立整治选人用人不正之风长效机制,形成能者上、优者奖、庸者下、劣者汰的良好局面。贯彻落实好干部标准,要突出实干工作方向。以实干为导向,注重"务实苦干、实绩突出";坚持事上看、事上练、事上选,大力选拔那些有实践、敢作为、有成绩的干部;选拔在困难任务中表现突出的干部,让实干的干部有奔头、得到褒奖和重用,让阿谀奉承、溜须拍马之

---

① 《向选人用人突出问题"开刀"》,《人民日报》,2014 年 1 月 17 日。

徒没有市场。要树立鲜明用人导向。紧紧围绕党和人民事业发展需要,坚持重品行,树立选人用人"靠工作、靠实绩、靠品行、靠认可"的标准,选贤任能,知人善任,严守新时期好干部标准,选好用好每一名干部。要重成绩求实效。积极为实干者撑腰,为干事者鼓劲,让想干事的人有机会、能干事的人有舞台、干成事的人有位置;对扛硬活打硬仗、一贯表现好的干部,重点关注和使用;对临阵退缩、畏首畏尾,不作为、乱作为的干部,坚决予以调整,切实把党和人民需要的好干部选出来、用起来,把各方面、各领域、各行业、各层级的优秀人才凝聚起来,为实现中华民族伟大复兴的中国梦注入强大力量。①

三、在打通堵点难点中纠治作风顽疾

作风建设是一个永恒课题,一段时间以来,作风问题主要表现为"四风"问题屡禁不止。因此,必须把纠治"四风"作为一项长期系统工作,坚持抓常、抓细、抓长,持续深化。所谓"四风"问题,指的是形式主义、官僚主义、享乐主义和奢靡之风。形式主义表现最突出的是追求形式、不重实效,图虚名、务虚功、工作不抓落实;官僚主义表现为办事推诿扯皮,效率低下,不作为、不负责任;享乐主义是指一些党员领导干部安于现状、贪图安逸,缺乏忧患意识和创新精神;奢靡之风主要是指随着物质条件的改善,在许多方面大手大脚、铺张浪费。"四风"问题具有反复性和顽固性,其形成非"一日之寒"。"四风"问题严重损害了党群干群关系,损害了党在人民群众中的形象,败坏了社会风气,是人民群众反映最强烈的问题之一。

随着纠治"四风"问题深入开展,享乐主义、奢靡之风得到有效遏制,形

---

① 《新时代选人用人的基本规范》,《人民日报》,2019年3月18日。

式主义、官僚主义成为整治的重点。作为党和国家事业发展的大敌,形式主义、官僚主义具有顽固性、反复性、隐蔽性和变异性等特点,其具体表现在以下方面:一是浑浑噩噩、混天度日。工作不用力、在岗不尽责,上级部署的任务不推就不动。甚至有的工作已经"火烧眉毛"了,自己还浑然不知、若无其事。有些同志拈轻怕重,不愿吃苦受累,稍微多干点活、流点汗,就牢骚满腹、怨天尤人。二是浮皮潦草、粗枝大叶。工作不用心、不细心,自以为有些小事无足轻重、无关痛痒。原本有多道关口层层把关,结果却是审核不严、层层失守。三是不敢担当、不想作为。把"枪打出头鸟""干得越多担责越多""天塌下来有高个子顶着"当成信条,遇到问题能推就推、能躲就躲,不是想方设法去完成任务,而是千方百计去上推下卸,有风险的不愿干、有困难的不去干、得罪人的不想干,甚至眼睁睁看着问题发展而听之任之。四是故步自封、因循守旧。习惯照搬老一套,上级没讲的、文件没写的、过去没有的,就不敢越雷池半步,甚至中央已经有了明确要求,只要没转发、没细则,也迟迟不动。五是效率低下、拖拖拉拉。工作节奏慢、服务差、效率低,本来一天就可以办完,非要拖上几天才办,更有甚者看领导关注得少、催促得少就束之高阁。六是标准不高、小成即满。有些同志承担的工作即使排名靠后依然无动于衷,仅仅满足于不掉进后三名的底线要求。有时工作刚刚部署,就开始总结经验,稍微取得一点成绩就大书特书,自我感觉良好。七是高高在上、不接地气。抓工作浮在面上、沉不下去,乐于坐在办公室听汇报、看材料,做层层转批再层层上报的"二传手",自己却脚不沾地、鞋不沾泥。八是弄虚作假、粉饰太平。政绩观错位,汇报工作报喜不报忧,讲成绩滔滔不绝、谈问题蜻蜓点水,甚至瞒报谎报、隐藏遮掩问题,导致耽误工作、影响决策,给工作造成被动。九是境界不高、自私自利。整日里自我设计、斤斤计较,对待自己的事情飞蛾扑火,对待群众的事情却高高挂起。十是脱离实际、闭门造车。对如何干好工作缺乏深入调研和思考,贯彻落实上级决策部署急功近利、频繁随意开会、发通知、提要求,不考虑实际情况、不考虑基层压力、不考虑群众意愿,把好事办成了坏事。

作为党的群众路线的大敌、顽敌,一段时间以来,"四风"问题愈演愈烈。如果任其蔓延,将从根本上破坏党同人民群众的血肉联系,甚至从根本上摧毁党。2012年12月4日,中央政治局召开会议,审议通过了《十八届中央政治局关于改进工作作风、密切联系群众的八项规定》,习近平总书记强调,规定就是规定,不加"试行"两字,就是要表明一个坚决的态度,表明这个规定是刚性的。党中央始终带头严格执行中央八项规定,给全党树立了典范;持续整治"舌尖上的浪费""会所中的歪风""车轮上的铺张""节日中的腐败"等"四风"问题,持续解决形式主义问题、不断为基层减负;公布违反中央八项规定精神问题情况成为惯例,特别是在年节假期、重要会议等时间节点释放正风肃纪的强烈信号……一个问题一个问题解决,一个节点一个节点坚守,经过坚持不懈努力,刹住了一些长期没有刹住的歪风邪气,解决了一些长期没能解决的顽瘴痼疾,党风政风焕然一新,社风民风持续向好。①

加强作风建设,必须紧紧围绕保持党同人民群众的血肉联系,增强群众观念和群众感情,不断厚植党执政的群众基础。中国共产党落实中央八项规定、持续整治"四风",就是要解决群众反映强烈的问题、保持党同人民群众的血肉联系。干部作风好了,人民群众最有实实在在的获得感。这说明,以钉钉子精神打好作风建设持久战,不仅大大提升了党的威信和形象,更能以党心汇聚民心,以好作风带领人民群众开辟"中国之治"新境界。习近平总书记强调:"中央八项规定不是五年、十年的规定,而是长期有效的铁规矩、硬杠

① 《以钉钉子精神打好作风建设持久战》,《人民日报》,2022年9月28日。

杠。"作风建设只有进行时,没有完成时;不仅是攻坚战,也是持久战。"四风"问题病根未除,稍有松懈就可能死灰复燃。要准确把握新形势下反"四风"的规律特点和工作要求,乘势而上、再接再厉,继续在常和长、严和实、深和细上下功夫,做到管出习惯、抓出成效,维护好风清气正的政治生态。

四、在维护公平正义中消除特权现象

中国共产党之所以得到广大人民群众的信任和拥护,根本原因在于党始终把维护人民群众的利益放在第一位,始终强化淬炼党的先进性和纯洁性,在人民群众心中树立了良好的形象和崇高的威信。习近平总书记指出,执政党对资源的支配权力很大,应该有一个权力清单,什么权能用,什么权不能用,什么是公权,什么是私权,公权和私权要分开,不能公权私用。领导干部是人民的公仆,党内不存在特殊党员,没有所谓的"铁帽子王",任何人都没有党纪国法之外的特殊权力,要按规定的权限行使权力、不超越用权的界限,按规定的程序行使权力、不任意妄为,始终做到权为民所用,让权力在阳光下运行。

所谓特权,是指个人或组织凭借身份和地位,在经济、政治、社会等领域享有超越法律法规的特殊权利。特权思想和特权行为的最主要根源在于一些领导干部"把权力变成牟取个人或少数人私利的工具"。特权现象主要表现在以下方面:一是行权任性。无视规章制度,无视组织程序,用权任性、随意拿捏、肆意妄为。有的当官做老爷,违反民主集中制,搞"家长制""一言堂",独断专行;有的拍脑袋决策,一意孤行;有的任人唯亲,拉山头、结"小圈子",培植个人势力;有的甚至把主政领域当作"独立王国""私人领地"。二是以权谋私。有的信奉"无利不起早",把手中的权力作为寻租的资本,为自己或亲友、小团体谋利的工具。有的利用手中掌握的经营管理、规则制定、信息披露等权力,将公共权力部门化,部门权力私有化;有的私设"小金库",违规发放津补贴,变相提高福利待遇;有的行业、企业靠山吃山、靠水吃水,违规同业经营,捞取私利;有的在资产资源交易中贵买贱卖,采购招投标搞"萝卜"中标,违规谋利;还有的党员干部违规插手市场经济活动,利用掌握的内幕信息倒买倒卖或透露给特定关系人获利。三是越权享受。在生活享受上放纵自我。有的把公权力与个人享受的待遇自然地画上等号,并为此不择手段追求高消费、阔享受;有的党员干部俨然把公家资金当作可以随意取用的私人存款;有的领导干部纯粹是为了体现自己的级别和地位而拿公款肆意挥霍,满足自己"高人一等"的心理。四是拥权自傲。把权力、职务当作高人一等的标签,对党员群众盛气凌人,官气十足,打官腔、摆官谱、抖官威。有的不愿深入基层,不愿帮助群众解决实际问题,甚至不愿同普通群众打交道;有的讲求前呼后拥、声势排场,出行要人拎包,下雨有人打伞,表现出一副"与众不同"的姿态,与群众拉开距离;还有的与下级、群众接触时两眼朝天、吆五喝六、口大气粗,有的感情冷漠、推三阻四、故意刁难,眼皮一耷拉"研究研究""商量商量",拖而不办。

特权思想和特权现象之所以屡屡出现,首先,从根本上讲,源于一些领导干部理想信念、根本宗旨上出了问题,对权力的本质属性认识错误,把权力视为身份地位的象征、发家致富的"帮手",而非为人民服务的工具。其次,特权现象与社会发展程度密不可分,随着经济的发展,过去因物质贫乏而造成的某些领域的特权现象逐步减少乃至消亡,但我国仍处于并将长期处于社会主义初级阶段,发展仍不平衡不充分,加之市场在公共资源配置中的决定性作用发挥尚不充分,给特权的产生带来一定空间。再次,传统文化中的一些不健康因素,比如,官本位思想、好面子文化、庸俗人情观等,给特权思想和特权现象提供了生存的土壤和条件,给治理特权问题制造了一定难度。最后,从监督角度看,特权现象与过去一段时间对权力监督不力、管党治党宽松软有一定关系。有的地方党的纪律和规矩放任松弛,党纪国法在一些人眼里成了橡皮筋而不是硬约束,权力缺乏有效制约,权力监督存在空白,导致一些特权思想严重的党员领导干部,逐步将手中的权力异化为谋取私利的特权行为。

特权思想和特权行为与党的初心使命背道而驰,与党的性质格格不入。特权是导致腐败产生的重要根源,它不仅为权力寻租提供了更多的机会和空间,而且成了腐败分子逃避纪律和法律制裁的"保护伞"和"免罪牌",如果放任特权,腐败现象将愈演愈烈。同时,特权思想和特权行为滋长蔓延必然会助长"四风",污染党内良好政治生态,破坏正常的干群关系,败坏社会风气,久而久之,必然动摇党的执政根基。始终保持党同人民群众血肉联系,巩固党的执政基础和执政地位,就必须维护社会公平正义,旗帜鲜明地坚决破除形形色色的特权思想和特权行为。[①]对此,以习近平同志为核心的党中央有着清醒认识,"反腐倡廉建设,必须反对特权思想、特权现象""这个问题不仅是党风廉政建设的重要内容,而且是涉及党和国家能不能永葆生机活力的大问题"。党的二十大报告再次强调,"坚决破除特权思想和特权行为",二十大党章修正案认真吸收党的十八大以来反对特权思想和特权现象的重要理论成果、实践成果、制度成果,将反对特权思想和特权现象作为党的各级领导干部必须具备的基本条件写入党章,彰显了党中央一以贯之、坚如磐石的决心。只要持之以恒地反对特权思想、特权现象,就能不断铲除腐败滋生蔓延的土壤,营造一个风清气正的政治生态。

---

① 李辉:《以彻底自我革命精神破除特权思想和特权行为》,《湖南日报》,2023 年 6 月 8 日。

五、在提振纲纪中解决纪律松弛问题

党的纪律是党的各级组织和全体党员必须共同遵守的政治生活准则和言论、行动的规范,涉及党内生活的各个方面。严明的纪律历来是中国共产党的一大优势,但一段时间以来,少数党员甚至个别党员领导干部党章意识不强,纪律观念淡薄,执行纪律的自觉性降低,引起党内纪律松弛现象发生。这种现象主要表现在以下方面。一是政治纪律松弛。主要表现为:极少数党员干部在原则问题和大是大非面前立场摇摆,态度不坚决,甚至丧失党性原则;在一些涉及党的路线方针政策的重大政治问题上公开发表反对意见,任意散布不信任情绪,或者被海外反动舆论牵着鼻子跑,传播政治谣言,当人家的传声筒。有的党员干部搞封建迷信,信风水大师,不信马列信鬼神。对党的方针政策和中央的重大决策采取阳奉阴违的态度,搞上有政策、下有对策。习惯于做表面文章,欺上瞒下,欺骗组织,欺骗群众;在个人事项报告、述职述廉等方面弄虚作假;有的农村党员和流动党员长期不参加组织活动,脱离党组织,不缴纳党费,个人自由主义泛滥。二是组织纪律涣散。主要表现为:少数主要领导干部不按民主集中制原则办事,搞一言堂,独断专行,在重大问题上个人说了算。少数领导干部喜欢以地域划线,以个人喜好划线,拉拢一批人,排挤另外一批人,搞危害党的团结和涣散党的组织的"摊摊""团团"和"伙伙"。违反组织人事纪律,大肆安插自己亲戚、同学、同乡、朋友。三是财经纪律混乱。主要表现为:少数党员干部违反财政金融工作制度,随意干预金融业务,指使财会人员违规操作做假账,造成巨额经济损失。截留国家财政收入,将预算内资金转为预算外资金,以及搞非法集资,违规存储、挪用资金,私分公款,私设小金库。违反规定干预经济活动,收取市场经济组织的股份、报酬,或荒废工作,开展经营活动。四是工作纪律松散。主要表现为:有的党员干部高高在上,做官当老爷,不以平等态度对待群众,甚至态度恶劣。有的凭借手中权力吃拿卡要,侵犯群众利益,甚至胡作非为,称霸一方,在群众中造成极坏的影响。有的上班时间不务正业,打牌赌博,炒股看视频,浏览与工作无关的网页等。五是生活纪律松懈。主要表现为:有的党员干部放松约束,追求奢侈生活,沉迷于吃喝玩乐,购买高档家具家电、生活用品;有的还暗地里参与赌博、买彩票、高消费娱乐等活动,造成消费过大、入不支出而挪用、侵占公款或集体资金;有的好"傍大款",滥交朋友,沉迷于灯红酒绿,留恋于声色犬马等。

党内之所以会出现纪律松弛的现象,一是"文化大革命"使党的纪律和国家法制遭到严重破坏,负面影响尚未消除。二是对解放思想的曲解。现在好像谁胆子大谁就是英雄,谁遵守纪律谁就是保守。解放思想不是想干什么就干什么,头脑发热、空想蛮干不是解放思想,"打擦边球""闯红灯"也不是解放思想,解放思想的同时也要讲科学精神、严明纪律。三是改革不到位。在现实生活中确实还存在一些不合时宜的规定亟待改进,有些人以冲破旧体制的束缚为借口、甚至打着改革的旗号、"闯"的旗号违规违纪。四是市场经济的影响。在改革开放和发展市场经济的形势下,各种复杂的人际关系和利益关系对党内生活带来不可低估的影响,有的党员特别是年轻党员把市场经济求利、交换、竞争原则扩充到社会生活的一切领域,把个人利益最大化当成价值追求,把为人民服务、克己奉公者当成傻瓜。进入新时代,必须发扬自我革命精神,把党的纪律建设摆在更加突出位置,强化纪律约束,以严明纪律整饬作风,切实解决纪律松弛问题。

党要管党、从严治党,靠什么管,凭什么治? 就是要靠严明纪律。严明纪律是针对新形势下党的建设面临的新情况新问题新挑战、为推进全面从严治党提出的重大战略举措。这一重大战略举措聚焦解决党的纪律建设面临的突出问题,深化拓展了党的纪律建设的内涵,丰富发展了党的建设理论。纪律建设是全面从严治党的治本之策,伴随党的建设全过程。九千多万党员的凝聚力、战斗力从哪里来? 从根本上说,来自纪律的刚性。如果纪律建设这个基础夯不实、打不牢,中国共产党就难以有效发挥领导核心作用,就不可能长期执政,党的事业就会发生动摇。正是基于纪律建设对于党的建设的特殊重要性,习近平总书记针对我们党面临的严峻挑战和党内亟待解决的问题,尤其是一些党员干部中发生的贪污腐败、脱离群众、形式主义、官僚主义等问题,鲜明提出加强纪律建设,并将其摆在党的建设的突出位置①,通过严明政治纪律和政治规矩带动组织纪律、廉洁纪律、群众纪律等各项纪律全面严起来,从根本上扭转了管党治党宽松软的状况,从源头上净化了党内政治生态。

六、在推进"三不"中清除腐败分子

腐败一般是指随着经济社会发展,由公职人员作风不正、行为不端而引起的政治和社会问题。腐败现象严重侵蚀国家和人民的基本利益,败坏党的声誉,影响社会和谐稳定,是社会毒瘤。在改革开放的历史进程中,中国共产党虽然一直同腐败现象进行坚决的斗争,但在党的十八大以前并没有有效遏制腐败蔓延势头。从源头上遏制腐败现象滋生蔓延,成为摆在新时代中国共产党人面前的严峻课题。

腐败现象的滋生蔓延与我国社会转型的历史过程紧密相连。在传统社

---

① 张英伟:《论纪律建设》,《人民日报》,2015 年 11 月 10 日。

会向现代社会的转型过程中,由此产生的利益冲动以及人们的求富心态,使得部分掌握社会资源分配权的党员干部铤而走险,利用手中的权力谋取私利,导致腐败现象的滋生。此外,在我国从传统的计划经济体制向社会主义市场经济体制转型的过程中,由于市场调节的局限性导致贫富差距拉大,再加上道德的约束功能下降和法律法规不够完善,也使得一部分掌握资源分配权的党员干部趁机钻体制转换的空子,侵吞、占有他人财富,使得腐败问题更加严重。我国当前的改革开放与社会转型和体制转轨同处于一个历史时期,使得腐败问题的表现更加复杂,治理的难度也空前加大。

从党的十八大以来查处的腐败案件中,可以直观感受到我国仍存在一定的腐败问题。例如,发生在山西省的系统性、塌方式腐败中,从省到市到县到乡到村都发生了严重的腐败问题,煤炭部门和国土交通部门是腐败的重灾区,呈现出量大面广的特点。此外,山西省的严重腐败问题不是个案,如太原连续三任市委书记和三任公安局局长均被查处,并且涉案数额巨大、贪腐不择手段。根据腐败者的行为和目的来划分,腐败可分为拜金型、拜物型、聚宝型、享受型、徇私型、徇情型、贪色型等。具体而言,拜金型指腐败行为的主要目的在于扩大金钱的收入,追逐金钱。拜物型是指腐败行为主要以取得实物为目的或者将国家、集体、个人财产占为己有。聚宝型是指腐败行为以收集和占有价值珍贵的珍宝文物为主要目的。享受型是指腐败行为以追求个人或几个人的享受。徇私型是指腐败行为与裙带关系和熟人关系有密切的联系。徇情型是指腐败行为由男女恋情引起,一方徇情,慷国家之慨,给对方多种利惠。贪色型是指腐败行为以纯粹的肉欲关系为前提,以满足个人欲望为目的。此外,还包括庇护型、报复型、图名型等。①

---

① 王沪宁:《反腐败——中国的实验》,三环出版社,1990 年,第 100~102 页。

在各类腐败现象中,基层"微腐败"老百姓感受最深。这类腐败的群体以基层工作人员为主,他们手中的权力看似不大,但由于他们处在服务基层群众的最前沿,与基层群众打交道最多,其腐败行为损害群众利益也最直接。基层"微腐败"主要表现在以下方面:一是吃拿卡要。长期以来,一些基层干部腐败的突出表现就是借助手里掌握着的一些权力,对前来办事的人民群众进行"吃拿卡要"。一些基层执法、监管、公共服务等窗口单位和行业工作人员,利用手中的执法权、司法权、审批权、市场监管权或所掌握的特殊资源,在群众前来办事时或刁难或搪塞或推诿或拖延,存在着"门难进、脸难看、话难听、事难办"的问题。二是挪用私分公款。基层挪用私分公款主要指县乡部门干部设私人小金库和村社干部私分村社集体资产。三是圈地卖地。一些县乡干部,甚至村居干部,在旧城改造、"城中村"改造、城乡接合部改造或新农村建设中,存在盲目圈地占地,大肆出卖村居集体土地现象,甚至还有一些村居干部,利用手里的权力霸占山林湖泊,违规建造豪华别墅或墓地。四是私办企业。一些基层村社由于"政经不分",村委会作为基层自治组织,不得不承担着一部分经济职能,资产的管理和交易存在一定不规范现象,某种程度上成了一些基层腐败的根源。一些村居书记或主任兼任村居集体经济组织法人,造成基层社会政企不分。另外,村居负责人自己在基层创办公司,容易借自己手中的权力侵吞村集体资产,造成村集体财产流失。五是截留冒领。随着国家财政转移支付力度的加大和国家财政惠农补贴的增多,一些县乡、村居干部利用手中掌握的权力,冒领国家惠农补贴和扶贫款的现象突出。六是私养情人。有的县乡部门干部,甚至村居干部肆无忌惮包养情人、乱搞男女关系,道德沦丧。七是染黑涉黑。少数基层社会存在着一定程度的"黑化"隐忧,尤其在一些经济活跃的"城中村"、城乡接合部地区,个别村干部目无法纪,他们操纵选举、笼络打手、强行敛财,摇身成为百姓深恶痛绝的"黑老大"。他们靠拳头和恶名,采取非法手段操纵选举、侵吞集体财物、侵害群众利益,将村委班子变成了自己的天下。

腐败问题严重败坏了党的形象,损害了党群、干群关系,如果得不到有效治理,必将危及党的执政地位。习近平总书记对此有着清醒的认识,他指出:"要坚决反对腐败,要防止在长期执政条件下党出现腐化变质,这是必须抓好的重大政治任务。"①要标本兼治、系统治理,坚持"全周期管理",一体推进不敢腐、不能腐、不想腐,使严厉惩治、规范权力、教育引导紧密结合、协调联动。要强化"不敢腐"的震慑力,为"不能腐""不想腐"创造条件。"不敢腐"是前提,重在惩治违纪违法行为,通过加大惩治力度,让党员干部和公职人员在党纪国法威慑前望而却步。"不敢腐"在治理上侧重"纪"和"法",在手段上主要依靠惩治和威慑,体现的是组织的主导和治理,解决的是腐败成本问题。要增强"不能腐"的约束力,巩固"不敢腐""不想腐"的成果。"不能腐"是关键,重在全方位扎紧制度笼子,科学配置权力,通过完善制度机制压缩腐败空间,让胆敢腐败者在严格监督中无机可乘。"不能腐"在治理上侧重于"规"和"制",着力从体制机制和规章制度上消除腐败产生的条件,解决的是腐败机会问题。要提高"不想腐"的感召力,实现"不敢腐""不能腐"的升华。"不想腐"是根本,重在通过加强理想信念教育培养廉洁自律道德操守,着眼于产生问题的深层次原因,对症下药、综合施策,从思想源头上消除贪腐的念头。"不想腐"在治理上侧重于"育"和"导",通过党性修养、纪法观念的提升来增强拒腐防变的能力,解决的是腐败动机问题。反腐败斗争关系民心这个最大的政治,是一场输不起也决不能输的重大政治斗争。保持反腐败政治

---

① 《习近平关于党风廉政建设和反腐败斗争论述摘编》,中央文献出版社、中国方正出版社,2015年,第4页。

定力,不断实现不敢腐、不能腐、不想腐一体推进的战略目标,推动标本兼治的叠加效应和综合效能持续放大、更加凸显①,坚决打赢反腐败斗争攻坚战、持久战。

① 《一体推进不敢腐 不能腐 不想腐》,《人民日报》,2022 年 6 月 30 日。

第五章　新时代中国共产党自我革命的伟大实践

治国必先治党,治党务必从严。中国共产党作为执政党,进行好具有许多新的历史特点的伟大斗争,有效应对各种风险和挑战,实现中华民族伟大复兴的中国梦,必须把党建设好、建设强。党的十八大以来,以习近平同志为核心的党中央把全面从严治党纳入"四个全面"战略布局,坚持以伟大自我革命引领伟大社会革命,以彻底的自我革命精神推动全面从严治党向纵深发展,刹住了一些多年未刹住的歪风邪气,解决了许多长期没有解决的顽瘴痼疾,管党治党宽松软状况得到根本扭转,探索出依靠党的自我革命跳出历史周期率的成功路径。全面从严治党是新时代党的自我革命的伟大实践,开辟了百年大党自我革命的新境界。新时代全面从严治党取得历史性、开创性成就,产生全方位、深层次影响,为中国特色社会主义伟大事业行稳致远提供了坚强保障。

一、以政治建设保证自我革命的正确方向

党的政治建设是党的根本性建设,决定党的建设方向和效果,事关统揽推进伟大斗争、伟大工程、伟大事业、伟大梦想。中国共产党能够不断开辟自

我革命新境界,关键在于抓住了党的政治建设这个根本,确保全党政治上团结统一,凝聚成"一块坚硬的钢铁"。作为世界第一大执政党,要依靠自我革命实现自我净化、自我完善、自我革新、自我提高,必须坚持以党的政治建设为统领,坚守自我革命根本政治方向,把党的政治建设作为永恒课题久久为功地抓下去。针对一段时期内存在的党的领导弱化、党的建设缺失、全面从严治党不力等问题,以习近平同志为核心的党中央强化政治建设的统领地位,严明政治纪律和政治规矩,严肃查处违背党的政治路线、破坏党的集中统一的问题。经过新时代全面从严治党的革命性锻造,从根本上扭转了落实党的领导弱化、党的观念淡漠状况,全党"四个意识"不断增强,"四个自信"日益坚定,"两个维护"更加自觉。

(一)加强党的政治领导

历史和人民选择了中国共产党的领导,就需要我们以坚强有力的政治领导承担起历史赋予的政治责任,完成伟大的历史使命。我们能取得今天这样的伟大成就,最根本的是有中国共产党的坚强领导。党的政治建设的首要任务,是保证全党服从中央、坚持党中央权威和集中统一领导。将这一首要任务落到实处,必须捍卫"两个确立",做到"两个维护",增强"四个意识",坚定"四个自信"。

1.捍卫"两个确立",做到"两个维护"

中国共产党执政是历史和人民的选择。作为在最大发展中大国长期执政的党,维护党中央权威和集中统一领导,确保政令畅通、令行禁止至关重要,这不仅是党和国家前途命运所系,也是全国各族人民根本利益所在。党的十九届六中全会通过的《中共中央关于党的百年奋斗重大成就和历史经验的决议》指出:"党确立习近平同志党中央的核心、全党的核心地位,确立习近平新时代中国特色社会主义思想的指导地位，反映了全党全军全国各族人民共同心愿，对新时代党和国家事业发展、对推进中华民族伟大复兴历史进程具有决定性意义。"①"两个确立"不是凭空产生的，而是在新时代坚持和发展中国特色社会主义的伟大实践中孕育形成的，是党不懈探索、不断推进理论创新和实践创新的重大成果。

确立党的领导核心是马克思主义经典作家的重要思想，是实现党的坚强领导的重要保证。马克思、恩格斯、列宁都强调权威的重要性，并同一切反对权威等的无政府主义思想进行了不懈斗争。党的七大确立了毛泽东在全党的领导核心地位，保证了新民主主义革命的胜利和国家独立、民族解放这一历史任务的完成。20世纪70年代末80年代初，邓小平在拨乱反正、推动改革开放的过程中成了党的领导核心，保证了党和国家事业沿着正确方向稳步向前。确立党的领导核心是新时代坚持和发展中国特色社会主义的必然要求，作为世界第一大执政党，肩负实现人民群众对美好生活的向往和中华民族伟大复兴的历史使命，只有确立一个坚强的领导核心，才能在新时代更好统揽伟大斗争、伟大工程、伟大事业、伟大梦想，凝聚起实现中华民族伟大复兴的磅礴之力。

2016年10月，党的十八届六中全会根据马克思主义关于领袖、政党、阶级、群众关系的基本原理，继承中国共产党领导核心建设的成功经验，顺应全党、全国各族人民的愿望，明确了习近平总书记党中央的核心、全党的核心地位。习近平总书记深入思考了关系新时代党和国家事业发展的一系列重大理论和实践问题，提出一系列原创性的治国理政新理念新思想新战略，是习近平新时代中国特色社会主义思想的主要创立者。习近平新时代中国

---

① 《〈中共中央关于党的百年奋斗重大成就和历史经验的决议〉辅导读本》，人民出版社，2021年，第38页。

特色社会主义思想是当代中国的马克思主义、二十一世纪的马克思主义,实现了马克思主义中国化时代化新的飞跃,引领中国特色社会主义航船行稳致远。

新时代,加强党的政治领导,必须坚决做到"两个维护",即坚决维护习近平总书记党中央的核心、全党的核心地位,坚决维护党中央权威和集中统一领导。党的十八届六中全会通过的《关于新形势下党内政治生活的若干准则》,强调了维护党中央权威和领导核心的重要性,并将"两个维护"的要求写入党内法规,提出:"坚持党的领导,首先是坚持党中央的集中统一领导。一个国家、一个政党,领导核心至关重要。"[1]2017年2月,习近平总书记在省部级主要领导干部学习贯彻党的十八届六中全会精神专题研讨班上强调了维护党中央权威的极端重要性,要求"全党在政治方向、政治路线、政治立场、政治主张上,必须同党中央保持高度一致。每一个党的组织、每一名党员干部,无论处在哪个领域、哪个层级、哪个部门和单位,都要服从党中央集中统一领导,确保党中央令行禁止,决不允许背着党中央另搞一套"[2]。2017年10月27日,党的十九大闭幕仅三天,中央政治局会议就审议通过了《中共中央政治局关于加强和维护党中央集中统一领导的若干规定》,强调:"党中央集中统一领导是党的领导的最高原则,从根本上关乎党和国家前途命运、关乎人民根本利益。加强和维护党中央集中统一领导是全党共同的政治责任。"[3]2019年2月,中央发布《中共中央关于加强党的政治建设的意见》(以下简称《意见》),《意见》通篇贯彻"两个维护"的要求,并将其作为加强党的政治建设的首要任务。《意见》强调:"坚持和加强党的全面领导,最重要的是

---

[1] 《关于新形势下党内政治生活的若干准则》,人民日报,2016年11月3日。
[2] 《十八大以来重要文献选编》(下),中央文献出版社,2018年,第585~586页。
[3] 《研究部署学习宣传贯彻党的十九大精神》,人民日报,2017年10月28日。

坚决维护党中央权威和集中统一领导，最关键的是坚决维护习近平总书记党中央的核心、全党的核心地位。要以党章为根本依据，不断完善保障'两个维护'的制度机制，严格执行《关于新形势下党内政治生活的若干准则》《中国共产党重大事项请示报告条例》《中共中央政治局关于加强和维护党中央集中统一领导的若干规定》等党内法规，加强对贯彻执行党的路线方针政策和决议情况的督促检查，完善党中央重大决策部署和习近平总书记重要指示批示贯彻落实的督查问责机制。"①党的十九届六中全会通过的《中共中央关于党的百年奋斗重大成就和历史经验的决议》，深入研究维护党中央权威和集中统一领导的百年历程，教育引导全党深刻领悟加强党的政治建设这个马克思主义政党的鲜明特征和政治优势。党的二十大报告强调："坚决维护党中央权威和集中统一领导，把党的领导落实到党和国家事业各领域各方面各环节，使党始终成为风雨来袭时全体人民最可靠的主心骨。"②各地区、各部门按照中央的要求，牢固树立政治意识、大局意识、核心意识、看齐意识，不断筑牢坚决做到"两个维护"的政治自觉、思想自觉和行动自觉，党中央权威进一步加强，全党维护核心、坚定贯彻执行党中央决策部署的意识得到全面加强，为更好完成党和国家各项任务提供了坚强保证。

2.增强"四个意识"，坚定"四个自信"

"四个意识"即政治意识、大局意识、核心意识、看齐意识，是2016年1月29日的中共中央政治局会议最早提出来的，此后在中国共产党成立95周年大会和《关于新形势下党内政治生活的若干准则》等文件中又进一步强调。牢固树立"四个意识"是坚持党的政治领导的重要方面。政治意识是指要

---

① 《中共中央关于加强党的政治建设的意见》，人民日报，2019年2月28日。

② 习近平：《高举中国特色社会主义伟大旗帜 为全面建设社会主义现代化国家而团结奋斗——在中国共产党第二十次全国代表大会上的报告》，人民出版社，2022年，第26页。

从政治上看待、分析和处理问题,既表现为要坚定政治信仰,坚持正确的政治方向,坚持政治原则,站稳政治立场,保持政治清醒和政治定力,增强政治敏锐性和政治鉴别力;也表现为严肃党内政治生活,严守政治纪律和政治规矩,在研究制定政策时把握政治方向,谋划推进工作时贯彻政治要求,解决矛盾问题时注意政治影响,发展党员、选人用人时突出政治标准,对各类组织加强政治领导、政治引领,对各类人才加强政治吸纳。大局意识要求自觉从大局看问题,把工作放到大局中去思考和定位,做到正确认识大局、自觉服从大局、坚决维护大局。牢固树立大局意识,就要正确处理中央与地方、全局与局部、长远与当前的关系,自觉从党和国家大局出发想问题、办事情、抓落实,坚决贯彻落实中央决策部署,确保中央政令畅通。核心意识要求在思想上认同核心、在政治上围绕核心、在组织上服从核心、在行动上维护核心。牢固树立核心意识,就是要始终坚持和维护党中央的集中统一领导,更加紧密地团结在以习近平同志为核心的党中央周围,更加坚定地维护党中央权威,更加自觉地在思想上、政治上、行动上同党中央保持高度一致,切实把党中央部署的各项任务落到实处,确保党始终成为中国特色社会主义事业的坚强领导核心。看齐意识要求向党中央看齐,向党的理论和路线方针政策看齐,向党中央决策部署看齐,做到党中央提倡的坚决响应、党中央决定的坚决执行、党中央禁止的坚决不做。各级党组织和广大党员、干部要树立自觉的看齐意识,经常和党中央要求对标对表,主动进行调整、纠正、校准。这不仅是对各级党组织和广大党员、干部的政治要求,也是政治纪律。

"四个自信"即中国特色社会主义道路自信、理论自信、制度自信、文化自信,由习近平总书记在庆祝中国共产党成立95周年大会上提出,是对党的十八大提出的"三个自信"的发展和完善。道路自信是指对发展方向和未来命运的自信。坚持道路自信就要坚定走中国特色社会主义道路,这不仅是实现社会主义现代化的必由之路，也是党领导人民从胜利走向胜利的根本保证。理论自信是指对马克思主义理论特别是中国特色社会主义理论体系的科学性、真理性的自信。坚持理论自信就是要坚定对共产党执政规律、社会主义建设规律、人类社会发展规律认识的自信，就是要坚定实现中华民族伟大复兴、创造人民美好生活的自信。制度自信是指对中国特色社会主义制度具有制度优势的自信。坚持制度自信就是要相信社会主义制度具有巨大优越性，相信社会主义制度能够推动发展、维护稳定，能够保障人民群众的自由平等权利和人身财产权利。文化自信是指对中国特色社会主义文化先进性的自信。坚持文化自信就是要激发党和人民对中华优秀传统文化的历史自豪感，大力弘扬优秀传统文化和社会主义先进文化，在全社会形成对社会主义核心价值观的价值认同。

中国共产党在《关于新形势下党内政治生活的若干准则》等党内法规中反复强调"四个意识"和"四个自信"的重要性，并同"两个维护"一起表述、一体推进，不仅成为党员干部必须遵守的政治纪律，也成为培养选拔干部的必备条件。习近平总书记在党的十九届一中全会上的讲话中指出："看一名党员干部特别是高级干部的素质和能力，首先看政治上是否站得稳、靠得住。站得稳、靠得住，最重要的就是要牢固树立'四个意识'，自觉在思想上政治上行动上同党中央保持高度一致，坚决维护党中央权威和集中统一领导。"[①]2018 年 11 月 26 日，习近平总书记在十九届中央政治局第十次集体学习时强调："选人用人必须把好政治关，把是否忠诚于党和人民，是否具有坚定理想信念，是否增强'四个意识'、坚定'四个自信'，是否坚决维护党中央权威和集中统一领导，是否全面贯彻执行党的理论和路线方针政策，作为衡量干

---

① 《习近平关于"不忘初心 牢记使命"论述摘编》，党建读物出版社、中央文献出版社，2019 年，第 113 页。

部的第一标准。"①《关于新形势下党内政治生活的若干准则》指出："坚持党
的领导,首先是坚持党中央的集中统一领导。全党必须牢固树立政治意识、
大局意识、核心意识、看齐意识,自觉在思想上政治上行动上同党中央保持
高度一致。"②可见,增强"四个意识",坚定"四个自信",是中国共产党加强党
的政治领导的重要举措,也是党员干部必须遵循的行为习惯。

3.坚持正确政治方向

政治方向带有鲜明的阶级性,是党生存发展第一位的问题,事关党的前
途命运和事业兴衰成败。加强中国共产党的政治领导必须坚持正确政治方
向。党领导人民治国理政,最重要的就是坚持正确政治方向,始终保持党的
政治本色,始终沿着中国特色社会主义道路前进。习近平总书记曾谈到一个
关于政治方向的长征故事:红军过草地的时候,伙夫同志一起床,不问今天
有没有米煮饭,却先问向南走还是向北走。这说明在红军队伍里,即便是一
名炊事员,也懂得方向问题比吃什么更重要。这个故事生动阐明了把准政治
方向的重要性。邓小平的女儿毛毛曾好奇地问父亲:"长征的时候你都干了
些什么工作?"邓小平用了他一贯的简明方式回答:跟着走!一个"跟"字,明
确了跟的方向,是跟着中央的正确路线走,是跟着以毛泽东为核心的中央
走。回顾党的历史,中国共产党之所以能够由小到大、由弱到强,从低谷走向
高峰,在艰难困苦的岁月创造辉煌、成就伟业,一个重要原因就在于确立了
坚定正确的政治方向,从而有效统一全党意志、凝聚全党力量。

中国特色社会主义不是凭空产生的,而是根植于中华民族五千多年的
璀璨文明,发轫于中国共产党团结带领中国人民进行的伟大革命、建设、改

---

① 《严把标准公正用人拓宽视野激励干部　造就忠诚干净担当的高素质干部队伍》,人民日报,
2018年11月27日。
② 《关于新形势下党内政治生活的若干准则》,《人民日报》,2016年11月3日。

革实践,内生于马克思主义与时俱进的真理力量、道义力量、创新力量和实践力量,是实现中华民族伟大复兴的必由之路。要将马克思主义和中国特色社会主义在 21 世纪推向前进,不断彰显中国特色社会主义制度优势,决不能在根本问题上出现颠覆性的错误。党的十八大以来,面对世所罕见、史所罕见的复杂形势和风险挑战,正是因为有习近平总书记领航掌舵,全党才有了"顶梁柱",14 亿多中国人民才有了"主心骨";正是有了习近平新时代中国特色社会主义思想的科学指引,全党全军全国各族人民才有了思想上的"定盘星"、行动上的"指南针"。"两个确立"是党在新时代取得的重大政治成果,是推动党和国家事业取得历史性成就、发生历史性变革的决定性因素,是战胜一切艰难险阻、应对一切不确定性的最大确定性、最大底气、最大保证。坚持正确政治方向,最紧要的就是深刻领悟"两个确立"的决定性意义,更加自觉地维护习近平总书记党中央的核心、全党的核心地位,更加自觉地维护以习近平同志为核心的党中央权威和集中统一领导,全面贯彻习近平新时代中国特色社会主义思想,坚定不移在思想上、政治上、行动上同以习近平同志为核心的党中央保持高度一致,不断开创党和国家事业发展新局面。

4.完善党的政治领导的路径和方式

健全领导体制。加强党的政治领导不是空洞抽象的,需要通过一整套制度安排来实现。建立健全坚持和加强党的全面领导的制度体系,其中"建立健全党对重大工作的领导体制机制"是关键环节。在革命、建设和改革的各个时期,党中央都曾设立过决策议事机构,专门对军事斗争、经济发展、改革开放等重大工作进行统一领导。现在我们在此基础上又提出成立中央全面深化改革领导小组、中央国家安全委员会等多个机构,就是要进一步加强党的政治领导和集中统一领导,为推进全面深化改革、实现国家治理体系和治理能力现代化提供政治保障。

完善领导方式。领导 14 亿多人的社会主义大国,中国共产党既要政治过硬,也要本领高强。领导方式不是一成不变的,它经历了一个创新发展、逐步完善的过程。新中国成立初期,因为种种原因,领导方式延续了战争年代的模式,没有及时适应社会条件的变化。改革开放之后,中国共产党不断总结经验教训,逐步调整、完善领导体制,创新领导方式,实现领导水平大提升。加强政治领导关键在于党把方向、谋大局、定政策、促改革,强化战略思维、创新思维、辩证思维、法治思维、底线思维,不断增强党的政治领导力、思想引领力、群众组织力、社会号召力。

坚持民主集中制。习近平总书记强调:"民主集中制是我们党的根本组织原则和领导制度,是马克思主义政党区别于其他政党的重要标志。这项制度把充分发扬党内民主和正确实行集中有机结合起来,既可以最大限度激发全党创造活力,又可以统一全党思想和行动,有效防止和克服议而不决、决而不行的分散主义,是科学合理而又有效率的制度。"从中国共产党领导中国革命、建设和改革实践经验来看,坚持民主集中制使党的执政能力不断提高,实现了党内思想一致、行动一致、步调一致,党外凝聚民心、干群一心、党群一心,齐心协力向着共同的目标破浪前行。只有不断发展完善党和国家领导体制,坚持民主集中制,充分发挥党的领导核心作用,强化党员干部政治责任,才能凝聚起实现中华民族伟大复兴的磅礴力量。

(二)严肃党内政治生活

党内政治生活是党组织教育管理党员和党员进行党性锻炼的主要平台。开展严肃认真的党内政治生活,是党的政治建设的重要内容。新时代,严肃党内政治生活,必须按照《关于新形势下党内政治生活的若干准则》等党内法规的要求,着力提高党内政治生活质量,努力在全党形成又有集中又有民主、又有纪律又有自由、又有统一意志又有个人心情舒畅生动活泼的政治局面。

1.强化政治引领,突出政治性

中国共产党是政治组织,严肃党内政治生活,必须强化政治引领,突出政治性。针对一些地方一度存在的党内政治生活忽视政治、淡化政治、不讲政治的倾向,要及时通过严肃党内政治生活、加强政治教育等方式,让党员干部经常接受政治体检,打扫政治灰尘,净化政治灵魂,增强政治免疫力,始终在政治上保持清醒和坚定,做政治上的明白人。

新时代,中国共产党严格执行党内政治生活各项规范,坚决维护党的集中统一领导和党的团结,为保持党的先进性和纯洁性、增强党的生机活力、完成党的历史任务提供了坚强保证。根据《关于新形势下党内政治生活的若干准则》,党内政治生活主要包括十二个方面的内容,即坚定理想信念、坚持党的基本路线、坚决维护党中央权威、严明党的政治纪律、保持党同人民群众的血肉联系、坚持民主集中制、发扬党内民主和保障党员权利、坚持正确选人用人导向、严格党的组织生活制度、开展批评和自我批评、加强对权力运行的制约和监督、保持清正廉洁的政治本色。在党内政治生活中,中国共产党突出政治标准,强化政治引领,更加凸显了党组织的政治功能和政治属性,党内存在的理想信念不坚定、对党不忠诚、纪律松弛、脱离群众、"四风"问题、消极腐败等违纪违法现象得到有效解决,党内政治生活气象一新。

2.适应时代变化,增强时代性

现代信息技术和科学技术的发展,为增强党内政治生活的时代性创造了有利条件。新时代,中国共产党主动适应信息时代的新形势和党员队伍发生的新变化,创新党组织活动的内容和方式,积极运用互联网、大数据等技术,使党内政治生活充满活力,有效防止和克服了不讲创新、不讲活力、照搬照套的倾向。

适应时代变化，与时俱进加强和规范党内政治生活，是中国共产党的优良传统。中国共产党的历史就是一部党内政治生活不断与时俱进的历史。增强党内政治生活的时代性，是新时代对党的建设发出的新呼唤。一方面，随着全面从严治党的深入推进，党的建设全面加强，党和国家事业呈现新气象。同时，党内政治生活也出现了一些新情况、新问题，这就要求必须形成与之相适应的思维理念、制度机制、措施办法。为此，中国共产党适应时代变化，主动适应全面从严治党的新要求，使党内政治生活紧跟时代大势，紧跟全面从严治党的新要求，充分发挥"紧箍咒"作用。另一方面，现代信息技术的发展，为创新党内政治生活的方式和手段提供了重要载体。严肃党内政治生活只有过好"网络关"，才能体现时代性。为此，中国共产党充分运用网站、微信、新闻客户端等新媒介，使党内政治生活突破了地域和时空的界限，使党员干部时时刻刻都能受到党的约束。此外，电子党务、网上党校等新模式的兴起，推动党内政治生活焕发出新的生机活力。

3.坚持党性原则，强化原则性

中国共产党是具有严格制度和规则约束的政治组织。党内政治生活中的原则，是指能够在党的政治生活各个方面得以体现的、能够使党保持先进性和纯洁性的各种基本要求，是在党的政治生活实践中看得见、摸得着、能够为党的组织和广大党员干部所遵循的各项基本准则。严肃党内政治生活，要坚持党性原则，按原则开展党的工作和活动、处理党内各种关系、解决党内矛盾和问题，克服党内政治生活不讲原则、平淡化、庸俗化、随意化的倾向。综观中国共产党的光辉历史，在一些重要历史关头，正是由于坚持原则，分清是与非、对与错的界限，党才能纠正各种思想干扰，克服党内存在的不良现象，推动党的事业不断向前发展。

原则性就是党的纪律和规矩。反观党内出现的腐败案件,就是由于这些人不坚持党内政治生活的原则,从而一步步堕落为历史和人民的罪人,给党的事业带来严重损害。新时代,中国共产党吸取历史的经验教训,强化纪律约束,不断增强党内政治生活原则性。各级党组织按照中央要求,严肃党内政治生活,严格贯彻落实《中国共产党支部工作条例》,认真执行党的组织生活制度,严格落实"三会一课"、谈心谈话、民主评议党员和主题党日等制度,认真召开民主生活会和组织生活会,使党内生活更加庄重、严肃、规范。

4.勇于自我革命,发扬战斗性

党内政治生活的战斗性体现了共产党人勇于自我革命的精神。习近平总书记指出:"增强党内政治生活的战斗性,就是党内政治生活要旗帜鲜明坚持真理、修正错误,勇于开展批评和自我批评,使每个党组织都成为激浊扬清的战斗堡垒,使每个党员都成为扶正祛邪的战斗员。"①党的建设实践证明,只有遵循党内政治生活的规律和要求,发扬战斗精神,把党内政治生活严肃起来,才能解决好党内存在的自由主义、好人主义等突出问题。

新时代,中国共产党充分认识增强党内政治生活战斗性的重要性,并将其作为解决自身问题的重要途径;坚持刀刃向内、不断进行自我革命,以自我解剖、坦诚坦荡的勇气开展批评和自我批评,旗帜鲜明坚持真理、修正错误,勇于进行思想交锋、互相揭短亮丑,努力达到统一意志、增进团结的目的。为此,中国共产党抓好民主生活会和组织生活会这个载体,建立健全民主生活会和组织生活会的列席指导、及时叫停、责令重开、整改通报等制度,防止党内政治生活一团和气、明哲保身的倾向。此外,中国共产党坚持领导带头、以上率下,带头进行自我剖析,带头讲真话、讲实话、办实事,形成示范

---

① 《以解决突出问题为突破口和主抓手　推动党的十八届六中全会精神落到实处》,《人民日报》,2017年2月14日。

效应,努力营造有利于开展批评与自我批评的良好氛围。

二、以思想建设淬炼自我革命的思想武器

思想是行动的先导,指引着行动的方向。进行党的自我革命,要具有坚定的意志和强大的勇气,这些都建立在思想自觉和理论清醒的基础之上。思想建设正本清源、固本培元,必须坚持把思想建设作为党的基础性建设,淬炼自我革命锐利思想武器。中国共产党把理想信念教育作为党的思想建设的首要任务,坚持用习近平新时代中国特色社会主义思想教育人,用党的理想信念凝聚人,用社会主义核心价值观培育人,用中华民族伟大复兴历史使命激励人,主动解决自身存在的问题,不断优化和提升自己,扭紧理想信念的"总开关",不断锤炼共产党人的钢筋铁骨。经过新时代全面从严治党的革命性锻造,一些领域长期存在的意识形态之乱、价值观之乱得以正本清源,全党自觉用党的创新理论滋养初心、引领使命,增强为党分忧、为国奉献、为民造福的政治担当,在风浪考验中立住脚,在诱惑"围猎"前定住神,在复杂严峻斗争中保持了政治本色。

(一)把坚定理想信念作为首要任务

习近平总书记强调:"马克思主义是我们立党立国的根本指导思想。背离或放弃马克思主义,我们党就会失去灵魂,迷失方向。在坚持马克思主义指导地位这一根本问题上,我们必须坚定不移,任何时候任何情况下都不能有丝毫动摇。"①作为用马克思主义理论武装起来的政党,只有加强思想政治

---

① 《十八大以来重要文献选编》(下),中央文献出版社,2018 年,第 346 页。

教育、强化理论武装,把马克思主义中国化时代化的最新成果内化于心、外化于行,才能筑牢信仰之基、补足精神之钙、把稳思想之舵。新时代,中国共产党通过加强理想信念教育、巩固马克思主义在意识形态领域的指导地位,统一了全党思想,筑牢了团结奋斗的共同思想基础。

1.深入开展理想信念教育

理想信念是共产党人精神上的"钙"。坚定的理想信念是共产党人站稳政治立场、战胜各种风险挑战、抵制各种诱惑的决定性因素。2012 年 11 月 17 日, 习近平总书记在十八届中共中央政治局第一次集体学习时强调:"坚定理想信念,坚守共产党人精神追求,始终是共产党人安身立命的根本。对马克思主义的信仰, 对社会主义和共产主义的信念, 是共产党人的政治灵魂,是共产党人经受住任何考验的精神支柱。"①加强思想建设,必须把理想信念教育作为首要任务,坚持不懈强化理论武装,巩固马克思主义在思想意识形态领域的指导地位,毫不放松加强党性教育。只有筑牢信仰之基、补足精神之钙、把稳思想之舵,才能站稳政治立场、坚守人民情怀,才能不怕千难万险,百折不挠为实现党的事业而奋斗。

党的十八大以来, 面对错综复杂的国内外形势和艰巨繁重的改革发展稳定任务,以习近平同志为核心的党中央举旗定向、运筹帷幄,进一步深化了对共产党执政规律、社会主义建设规律、人类社会发展规律的认识,科学回答了新时代坚持和发展什么样的中国特色社会主义、怎样坚持和发展中国特色社会主义等重大时代课题, 创立了习近平新时代中国特色社会主义思想。紧跟党的理论创新步伐,抓好党的理论创新成果的学习,是理想信念教育的首要任务。作为当代中国的马克思主义、21 世纪的马克思主义,党员

---

① 《十八大以来重要文献选编》(上),中央文献出版社,2014 年,第 80 页。

干部只有用习近平新时代中国特色社会主义思想武装全党，才能坚定理想信念、补钙壮骨，才能增强政治认同、思想认同、理论认同、情感认同，筑牢同党中央保持高度一致的思想根基。

要通过开展理想信念教育，引导党员干部自觉认同科学理论、正确认识历史规律、准确把握基本国情。党的十八大以来，党坚持以改革创新的精神探寻理想信念教育的新思路，不断提高理想信念教育的科学化水平。一方面，强化理念创新，增强理想信念教育的时代性。党紧密结合时代背景和党的中心任务开展理想信念教育，充分利用现代传媒技术，并与党员干部的日常生活融合起来，掌握思想传播和舆论引导的主动权，形成教育合力。另一方面，推进内容创新，增强理想信念教育的时效性。在理想信念教育过程中，引导党员干部深入学习习近平新时代中国特色社会主义思想和党领导人民的奋斗史、创业史、改革开放史，同时加强工作作风教育、纪律规矩教育，从而更好明大德、守公德、严私德。此外，重视教育方式方法创新，拓宽教育平台，延伸学习空间，增强教育的生动性和感染力。正是由于理想信念教育的有效开展，使广大党员干部理论水平进一步提高，理想信念更加坚定，道德品行不断提升，从而为更好贯彻落实党的路线方针政策打下了坚实基础。

2.加强马克思主义阵地建设

学习、宣传、研究和运用马克思主义理论是党的一项重要工作。中国共产党高度重视理论建设，注重抓好思想引领，采取各种措施建强马克思主义阵地。党校、干部学院、社会科学院、高校、理论学习中心、党报党刊等都是马克思主义理论学习、研究、宣传的重要阵地，必须加强阵地建设，把握意识形态领导权、管理权、话语权，使其认真阐发党的创新理论，从而更好引导思想观念、凝聚政治认同。

（1）充分发挥党校的阵地引领作用

党校是学习、宣传、研究马克思主义重要理论阵地。党的十八大以来，以习近平同志为核心的党中央高度重视党校工作。2015年12月11日，习近平总书记在全国党校工作会议上强调："党校要加强对各种社会思潮的辨析和引导，不当旁观者，敢于发声亮剑，善于解疑释惑，守护这一马克思主义、中国特色社会主义的坚强前沿阵地。"①各级党校按照中央要求，充分利用理论学科设置完备、专家学者较多、学员资源丰富等优势，充分发挥思想引领、理论建设、决策咨询作用，努力把党校打造成为党的思想理论重要阵地。新时代，面对各种社会思潮错综复杂的新情况，各级党校保持高度的政治敏锐性，发挥自身特色和优势，用党的创新理论武装党员干部头脑，准确诠释中央精神，在重大节点适时发声，在重大问题上亮明观点，在重大时段搭建平台，为宣传党的理论和路线方针政策发挥了重要作用。同时，根据时代变化和实践发展，各级党校还不断加强理论总结和理论创新，紧紧围绕中国特色社会主义伟大实践，不断深化对党的理论创新成果的阐释，守住了意识形态主阵地，为发展21世纪马克思主义、当代中国马克思主义作出了重要贡献。

（2）扎实推进马克思主义理论研究和建设工程

马克思主义理论研究和建设工程是巩固马克思主义在意识形态领域指导地位的重大理论创新工程，最早于2004年1月提出，4月正式启动。党的十八大以来，马克思主义理论研究和建设工程勇担责任使命，卓有成效地开展工作，为伟大实践注入了强大精神动力。工程汇集了大量理论研究高层次人才，组织开展了包括经济、政治、文化、社会、生态文明建设和党的建设等在内的一系列重大课题研究，深入研究阐释党的最新理论成果，发表了包括

---

①　习近平：《在全国党校工作会议上的讲话》，http://cpc.people.com.cn/n1/2016/0501/c64094-28317481.html。

《马克思主义发展观的中国实践与中国创新》《中国共产党95年来应对危局和困境的伟大实践及历史启示》《习近平的七年知青岁月》等在内的大量领时代之先的理论成果。同时，工程深入研究自贸区制度创新经验、"一带一路"建设、京津冀协同发展等重大现实问题，既为实践提供科学理论指导，又把实践经验上升为理论观点，推动理论与实践良性互动。正是由于一批又一批工程组织者和参与者攻坚克难，在党的思想理论建设的壮阔征程上勠力前行，才推动了马克思主义理论研究和建设根深叶茂，马克思主义的影响力、说服力和战斗力进一步提升。

（3）发挥党报党刊的重要舆论阵地作用

党报党刊是党和人民的喉舌，是党和政府联系群众的重要桥梁和纽带，也是引导社会舆论的重要阵地。党的十八大以来，党报党刊坚持姓党原则，坚持党和人民喉舌性质，坚持政治家办报办刊，在思想上坚持马克思主义的指导，在政治上自觉同党中央保持高度一致，紧跟党的理论创新步伐，深入宣传马克思主义中国化的最新成果，做到党的理论创新每推进一步，党报党刊的理论宣传就跟进一步。同时，各级党报党刊坚持守正创新，不断提升党报党刊服务中心、服务群众的水平，既要通过高质量的思想研究成果来吸引和培养忠实的思想理论粉丝，又要通过反馈读者意见建议来促进思想理论研究的开展，提高思想理论宣传的解释力，让党的创新理论飞入寻常百姓家。此外，党报党刊要抓住新兴媒体飞速发展、传播渠道和传播手段日益多元化的新机遇，在提供理论信息、关注理论热点、满足理论需求上下功夫，着力壮大党的理论宣传阵地。

3.培育和践行社会主义核心价值观

党的十八大报告提出："倡导富强、民主、文明、和谐，倡导自由、平等、公正、法治，倡导爱国、敬业、诚信、友善，积极培育和践行社会主义核心价值观。"①社会主义核心价值观包含国家层面、社会层面、个人层面的价值要求，是社会主义核心价值体系的高度凝练和集中表达，有利于巩固马克思主义在意识形态领域的指导地位、巩固全党全国人民团结奋斗的共同思想基础，对加强党员干部思想政治教育、凝聚思想共识发挥着重要作用。

国无德不兴，人无德不立。2014 年 5 月 4 日，习近平总书记在北京大学师生座谈会上强调："核心价值观，其实就是一种德，既是个人的德，也是一种大德，就是国家的德、社会的德。"②党员干部是社会的先进分子，要带头弘扬社会主义核心价值观，着重加强思想道德建设，坚定理想信念，补足精神之钙，用自己的模范行为和高尚人格感召群众、带动群众。党的十八大以来，各地积极挖掘先进典型，崇尚先进、学习典型蔚然成风，各级党员干部争做有信仰、有担当、有情怀、有气节的好党员、好干部，思想觉悟进一步提高。同时，党员干部纷纷争做志愿服务的示范者，主动参加志愿服务，在帮助他人、服务社会、传递爱心、传播文明中发挥先锋模范作用，有效提升了社会文明程度。此外，在日常工作中，各级党员干部时刻将自己的行为与国家的利益结合起来，真抓实干、求真务实，与人民群众为善，与人民群众为伴，思想觉悟得到普遍提高，形式主义、官僚主义现象大大减少，赢得了人民群众的信任和拥护。

社会主义核心价值观是凝心聚力的兴国之魂、强国之魂。党员干部只有做社会主义核心价值观的积极培育者和践行者，才能更好引领社会思潮，形成良好的社会文明风尚，更好地构筑中国精神、中国价值、中国力量。广大党员干部通过模范践行社会主义核心价值观，不仅掌握了其丰富内涵和道德要求，而且提升了自身的思想道德素质，增强了对中国特色社会主义事业的

---

① 《十八大以来重要文献选编》（上），中央文献出版社，2014 年，第 25 页。

② 《十八大以来重要文献选编》（中），中央文献出版社，2016 年，第 3 页。

认同,增强了对带领人民取得伟大历史性成就的中国共产党的认可。

(二)以经常性思想教育作为重要抓手

通过集中教育推动全党以自我革命精神解决党风方面的突出问题,是一条重要历史经验。为了使思想教育走深走实,党的十八大以来,中国共产党以经常性思想教育作为思想革命的重要抓手,打出了一套环环相扣、步步深入的党内思想教育"组合拳",先后部署开展了党的群众路线教育实践活动、"三严三实"专题教育、"两学一做"学习教育、"不忘初心、牢记使命"主题教育、党史学习教育和学习贯彻习近平新时代中国特色社会主义思想主题教育,引导各级党组织和广大党员干部坚定理想信念、提高为民服务水平,为深入推进新时代党的建设新的伟大工程,以党的自我革命引领社会革命发挥了重要作用。

1.党的群众路线教育实践活动

群众路线是党的生命线和根本工作路线,是党在长期革命和建设中克敌制胜的重要法宝。2012 年 11 月,党的十八大报告指出,要"围绕保持党的先进性和纯洁性,在全党深入开展以为民务实清廉为主要内容的党的群众路线教育实践活动,着力解决人民群众反映强烈的突出问题,提高做好新形势下群众工作的能力"①。2013 年 4 月 19 日,中央政治局召开会议,决定从2013 年下半年开始,用一年左右时间,在全党自上而下分批开展党的群众路线教育实践活动。

为贯彻落实党的十八大提出的要求,不断加强学习型、服务型、创新型马克思主义执政党建设,推动党的群众路线教育实践活动走深走实,2013 年

---

① 《十八大以来重要文献选编》(上),中央文献出版社,2014 年,第 40 页。

5月9日,中共中央发布《关于在全党深入开展党的群众路线教育实践活动的意见》(以下简称《意见》),《意见》明确了开展党的群众路线教育实践活动的指导思想、目标要求、方法步骤、组织领导等重要问题。《意见》强调,党的群众路线教育实践活动全过程,要贯穿"照镜子、正衣冠、洗洗澡、治治病"的总要求。其中,"照镜子",主要是学习和对照党章和廉政准则,对照群众期盼和先进典型,查找宗旨意识、工作作风、廉洁自律方面的差距。"正衣冠",主要是按照为民务实清廉的要求,严明党的纪律特别是政治纪律,敢于触及思想,正视矛盾和问题,从自己做起,从现在改起,端正行为,维护良好形象。"洗洗澡",主要是以整风精神开展批评和自我批评,深入分析出现形式主义、官僚主义、享乐主义和奢靡之风的原因,坚持自我净化、自我完善、自我革新、自我提高,既要解决实际问题,更要解决思想问题。"治治病",主要是坚持惩前毖后、治病救人的方针,区别情况、对症下药,根据不同情况分类进行处理。①活动总要求明确要通过思想教育达到强化理论武装、严明党纪、改进作风等目标。

　　党的群众路线教育实践活动的主要任务是:"教育引导党员干部树立群众观点,弘扬优良作风,解决突出问题,保持清廉本色,使干部作风进一步转变,干群关系进一步密切,为民务实清廉形象进一步树立。"②根据安排,这次党的群众路线教育实践活动从2013年下半年开始,自上而下分两批开展,每批大体安排半年时间,2014年7月基本完成。每个批次、每个单位的教育实践活动,主要分为三个环节:一是学习教育、听取意见,重点是搞好学习宣传和思想教育,深入开展调查研究,广泛听取干部群众意见。二是查摆问题、开展批评,重点是围绕为民务实清廉要求,通过群众提、自己找、上级点、互

---

　　① 《十八大以来重要文献选编》(上),中央文献出版社,2014年,第284~285页。

　　② 《十八大以来重要文献选编》(上),中央文献出版社,2014年,第285页。

相帮,认真查摆"四风"方面的问题,进行党性分析和自我剖析,开展批评和自我批评。三是整改落实、建章立制,重点是针对作风方面存在的问题,提出解决对策,制定和落实整改方案;对一些突出问题,进行集中治理。

这次活动坚持把学习教育贯穿始终,通过学习教育,强化理论武装,学深学透习近平总书记系列重要讲话精神。在活动中,广大党员干部静下心来读原文、学原著、悟原理,省区市党委常委班子集中学习 7 天以上,中央和国家机关、中管金融企业和中管企业、中管高校以及市县领导班子集中学习 5 天以上。76.7 万名省市县领导干部联系自己思想实际和党员干部队伍状况,讲党课 131.5 万场。通过深入学习,广大党员干部加深了对习近平总书记系列重要讲话精神的理解和认识,更好地把为民务实清廉的要求根植于灵魂深处。党的群众路线教育实践活动于 2014 年下半年结束。2014 年 10 月 8日,党的群众路线教育实践活动总结大会召开。习近平总书记从五个方面总结了党的群众路线教育实践活动取得的重大成果,即广大党员、干部受到马克思主义群众观点的深刻教育,贯彻党的群众路线的自觉性和坚定性明显增强;形式主义、官僚主义、享乐主义和奢靡之风得到有力整治,群众反映强烈的突出问题得到有效解决;恢复和发扬了批评和自我批评优良传统,探索了新形势下严肃党内政治生活的有效途径;以转作风改作风为重点的制度体系更加完善,制度执行力和约束力得到增强;影响群众切身利益的症结难点得到突破,党的执政基础更加稳固。[1]党的群众路线教育实践活动是加强思想教育的重要契机,为广大党员干部强化理论武装、增强思想认同奠定了重要基础。

---

① 《十八大以来重要文献选编》(中),中央文献出版社,2016 年,第 85~88 页。

2."三严三实"专题教育

2014 年 3 月 9 日，习近平总书记在参加第十二届全国人民代表大会第二次会议安徽代表团审议时提出"既严以修身、严以用权、严以律己，又谋事要实、创业要实、做人要实"（简称"三严三实"）的重要要求。2015 年 4 月 10 日，中央办公厅印发《关于在县处级以上领导干部中开展"三严三实"专题教育方案》（以下简称《方案》），对在县处级以上领导干部中开展"三严三实"专题教育做出安排。《方案》提出，"三严三实"专题教育要融入领导干部经常性学习教育，不分批次、不划阶段、不设环节，不是一次活动。党委（党组）中心组和内设机构党组织要开展"三严三实"专题学习研讨，深入学习习近平总书记系列重要讲话精神，学习党章党纪，学习先进典型事迹，从违纪违法案件中汲取经验教训，并围绕"严以修身，加强党性修养，坚定理想信念，把牢思想和行动的'总开关'；严以律己，严守党的政治纪律和政治规矩，自觉做政治上的'明白人'；严以用权，真抓实干，实实在在谋事创业做人，树立忠诚、干净、担当的新形象"①三个专题开展学习研讨。要通过开展"三严三实"专题教育，从思想政治建设入手，逐步解决组织涣散、纪律松弛、我行我素的问题，努力形成明规矩、严纪律、强约束的浓厚氛围，营造良好政治生态。

"三严三实"涵盖修身用权律己、谋事创业做人等多个方面，蕴含着严肃的政治原则和严明的纪律要求。严以修身，就是要加强党性修养，坚定理想信念，提升道德境界，追求高尚情操，自觉远离低级趣味，自觉抵制歪风邪气。严以用权，就是要坚持用权为民，按规则、按制度行使权力，任何时候都不搞特权、不以权谋私。严以律己，就是要心存敬畏、手握戒尺，慎独慎微、勤于自省，遵守党纪国法，做到为政清廉。谋事要实，就是要从实际出发谋划事

---

① 《十八大以来重要文献选编》（中），中央文献出版社，2016 年，第 470~471 页。

业和工作,使点子、政策、方案符合实际情况、符合客观规律、符合科学精神,不好高骛远,不脱离实际。创业要实,就是要脚踏实地、真抓实干,敢于担当责任,勇于直面矛盾,善于解决问题。做人要实,就是要对党、对组织、对人民、对同志忠诚老实,做老实人、说老实话、干老实事,襟怀坦白,公道正派。①开展"三严三实"专题教育,就是要用好思想建党的传家宝,通过学习教育打牢思想根基,以思想自觉引领行动自觉。专题教育把学习贯彻习近平总书记系列重要讲话作为首要任务,各级党委(党组)采取中心组学习、集中研学、个人自学等方式,强化思想理论武装,着力解决理想信念动摇、滥用权力、无视党的政治纪律和政治规矩等问题,持续拧紧理想信念的"总开关"。

3."两学一做"学习教育

"两学一做"学习教育,是指"学党章党规、学系列讲话,做合格党员"学习教育,是加强思想建设的重大举措。为保持党的先进性和纯洁性,进一步解决党员队伍在思想、组织、作风、纪律等方面存在的问题,党中央决定2016年在全体党员中开展"两学一做"学习教育。2016年2月,中共中央办公厅印发《关于在全体党员中开展"学党章党规、学系列讲话,做合格党员"学习教育方案》,明确了学习教育的总体要求、学习教育内容、主要措施和组织领导。"两学一做"学习教育是加强党的思想政治建设的重大部署,是推动党内教育从"关键少数"向全体党员拓展、从集中性教育向经常性教育延伸的重要安排。在学习教育中,要把党的思想建设放在首位,逐条逐句通读党章,使全体党员尊崇党章、遵守党规,坚定理想信念;要深入学习习近平总书记系列重要讲话精神,加强理论武装,统一思想行动,自觉按党员标准规范言行;

---

① 人民网,习近平参加安徽团审议时要求领导干部严以修身 严以用权 严以律己 谋事要实 创业要实 做人要实,http://lianghui.people.com.cn/2014npc/n/2014/0310/c376088-24581961.html.

要坚持以知促行,强化政治意识,践行党的宗旨,加强党性锻炼和道德修养,做讲政治、有信念,讲规矩、有纪律,讲道德、有品行,讲奉献、有作为的合格党员。①

作为加强党的思想政治建设、打扫思想灰尘的有效途径,从 2016 年 2 月开始,"两学一做"学习教育在全体党员中深入开展。学习教育以党支部为基本单位,依托"三会一课"组织党员学习,全国 390 多万个党支部普遍开展专题学习讨论 4 次以上,党小组 1 至 2 个月进行 1 次集中学习;全国培训党支部书记等基层党务骨干 360 多万人次;基层党支部普遍建立党员微信学习群,打造"指尖上的课堂",方便党员随时随地学习。通过学习教育,广大党员特别是党员领导干部自觉以"四讲四有"为标尺,主动对照,学思践悟,坚守初心情怀,强化使命担当,做到了政治合格、执行纪律合格、品德合格、发挥作用合格。2017 年 3 月,中共中央办公厅印发《关于推进"两学一做"学习教育常态化制度化的意见》,强调要把思想教育作为首要任务,坚持用党章党规规范党组织和党员行为,用习近平总书记系列重要讲话精神武装头脑、指导实践、推动工作,坚持融入日常、抓在经常,把"两学一做"作为党员教育的基本内容,长期坚持、形成常态。②通过学习教育,有力推动了思想问题和实际问题一起解决,党员干部问题和党组织问题一起整改,使党员干部有了新形象、党组织工作展现了新气象。

4."不忘初心、牢记使命"主题教育

中国共产党的初心和使命,就是为中国人民谋幸福,为中华民族谋复兴。2017 年 10 月 18 日,习近平总书记在党的十九大报告中指出:"在全党开展'不忘初心、牢记使命'主题教育,用党的创新理论武装头脑,推动全党更

---

① 《十八大以来重要文献选编》(下),中央文献出版社,2018 年,第 225 页。

② 《十八大以来重要文献选编》(下),中央文献出版社,2018 年,第 674 页。

加自觉地为实现新时代党的历史使命不懈奋斗。"①2019年5月13日,中央政治局会议决定,从2019年6月开始,在全党自上而下分两批开展"不忘初心、牢记使命"主题教育。2019年5月31日,"不忘初心、牢记使命"主题教育工作会议在北京召开,习近平总书记在讲话中阐明了开展主题教育的重大意义、目标要求和重点措施。在主题教育中,要把学习教育、调查研究、检视问题、整改落实贯穿全过程。要通过开展主题教育,继承和发扬中国共产党思想建党、理论强党的优良传统,有效解决党内存在的思想不纯、政治不纯、组织不纯、作风不纯等突出问题,坚决整治形式主义、官僚主义,保持党同人民群众血肉联系,努力实现"两个一百年"奋斗目标和人民对美好生活的向往。"守初心、担使命,找差距、抓落实"是主题教育的总要求。主题教育具体目标涵盖了党员干部在思想、政治、作风、能力、廉政方面的要求,即理论学习有收获、思想政治受洗礼、干事创业敢担当、为民服务解难题、清正廉洁做表率。

"不忘初心、牢记使命"主题教育是习近平总书记亲自擘画设计、动员部署、亲自领导推动的党的集中教育。中央政治局同志带头学习,带头调研指导,带头讲专题党课,带头开展批评和自我批评,为在全党深入开展主题教育进行了有力示范。在中央的精心组织指导和各级党组织的扎实部署推动下,主题教育自上而下有序推进、层层深入,形成了浓厚氛围。九千多万党员按照"守初心、担使命,找差距、抓落实"的总要求,推动学习贯彻习近平新时代中国特色社会主义思想往深里走、往心里走、往实里走,明确了从哪里来、到哪里去、为什么人、担什么责的问题,增强了对保持清正廉洁的认识,涵养了风清气正的政治生态,取得了扎扎实实的成效。在2020年1月8日召开

---

① 《习近平谈治国理政》(第三卷),外文出版社,2020年,第49~50页。

的"不忘初心、牢记使命"主题教育总结大会上，习近平总书记概括了主题教育取得的重大成果，即各级党组织和广大党员、干部深入学习实践新时代中国特色社会主义思想，提高了知信行合一的能力；思想政治受到洗礼和锤炼，增强了守初心、担使命的思想自觉和行动自觉；干事创业、担当作为的精气神得到提振，推动了改革发展稳定各项工作；积极解决群众最急最忧最盼的问题，强化了宗旨意识和为民情怀；深入进行清正廉洁教育，涵养了风清气正的政治生态；重点抓突出问题专项整治，消除了一些可能动摇党的根基、阻碍党的事业的因素。①

　　"不忘初心、牢记使命"主题教育是新时代中国共产党加强思想政治建设的重大举措，是提高思想认识、凝聚思想共识的重要步骤。在主题教育中，广大党员干部坚持读原著、学原文、悟原理，重温党史、新中国史、改革开放史、社会发展史，重新研学党章党规党纪，更加坚定了对马克思主义的信仰、对中国特色社会主义的信念、对实现中华民族伟大复兴中国梦的信心，更加深刻理解了中国共产党是带领中国人民站起来、富起来、强起来的核心力量，更加领悟了习近平新时代中国特色社会主义思想的博大内涵、伟大的现实意义和深远的历史意义，巩固了讲政治、听党话、跟党走，向习近平总书记看齐、向党中央看齐的政治思想行动自觉，促进了全党思想上的统一、政治上的团结、行动上的一致，为统揽"四个伟大"、实现"两个一百年"奋斗目标做了思想上、政治上、组织上、作风上的有力动员。党内思想政治教育没有完成时，只有进行时。党的十九届四中全会明确要求建立不忘初心、牢记使命的制度，形成长效机制，使其成为党的建设的永恒课题和全体党员干部的终身课题，这有利于巩固主题教育的成果，也有利于巩固党的执政地位，永葆

①　习近平：《在"不忘初心 牢记使命"主题教育总结大会上的讲话》，《人民日报》，2020年1月9日。

党的先进性和纯洁性。

5.党史学习教育

2021年是中国共产党成立100周年。为从党的百年伟大奋斗历程中汲取继续前进的智慧和力量，深入学习贯彻习近平新时代中国特色社会主义思想，巩固深化"不忘初心、牢记使命"主题教育成果，激励全党、全国各族人民满怀信心迈进全面建设社会主义现代化国家新征程，党中央决定，在全党开展党史学习教育。2021年2月1日，习近平在同各民主党派中央、全国工商联负责人和无党派人士共迎新春佳节时指出："今年在全党开展中共党史学习教育，激励全党不忘初心、牢记使命，在新时代不断加强党的建设。"①2月20日，党史学习教育动员大会召开，习近平总书记强调："全党同志要做到学史明理、学史增信、学史崇德、学史力行，学党史、悟思想、办实事、开新局，以昂扬姿态奋力开启全面建设社会主义现代化国家新征程，以优异成绩迎接建党一百周年。"②

在中国共产党百年华诞的重大时刻，在"两个一百年"奋斗目标历史交汇的关键节点，在全党集中开展党史学习教育，是牢记初心使命、推进中华民族伟大复兴历史伟业的必然要求，是坚定信仰信念、在新时代坚持和发展中国特色社会主义的必然要求，是推进党的自我革命、永葆党的生机活力的必然要求。党中央印发《关于在全党开展党史学习教育的通知》，就党史学习教育做出部署安排。开展党史学习教育，要深入学习领会习近平总书记关于党史的重要论述，紧紧围绕学懂弄通做实党的创新理论，做到学史明理、学史增信、学史崇德、学史力行，引导广大党员干部增强"四个意识"、坚定"四

---

① 《习近平同党外人士共迎新春》，《人民日报》，2021年2月2日。
② 《学党史悟思想办实事开新局　以优异成绩迎接建党一百周年》，《人民日报》，2021年2月21日。

个自信"、做到"两个维护",不断提高政治判断力、政治领悟力、政治执行力,为全面建设社会主义现代化国家、实现中华民族伟大复兴中国梦而不懈奋斗;要引导广大党员深刻铭记中国共产党百年奋斗的光辉历程,深刻认识中国共产党为国家和民族做出的伟大贡献,深刻感悟中国共产党始终不渝为人民的初心宗旨,系统掌握中国共产党推进马克思主义中国化形成的重大理论成果,学习传承中国共产党在长期奋斗中铸就的伟大精神,深刻领会中国共产党成功推进革命、建设、改革的宝贵经验。

　　在党史学习教育中,要做到学史明理、学史增信、学史崇德、学史力行。明理是增信、崇德、力行的前提。要从党的辉煌成就、艰辛历程、历史经验、优良传统中深刻领悟中国共产党为什么能、马克思主义为什么行、中国特色社会主义为什么好等道理,弄清楚其中的历史逻辑、理论逻辑、实践逻辑;要深刻领悟坚持中国共产党领导的历史必然性,坚定对党的领导的自信;要深刻领悟马克思主义及其中国化创新理论的真理性,增强自觉贯彻落实党的创新理论的坚定性;要深刻领悟中国特色社会主义道路的正确性,坚定不移走中国特色社会主义这条唯一正确的道路。[①]学史增信,就是要增强信仰、信念、信心,这是我们战胜一切强敌、克服一切困难、夺取一切胜利的强大精神力量。要增强对马克思主义、共产主义的信仰,教育引导广大党员、干部从党百年奋斗中感悟信仰的力量,始终保持顽强意志,勇敢战胜各种重大困难和严峻挑战;要增强对中国特色社会主义的信念,教育引导广大党员、干部深刻认识到,中国特色社会主义是历史发展的必然结果,是发展中国的必由之路,是经过实践检验的科学真理,始终坚定道路自信、理论自信、制度自信、文化自信;要增强对实现中华民族伟大复兴的信心,教育引导广大党员、干

---

　　① 《在服务和融入新发展格局上展现更大作为 奋力谱写全面建设社会主义现代化国家福建篇章》,《人民日报》,2021 年 3 月 26 日。

部牢记初心使命、增强必胜信心,坚信中国共产党一定能够团结带领人民在中国特色社会主义道路上实现中华民族伟大复兴,努力创造属于我们这一代人、无愧新时代的历史功绩。①

在党史学习教育中做到学史崇德,就是要引导广大党员、干部传承红色基因,涵养高尚的道德品质。一要崇尚对党忠诚的大德,广大党员、干部永远不能忘记入党时所做的对党忠诚、永不叛党的誓言,做到始终忠于党、忠于党的事业,做到铁心跟党走、九死而不悔;二要崇尚造福人民的公德,广大党员、干部要站稳人民立场,始终同人民风雨同舟、生死与共,勇于担当、积极作为,切实把造福人民作为最根本的职责;三要崇尚严于律己的品德,广大党员、干部要慎微慎独,清清白白做人、干干净净做事,努力做一个高尚的人、一个纯粹的人、一个有道德的人、一个脱离了低级趣味的人、一个有益于人民的人。②学史力行是党史学习教育的落脚点,要把学史明理、学史增信、学史崇德的成果转化为改造主观世界和客观世界的实际行动。要在锤炼党性上力行,教育引导广大党员、干部发扬党的光荣传统、赓续红色血脉,用伟大建党精神滋养党性修养,坚定理想信念,不断提高政治判断力、政治领悟力、政治执行力,胸怀"国之大者",始终用党性原则修身律己,切实以坚强党性取信于民、引领群众;要在为民服务上力行,教育引导广大党员、干部始终把人民放在心中最高位置,当好人民群众的知心人、贴心人、领路人,用心用情用力解决好群众急难愁盼问题,努力推动全体人民共同富裕取得更加明显的实质性进展;要在推动发展上力行,教育引导党员、干部把学习党史同

---

① 《解放思想深化改革凝心聚力担当实干 建设新时代中国特色社会主义壮美广西》,《人民日报》,2021 年 4 月 28 日。

② 《坚持以人民为中心深化改革开放 深入推进青藏高原生态保护和高质量发展》,《人民日报》,2021 年 6 月 10 日。

推动工作结合起来,坚持求真务实、担当作为,创造性落实党中央决策部署,着力破解发展难题、厚植发展优势,努力做出无愧于党和人民、无愧于历史和时代的新业绩。①

总之,通过党史学习教育,广大党员、干部受到了一次全面深刻的政治教育、思想淬炼、精神洗礼,在学史明理、学史增信、学史崇德、学史力行上取得了显著成效,全党历史自觉、历史自信大大增强,党的创造力、凝聚力、战斗力大大提升,达到了学党史、悟思想、办实事、开新局的目的。要巩固拓展党史学习教育成果,建立常态化、长效化制度机制,推动全党学深悟透党的创新理论,弘扬伟大建党精神,引导广大党员、干部深刻领悟中国共产党为什么能、马克思主义为什么行、中国特色社会主义为什么好,把思想和行动统一到党中央要求上来,坚定走好中国道路、实现中华民族伟大复兴的信心和决心,团结带领全国各族人民满怀信心奋进新征程、建功新时代。

6.学习贯彻习近平新时代中国特色社会主义思想主题教育

学习贯彻习近平新时代中国特色社会主义思想主题教育是党的二十大提出的重要任务。开展学习贯彻习近平新时代中国特色社会主义思想主题教育,坚持不懈用习近平新时代中国特色社会主义思想凝心铸魂,切实加强党的思想建设,对于推动全党更加深刻领悟"两个确立"的决定性意义,更加自觉增强"四个意识"、坚定"四个自信"、做到"两个维护",始终在思想上、政治上、行动上同以习近平同志为核心的党中央保持高度一致,具有十分重大的意义。2023年3月30日,中共中央政治局召开会议决定,从2023年4月开始,在全党自上而下分两批开展主题教育。当天下午,中共中央政治局就学习贯彻习近平新时代中国特色社会主义思想进行第四次集体学习,为全党做出示范。2023 年 4 月 3 日,学习贯彻习近平新时代中国特色社会主义思想主题教育工作会议在京召开。习近平总书记发表重要讲话,深刻阐述了主题教育为什么开展、如何开展等重大问题。

开展主题教育,总要求是"学思想、强党性、重实践、建新功",根本任务是坚持学思用贯通、知信行统一,把习近平新时代中国特色社会主义思想转化为坚定理想、锤炼党性和指导实践、推动工作的强大力量,使全党始终保持统一的思想、坚定的意志、协调的行动、强大的战斗力,努力在以学铸魂、以学增智、以学正风、以学促干方面取得实实在在的成效。以学铸魂,就是要做好学习贯彻新时代中国特色社会主义思想的深化、内化、转化工作,从思想上正本清源、固本培元,筑牢信仰之基、补足精神之钙、把稳思想之舵。一是坚定理想信念,增强对党的价值追求和前进方向的高度政治认同,把好世界观、人生观、价值观这个"总开关"。二是铸牢对党忠诚,自觉坚持党的全面领导、坚定维护党中央权威和集中统一领导,不断提高政治判断力、政治领悟力、政治执行力,始终在政治立场、政治方向、政治原则、政治道路上同党中央保持高度一致,把对党忠诚体现到贯彻落实好党中央决策部署的实际行动上。三是站稳人民立场,强化宗旨意识,坚守初心使命,践行党的群众路线,把人民群众满意不满意作为评判主题教育成效的根本标准,解决好人民群众最关心最直接最现实的利益问题,把惠民生的事办实、暖民心的事办细、顺民意的事办好,让现代化建设成果更多更公平惠及全体人民。①

以学增智,就是要从党的科学理论中悟规律、明方向、学方法、增智慧,把看家本领、兴党本领、强国本领学到手。一要提升政治能力,善于从党和人民的立场、党和国家工作大局出发想问题、做决策、办事情,善于从繁杂问题

---

① 《坚定不移全面深化改革 扩大高水平对外开放 在推进中国式现代化建设中走在前列》,《人民日报》,2023 年 4 月 14 日。

中把握事物的规律性、从苗头问题中发现事物的趋势性、从偶然问题中认识事物的必然性,善于驾驭复杂局面、凝聚社会力量、防范政治风险,切实担负好党和人民赋予的政治责任,真正成为政治上的明白人。二要提升思维能力,把习近平新时代中国特色社会主义思想的世界观、方法论和贯穿其中的立场观点方法转化为自己的科学思想方法,作为研究问题、解决问题的"总钥匙",切实提高战略思维、辩证思维、系统思维、创新思维、历史思维、法治思维、底线思维能力,做到善于把握事物本质、把握发展规律、把握工作关键、把握政策尺度,增强工作科学性、预见性、主动性、创造性。三要提升实践能力,发扬理论联系实际的优良学风,全面把握习近平新时代中国特色社会主义思想一系列新理念新思想新战略的实践要求,增强推动高质量发展、服务群众、防范化解风险本领,加强斗争精神和斗争本领养成,着力增强防风险、迎挑战、抗打压能力,及时填知识空白、补素质短板、强能力弱项,不断提高专业化水平。①

以学正风,就是要坚持目标导向和问题导向相结合、学查改相贯通,对标党风要求找差距、对表党性要求查根源、对照党纪要求明举措,增强检视整改实效。要大兴务实之风,抓好调查研究,在察实情、出实招、求实效上下功夫,把工作抓实、基础打实、步子迈实,在力戒形式主义、官僚主义上取得明显实质性进展,以这次主题教育为契机,将调查研究发扬光大。要弘扬清廉之风,教育各级领导干部牢固树立正确权力观,全面查找廉洁风险点,筑牢思想防线,坚守法纪红线。要按照"三不腐"要求健全相关制度、严格执纪,建好护栏。要养成俭朴之风,把生活作风问题作为检视整改的重要内容,督促广大党员干部保持清醒头脑,筑牢贯彻落实中央八项规定及实施细则精

---

① 《着眼全国大局 发挥自身优势 明确主攻方向 奋力谱写中国式现代化建设的陕西篇章》,《人民日报》,2023 年 5 月 18 日。

神的堤坝。①

以学促干就是要教育引导党员、干部落实"重实践"要求，坚持学思用贯通、知信行统一，匡正干的导向，增强干的动力，形成干的合力。一是树牢造福人民的政绩观，坚持以人民为中心的发展思想，坚持高质量发展，不搞贪大求洋、盲目蛮干、哗众取宠；坚持出实招求实效，不搞华而不实、投机取巧、数据造假；坚持打基础利长远，不搞急功近利、竭泽而渔、劳民伤财。二是鼓足干事创业的精气神，恪尽职守、担当作为，迎难而上、敢于斗争，严肃整治拈轻怕重、躺平甩锅、敷衍塞责、得过且过等消极现象，完善担当作为激励和保护机制。三是形成狠抓落实的好局面，不折不扣贯彻落实党中央决策部署，积极主动抓落实，聚合众力抓落实，以钉钉子精神抓落实，聚焦实际问题抓落实，在抓落实上取得新实效。②具体达到凝心铸魂筑牢根本、锤炼品格强化忠诚、实干担当促进发展、践行宗旨为民造福、廉洁奉公树立新风的目标。

主题教育自上而下分两批进行。第一批包括中央和国家机关及其直属单位、省（自治区、直辖市）和副省级城市机关及其直属单位，中管金融企业、中管企业、中管高校，从 2023 年 4 月开始，2023 年 8 月基本结束；第二批包括省以下各级机关及其直属单位和其他基层党组织，从 2023 年 9 月开始，2024 年 1 月基本结束。主题教育不划阶段、不分环节，把理论学习、调查研究、推动发展、检视整改等贯通起来，有机融合、一体推进。

在主题教育中，各地区各部门各单位深入学习贯彻习近平总书记关于主题教育系列重要讲话和重要指示批示精神，牢牢把握"学思想、强党性、重

---

① 《把握战略定位 坚持绿色发展 奋力书写中国式现代化内蒙古新篇章》，《人民日报》，2023年 6 月 9 日。

② 《在推进中国式现代化中走在前做示范 谱写"强富美高"新江苏现代化建设新篇章》，《人民日报》，2023 年 7 月 8 日。

实践、建新功"的总要求,加强组织领导,突出主题主线,采取务实举措,一体推进理论学习、调查研究、推动发展、检视整改等重点措施,着力在凝心铸魂筑牢根本、锤炼品格强化忠诚、实干担当促进发展、践行宗旨为民造福、廉洁奉公树立新风等方面下功夫,在以学铸魂、以学增智、以学正风、以学促干上取得了明显成效。

一是党员、干部深刻领悟"两个确立"的决定性意义、坚决做到"两个维护"的自觉性有了新提高。广大党员、干部对照习近平新时代中国特色社会主义思想和习近平总书记重要讲话、重要指示批示精神,从政治、思想、能力、作风、纪律等方面加强党性分析,更加深刻认识到习近平总书记作为党的核心、人民领袖、军队统帅的决定性作用,更加深刻认识到"两个确立"是新时代最重大政治成果、最宝贵历史经验、最客观实践结论,是党和人民应对一切不确定性的最大确定性、最大底气、最大保证,"两个维护"的政治自觉、思想自觉、行动自觉进一步增强,政治判断力、政治领悟力、政治执行力进一步提高。二是用习近平新时代中国特色社会主义思想凝心铸魂取得新成效。广大党员、干部牢牢把握"学理论"主线,原原本本研读党的二十大报告、党章和习近平总书记著作,深入学习领会习近平总书记关于本地区本部门本领域的重要讲话和重要指示批示精神,更加深刻认识到习近平新时代中国特色社会主义思想是一座理论宝库,努力领悟其世界观、方法论和贯穿其中的立场观点方法,普遍感到学之愈深、知之愈明、信之愈真。三是推动高质量发展取得新进步。广大党员、干部牢固树立和践行正确政绩观,大兴调查研究,扑下身子当好"施工队长",切实把功夫和心思花在破难题、促发展上,主题教育激发的动力有效转化为推动经济社会高质量发展的实绩。四是人民群众获得感、幸福感、安全感有了新增强。各地区各部门各单位坚持开门搞教育,自觉问计于民、问需于民,倾听群众呼声、反映群众愿望、关心群众疾苦,聚焦群众急难愁盼问题,积极化解信访积案,在就业、教育、医疗、托育、住房、养老等民生领域办了不少群众普遍认可的好事实事,党群干群关系更加融洽。五是政治生态呈现新气象。各地区各部门各单位严明纪律规矩,强化制度约束,驰而不息正作风、治歪风、树新风,认真开展"半拉子工程""形象工程""面子工程"及统计造假等问题专项整治,深入治理不担当不作为乱作为、损害群众利益、破坏营商环境、行业不正之风等突出问题,严厉惩治腐败,出台激励干部担当作为制度措施,广大干部干事创业的精气神得到有效激发、真抓实干的氛围愈发浓厚。中央和国家机关各部门深入开展干部队伍教育整顿,强化警示教育,全面自查自纠,抓好整改整治,思想、组织进一步纯洁。

(三)把批评和自我批评作为关键手段

批评和自我批评是党的三大优良作风之一,是进行思想斗争、统一全党思想的重要形式,是党加强自身建设和推动事业发展的重要法宝。党是在批评和自我批评中发展壮大的,党的历史充分表明,什么时候批评和自我批评坚持得好,党内就风清气正,党的事业就蓬勃发展;什么时候批评和自我批评坚持得不好,党内的矛盾和问题就难以解决,党的事业就会受损失。党的十八大以来,中国共产党用好批评和自我批评这一武器,党内批评和自我批评得到普遍开展,取得了积极成效,广大党员干部统一了思想,增强了对党的政策主张的认同。

1.坚持和完善民主生活会制度

民主生活会是开展批评和自我批评的重要载体,是净化党内政治生态的有效手段,有利于党员干部在相互提醒和督促中提高思想认识,共同成长进步。民主生活会制度是中国共产党在长期实践中逐步形成的,是指党员在党组织内部以交流思想、开展批评和自我批评为主要形式的组织活动制度。党的十一届五中全会通过的《关于党内政治生活的若干准则》就对各级党委定期召开民主生活会做出规定；党的十四大修订通过的党章首次将民主生活会制度写入其中，规定党员领导干部必须参加党委、党组的民主生活会。党的十八大以来，以习近平同志为核心的党中央坚持全面从严治党，严肃和规范党内政治生活，民主生活会制度得到了新的发展和突破。

批评和自我批评是党员的义务，也是党的基层组织的基本任务。党的十八届六中全会指出："批评和自我批评是我们党强身治病、保持肌体健康的锐利武器，也是加强和规范党内政治生活的重要手段，必须坚持不懈地把批评和自我批评这个武器用好。"①新时代，以习近平同志为核心的党中央率先垂范，带头召开民主生活会，带头开展批评和自我批评，为全党起到了示范作用。在中央的带动下，广大党员积极参与民主生活会或组织生活会，会前谈心谈话和广泛征求意见更加制度化，会上批评和自我批评直指问题、更加不留情面，广大党员干部在严格的党内政治生活中不断提高政治觉悟，在批评和自我批评中进一步淬炼政治灵魂。

民主生活会是党内依靠自身力量解决矛盾和问题的重要方式。2017年印发的《县以上党和国家机关党员领导干部民主生活会若干规定》规定，民主生活会每年召开一次，党员领导干部还应当以普通党员身份参加所在党支部（党小组）组织生活会，过好双重组织生活。2018年制定的《中国共产党支部工作条例（试行）》规定，党支部每年至少召开一次组织生活会。这些制度规定使民主生活会或组织生活会更加规范、更具有可操作性。习近平总书记在党的群众路线教育实践活动工作会议上的讲话中指出："各级党组织要

---

① 《中国共产党第十八届中央委员会第六次全体会议公报》，《人民日报》，2016年10月28日。

教育党员、干部坚持'团结—批评—团结'的公式,打消自我批评怕丢面子、批评上级怕穿小鞋、批评同级怕伤和气、批评下级怕丢选票等顾虑,既深刻剖析和检查自己,又开展诚恳的相互批评,触及思想和灵魂,既红红脸、出出汗,又明确整改方向。"①民主生活会或组织生活会制度的坚持和完善,使党内的批评和自我批评更加有效,个别党员干部中存在的党的观念淡漠、组织涣散、纪律松弛等问题得到改进,部分党组织中存在的政治功能弱化、管党治党宽松软等问题得到了有效解决。在批评和自我批评中,党员干部针对在学习、工作、生活中出现的一些偏差和问题咬耳扯袖、红脸出汗,更加深刻地认识到自身存在的缺点和错误,进一步增强了对法纪的敬畏之心,从而有效防止了小错误演变成大问题,防止党员干部从好同志变成阶下囚。

2.抓住日常点滴开展批评和自我批评

批评和自我批评不能仅在民主生活会或组织生活会中开展,更要注意从日常点滴抓起,使干部养成良好的作风。党员干部在社会中生活,思想上或多或少会沾染灰尘。因此,必须抓住日常点滴开展批评和自我批评,及时纠正思想偏差。毛泽东在谈到党的自我批评作风时曾说道:"房子是应该经常打扫的,不打扫就会积满了灰尘;脸是应该经常洗的,不洗也就会灰尘满面。我们同志的思想,我们党的工作,也会沾染灰尘的,也应该打扫和洗涤。"②从近年来查处的违纪违法案件可以看出,一些党员干部走上违纪违法道路,有一个从量变到质变的过程。如果能够抓住具体事件,抓住日常点滴,及时开展批评和自我批评,就不至于在错误道路上越走越远。

开展批评和自我批评,既要敢于自我批评,也要敢于批评他人,同时也要乐于接受他人批评。对各级党委(党组)来说,开展批评和自我批评既是落

---

① 《习近平谈治国理政》(第一卷),外文出版社,2018 年,第 377 页。
② 《毛泽东著作专题摘编》(下),中央文献出版社,2003 年,第 2081 页。

实全面从严治党主体责任的重要内容,也是履行管党治党责任的重要方面。党的十八大以来,随着全面从严治党的强力推进,党内政治生活更加严肃,党内监督进一步加强,批评和自我批评更加经常。党的十八大以来相继开展的党的群众路线教育实践活动、"三严三实"专题教育、"两学一做"学习教育、"不忘初心、牢记使命"主题教育、党史学习教育和学习贯彻习近平新时代中国特色社会主义思想主题教育,均把批评和自我批评作为其中的一项重要内容,使批评和自我批评实现常态化,达到了帮助同志、增进团结、促进工作的效果。各级党员干部自觉在批评和自我批评上做表率,以实事求是的态度认识自身存在的问题,以足够的勇气进行自我批评,以宽阔的胸怀接受他人批评,遵规守纪的自觉性和主动性进一步增强,"见人说人话,见鬼说鬼话"等互相欺骗的歪风邪气得到遏制,遵规守纪的自觉性显著增强,党内政治生态不断净化,党的创造力、凝聚力、战斗力进一步增强。

三、以作风和纪律建设强化自我革命的制约力量

风清则气正,气正则心齐,心齐则事成。高度重视加强和改进党的作风建设,是长期执政的马克思主义政党的优良传统和显著优势。党的作风就是党的形象,关系人心向背,关系党的生死存亡。执政党如果不注重作风建设,听任不正之风侵蚀党的肌体,就有失去民心、丧失政权的危险。我们党是靠革命理想和铁的纪律组织起来的马克思主义政党,纪律严明是党的光荣传统和独特优势。加强纪律建设是全面从严治党的治本之策。勇于自我革命,必须坚决落实中央八项规定精神、以严明纪律整饬作风,丰富自我革命有效途径,为新时代伟大变革提供了坚强保障。经过新时代全面从严治党的革命性锻造,纪律松弛、作风漂浮状况显著改变,真管真严、敢管敢严、长管长严

氛围基本形成,党风政风焕然一新,社风民风持续向好,重塑了党在人民心中的形象。

(一)持续擦亮作风建设名片

党的十八大以来,以习近平同志为核心的党中央将作风建设上升到关系党的形象、关系人心向背、关系党和国家生死存亡的高度,各地各部门把贯彻落实中央八项规定精神作为一项重大政治任务,兑现党的庄严承诺,赢得了党心民心,党的作风建设取得历史性成就。党的十九届六中全会明确指出,全面从严治党必须从人民群众反映强烈的作风问题抓起,并系统总结了新时代党的作风建设取得的主要成就,"党中央发扬钉钉子精神,持之以恒纠治'四风',反对特权思想和特权现象,狠刹公款送礼、公款吃喝、公款旅游、奢侈浪费等不正之风,解决群众反映强烈、损害群众利益的突出问题,推进基层减负,倡导勤俭节约、反对铺张浪费,刹住了一些过去被认为不可能刹住的歪风,纠治了一些多年未除的顽瘴痼疾,党风政风和社会风气为之一新"①。

1."八项规定"立规破题

作风是观察党群干群关系的晴雨表。全面从严治党,首先从落实中央八项规定精神破题。2012 年 12 月 4 日,党的十八大结束后不久,中央政治局会议审议通过《十八届中央政治局关于改进工作作风、密切联系群众的八项规定》,从调查研究、会议活动、文件简报、出访活动、警卫工作、新闻报道、文稿发表、勤俭节约八个方面对加强作风建设立规矩。其主要内容是:①要改进调查研究,到基层调研要深入了解真实情况,总结经验、研究问题、解决困

———————

① 《中共中央关于党的百年奋斗重大成就和历史经验的决议》,人民出版社,2021 年,第 30~31 页。

难、指导工作,向群众学习、向实践学习,多同群众座谈,多同干部谈心,多商量讨论,多解剖典型,多到困难和矛盾集中、群众意见多的地方去,切忌走过场、搞形式主义;要轻车简从、减少陪同、简化接待,不张贴悬挂标语横幅,不安排群众迎送,不铺设迎宾地毯,不摆放花草,不安排宴请。②要精简会议活动,切实改进会风,严格控制以中央名义召开的各类全国性会议和举行的重大活动,不开泛泛部署工作和提要求的会,未经中央批准一律不出席各类剪彩、奠基活动和庆祝会、纪念会、表彰会、博览会、研讨会及各类论坛;提高会议实效,开短会、讲短话,力戒空话、套话。③要精简文件简报,切实改进文风,没有实质内容、可发可不发的文件、简报一律不发。④要规范出访活动,从外交工作大局需要出发合理安排出访活动,严格控制出访随行人员,严格按照规定乘坐交通工具,一般不安排中资机构、华侨华人、留学生代表等到机场迎送。⑤要改进警卫工作,坚持有利于联系群众的原则,减少交通管制,一般情况下不得封路、不清场闭馆。⑥要改进新闻报道,中央政治局同志出席会议和活动应根据工作需要、新闻价值、社会效果决定是否报道,进一步压缩报道的数量、字数、时长。⑦要严格文稿发表,除中央统一安排外,个人不公开出版著作、讲话单行本,不发贺信、贺电,不题词、题字。⑧要厉行勤俭节约,严格遵守廉洁从政有关规定,严格执行住房、车辆配备等有关工作和生活待遇的规定。2013 年 6 月 22 日至 25 日,习近平总书记主持召开中央政治局专门会议,对照检查中央八项规定落实情况,研究提出加强作风建设的措施及有关制度规定。2016 年 11 月 30 日,中共中央政治局召开会议审议通过规范党和国家领导人有关待遇等文件,对党和国家领导人办公用房、住房、用车、交通、工作人员配备、休假休息等待遇进一步做出规定。2022 年 10月 25 日,二十届中共中央政治局召开会议,审议《中共中央政治局贯彻落实中央八项规定实施细则》。这些规定是对中央八项规定的拓展和深化,对加强党的作风建设意义重大。

中国共产党坚持以上率下，从中央做起，从一个一个节点抓起，严肃处理各种违反中央八项规定精神的问题，全面从严治党成效卓著。历次中央纪委全会的工作报告显示：2013年至2016年4年的时间里，全国分别查处违反中央八项规定精神的问题2.4万、5.3万、3.7万、4.1万起，处理党员干部3.0万、7.1万、4.9万、5.8万人，其中给予党纪政纪处分0.76万、2.3万、3.4万、4.3万人，中央纪委分别对32起、33起、30起、44起违反中央八项规定精神的典型问题进行通报曝光。党的十九大以来，全国各级纪检监察机关查处各种违反中央八项规定精神问题的力度持续加大。2021年全国共查处违反中央八项规定精神问题10万起，批评教育帮助和处理15万人，其中党纪政务处分10万人。中央纪委国家监委连续公布全国查处违反中央八项规定精神问题的月报数据，中央八项规定成为新时代党的作风建设的一张"金色名片"。

2.持之以恒纠治"四风"

"四风"问题违背中国共产党的性质和宗旨，是群众深恶痛绝、反映最强烈的问题。其主要表现为，一是形式主义，即追求形式、不重实效，图虚名、务虚功、工作不抓落实。二是官僚主义，即办事推诿扯皮多，效率低下，不作为、不负责任。三是享乐主义，即安于现状、贪图安逸，缺乏忧患意识和创新精神。四是奢靡之风，即许多方面做过头，大手大脚、铺张浪费。"四风"问题严重损害了党在人民群众中的形象，严重损害了党群干群关系，是人民群众深恶痛绝、反映最强烈的问题。

"四风"问题的形成非"一日之寒"，具有长期性、复杂性、艰巨性。解决"四风"问题务必下大气力，要有壮士断腕的勇气，要对准焦距、找准穴位、抓住要害。将整治"四风"作为一项基础性长期性工作抓常抓实，是新时代党的作风建设的显著特点。党的十八大以来，各地各部门集中整治违规吃喝、公款旅游、违规收送名贵特产和礼品礼金等问题，深挖细查隐形变异"四风"问题，狠刹歪风邪气，攻克顽瘴痼疾。2013 年至 2017 年的 5 年期间，各级纪检监察机关紧盯享乐主义和奢靡之风，共查处违反中央八项规定精神问题18.9 万起，处理党员干部 25.6 万人。①

　　当前，纠治"四风"已经进入深水区，形式主义、官僚主义仍是党和国家事业发展的大敌，是损害党群关系、败坏党风政风的顽疾，是纠治"四风"的重中之重。从反对形式主义、官僚主义被明确写入十九大党章，到《中国共产党纪律处分条例》等党内法规聚焦形式主义、官僚主义突出问题；从十九届中央政治局首次会议审议中央八项规定实施细则，到中央巡视组等各项党内监督均把形式主义、官僚主义作为重点，党的十九大以来，党中央更加聚焦反对形式主义和官僚主义，并将其放在整治"四风"的突出位置，重点查处乱作为、不担当问题，纠正以会议贯彻会议、以文件落实文件，重"痕"不重"绩"、留"迹"不留"心"等问题，以集中整治的积极成效汇聚起全党上下奋进新征程、建功新时代的强大伟力。党的二十大报告再次强调："持续深化纠治'四风'，重点纠治形式主义、官僚主义，坚决破除特权思想和特权行为。"②按照党中央部署，纪检监察机关把整治加重基层负担的形式主义、官僚主义作为深化纠治"四风"的重要内容，聚焦关键领域，抓住关键环节，通过深入一线问诊、严督整改落实、推动建章立制等举措，持续深化纠治"四风"，重点纠治形式主义、官僚主义，不断激发广大党员干部干事创业的积极性、创造性。

---

　　①　《十八届中央纪律检查委员会向中国共产党第十九次全国代表大会的工作报告》，《人民日报》，2017 年 10 月 30 日。

　　②　习近平：《高举中国特色社会主义伟大旗帜 为全面建设社会主义现代化国家而团结奋斗——在中国共产党第二十次全国代表大会上的报告》，人民出版社，2022 年，第 68 页。

党的十九大以来,全国纪检监察机关共查处形式主义、官僚主义问题28.2万多件,坚决纠正贯彻党中央决策部署表态调门高、口号喊得响、行动不落实,甚至与党中央决策部署背道而驰、南辕北辙的问题,纠正文山会海、检查过多、过度留痕的问题。通过有效解决政绩观扭曲、发展观偏差、治理能力不足导致的"四风"问题,坚决纠正工作过度留痕、检查考核过多过频等问题,遏制不顾基层实际乱加码、乱作为等问题。在党中央集中统一领导下,在各地区各部门的共同努力下,党内存在的形式主义、官僚主义问题得到一定程度的遏制和治理,党风政风和社会风气为之一新,久久为功整治"四风"问题已经成为全党共识,党群干群关系进一步和谐融洽。

作风建设只有进行时,没有完成时。当前,经过大力整治,面上的享乐主义、奢靡之风得到有效遏制。但形式主义、官僚主义具有顽固性、反复性、隐蔽性,极易变换反弹回潮。要坚持严的主基调不动摇,发扬"钉钉子"精神,保持"马不离鞍、缰不松手"的定力,增强"反复抓、抓反复"的韧劲,紧盯"四风"隐形变异现象,深化标本兼治、系统施治,严防形式主义和官僚主义衍生出"新变种",打掉隐蔽性极强的"软钉子""中梗阻",从而铲除不良作风滋生蔓延的土壤、扎紧作风建设的铁笼。

3.严惩群众身边不正之风

人民群众反对什么、痛恨什么,就坚决防范和纠正什么。发生在群众身边的不正之风,本质是无视群众的切身利益。要适应人民美好生活需要从"有没有"转向"好不好"的变化,坚持不懈整治群众身边不正之风,解决好群众最关心最直接最现实的利益问题,把全面从严治党覆盖到"最后一公里"。党的十八大以来,我们党坚持问题导向、强化监督执纪,坚持纠正一切损害群众利益的不正之风,坚决查处发生在民生资金、"三资"管理、征地拆迁、教育医疗、生态环保等领域的严重违纪违法行为,重点查处基层干部吃拿卡要、盘剥克扣、优亲厚友等问题。围绕促进巩固拓展脱贫攻坚成果同乡村振兴有效衔接加强监督检查,聚焦乡村振兴领域政策支持力度大、投资密集、资源集中的项目和环节,坚决查处腐败和不正之风;围绕民生热点持续"拍蝇""灭鼠",坚决纠治教育医疗、养老社保、生态环保、安全生产、食品药品安全等领域群众反映强烈的问题,推动解决群众的操心事烦心事揪心事;巩固深化扫黑除恶专项斗争和政法队伍教育整顿成果,推进"打伞破网"常态化,坚决查处涉黑腐败,坚决惩治放纵、包庇黑恶势力甚至充当"保护伞"的党员干部,以维护群众切身利益的扎实成效取信于民。

抓作风建设重在抓细节,必须一个环节一个环节抓,一件事情一件事情办。群众的期盼处,就是正风肃纪的发力点。要顺应群众所思所想所忧所盼,凡是群众反映强烈的问题都要严肃认真对待,凡是损害群众利益的行为都要坚决纠正。各地精准把握不同地区、不同领域群众身边腐败和不正之风的具体表现,瞄准民生"小切口"、紧盯群众"身边事",以小切口实现大治理。2014 至 2017 年 5 年时间,对乱作为、不作为的 3.2 万名基层党员干部严肃追责,全国纪检监察机关共处分村党支部书记、村委会主任 27.8 万人。党的十九大以来,全党部署开展扶贫领域腐败和作风问题专项治理,严肃查处脱贫攻坚中的"刷白墙""数字脱贫"等问题,围绕统筹推进新冠肺炎疫情防控和经济社会发展腐败问题开展专项治理,紧盯教育、医疗、养老、社会保障等民生领域,严肃查处干部吃拿卡要等违纪违法行为,打通联系和服务群众的"最后一公里",党群关系得到极大改善,党的执政基础进一步夯实巩固。

(二)全面加强党的纪律建设

纪律建设是自我革命的重要保证,勇于自我革命,必须全面加强纪律建设。党的二十大报告对"坚持以严的基调强化正风肃纪"做出战略部署,强调

"全面加强党的纪律建设"①。党的十八大以来，以习近平同志为核心的党中央从全面加强党的建设，为实现"两个一百年"奋斗目标和中华民族伟大复兴的中国梦提供政治保障战略高度，继承马克思主义政党纪律建设的政治基因，弘扬中国共产党加强纪律建设的优良传统，针对党的纪律建设面临的突出问题，与时俱进推进理论、实践和制度创新，党的纪律建设纳入新时代党的建设总体布局，纪律建设成为新时代党的建设总体布局的突出亮点和常态化工作内容，成为推进全面从严治党重大战略部署的重要支撑。新时代，中国共产党主要从纪律制定、纪律教育、纪律执行、纪律监督四个方面入手加强党的纪律建设。通过纪律制定，构建以党章为根本的党内法规制度体系，使党的纪律建设有规可依、有章可循；通过纪律教育，提高思想认识，增强思想自觉，奠定遵规守纪的思想基础；通过纪律执行，不仅落实正面的纪律要求，而且坚决查处负面的违纪行为，带动党的各项纪律严起来；通过纪律监督，健全党和国家监督体系，改善监督效果，增强监督合力，保障纪律建设切实取得实效。

1.党规制定：构建以党章为根本的党内法规制度体系

制定务实管用的纪律是党的纪律建设的重要前提。党的十八大以来，中国共产党坚持问题导向，出台或修订了多部党内法规，着力构建以党章为根本的党内法规制度体系，为加强党的纪律建设、全面从严治党奠定了重要制度基石。2017年6月，中共中央印发《关于加强党内法规制度建设的意见》，强调要完善以"1+4"为基本框架的党内法规制度体系，即以党章为根本，在党章之下分为党的组织法规制度、党的领导法规制度、党的自身建设法规制

---

① 习近平：《高举中国特色社会主义伟大旗帜 为全面建设社会主义现代化国家而团结奋斗——在中国共产党第二十次全国代表大会上的报告》，人民出版社，2022年，第68页。

度、党的监督保障法规制度四大板块。①新时代，中国共产党前所未有重视和
加强党内法规制度建设，不断完善六项纪律体系，新制定修订的党内法规占
比超过 70%，现行有效党内法规近 4000 部，党的纪律建设"四梁八柱"日益
夯实，为全面从严治党奠定了坚实制度基础，也为严明党的纪律提供了根本
法度。2021 年 7 月 1 日，习近平总书记在庆祝中国共产党成立 100 周年大会
上宣布，中国共产党已经"形成比较完善的党内法规体系"。这是党内法规制
度建设史上的一个重要里程碑，标志着党内法规制度建设由此迈入高质量
发展新阶段，全面从严治党、依规治党站在新的历史起点上。这一基础性制
度支撑事关根本，为保证全党团结统一、行动一致，为党统揽"四个伟大"提
供了坚强有力制度保障，对于党以史为鉴、开创未来，团结带领全国人民实
现中华民族伟大复兴具有重要意义。

　　党章是我们立党、治党、管党的总章程，是党内的根本大法，是全党最基
本、最重要、最全面的行为规范。由于党章是最根本的党内法规，在党内法规
制度体系中具有统领地位，因此党章中的纪律规定是最核心和根本的纪律，
是总规矩，是制定其他纪律规章的根本依据和重要遵循。党的二十大审议通
过的《中国共产党章程（修正案）》，凝聚了全党的共同意志，深刻体现了党的
理论创新、实践创新和制度创新成果，彰显了中国共产党人守正创新、与时
俱进的创造精神，为更好地以党章为"纲"推进党内法规制度建设、全面建
设社会主义现代化国家、全面推进中华民族伟大复兴统一了思想、意志和
行动。

　　新时代的党内法规制度建设紧紧围绕党和国家工作大局，统筹推进党
的组织法规制度、党的领导法规制度、党的自身建设法规制度、党的监督保

---

① 《十八大以来重要文献选编》（下），中央文献出版社，2018 年，第 510 页。

障法规制度建设,着力构建以党章为根本的党内法规制度体系,出台了一大批标志性、引领性的党内法规,不仅搭建起党内法规制度体系的"四梁八柱",而且通过制定相应的配套法规,及时为这一体系添砖加瓦,实现了四大板块的联动和呼应。这些党内法规是党的纪律规章的一部分,党内法规制度体系的完善,为新时代全面加强党的纪律建设、依规治党提供了制度保障。

2.纪律教育:发挥教育的关键作用

只有在思想上认同党的纪律才能在行动中自觉遵守,而纪律教育在增强纪律意识、提高思想认同中发挥关键作用。加强纪律教育是落实全面从严治党要求、加强党的纪律建设的一项基础性、经常性工作。习近平总书记指出:"要加强纪律教育,使更多的干部红脸出汗、知错知止,使铁的纪律转化为党员、干部的日常习惯和自觉遵循。"①纪律教育主要是对党员干部宣传纪律的重要性、纪律与自由的关系以及如何遵守纪律等的教育,是纪律建设的重要环节。加强纪律教育,不仅要强化理论武装、凝聚思想共识,还要加强纪律教育,不断增强纪律意识。要把经常性纪律教育融入日常管理监督,促进党员干部增强纪律意识,把党的纪律规矩刻印在心。新时代,中国共产党坚持党性党风党纪一起抓,将纪律教育和党性教育、廉洁文化教育贯通起来,通过巩固马克思主义的指导地位、打出党内思想教育"组合拳"等加强思想政治教育,凝聚思想共识,把习近平新时代中国特色社会主义思想内化于心、外化于行,从而提升思想境界,自觉遵规守纪。同时,充分发挥纪律教育的关键作用,把党章党规党纪作为党校、干部学院和党委(党组)理论学习中心组必修课,注重分层分类实施,菜单化、精准化提供内容;坚持正面引导和警示教育结合,督促指导发生重大违纪违法案件的相关单位党委(党组)召

---

① 《十九大以来重要文献选编》(上),中央文献出版社,2019年,第196页。

开专题民主生活会,举一反三、以案明纪,引导党员干部正心修身,严守为政之本,不断筑牢遵规守纪的思想道德防线,提高纪律教育实效;抓住领导干部这个"关键少数",高度重视年轻领导干部纪律教育,督促领导干部在遵守和执行纪律上走在前、做表率,从而带动广大党员干部真正把纪律严起来、规矩立起来。这一系列措施打下了党员干部遵规守纪的思想基础,为新时代党的纪律建设的全面加强提供了有力的思想保证。

3.纪律执行:严明党的各项纪律

纪律的生命力在于执行。进入新时代,中国共产党着眼于实现中华民族伟大复兴的中国梦,坚持打铁必须自身硬,突出纪律的严肃性和权威性,采取果断措施严明党的各项纪律,确保纪律严格执行,纪律建设严肃性、威慑力不断增强,标本兼治作用充分彰显,为在新时代坚持和发展中国特色社会主义、完成党和国家各项任务提供了坚强纪律保证。

政治纪律是党最重要的纪律,遵守党的政治纪律是遵守党的全部纪律的基础。政治纪律的核心就是要维护党中央权威和集中统一领导,确保全党服从中央。由于违反其他方面纪律的行为最终都会弱化党的领导、侵蚀党的执政基础,因而也会触犯党的政治纪律。新时代,中国共产党把严明党的政治纪律放在首位,坚决维护以习近平同志为核心的党中央权威和集中统一领导,通过全面加强党的政治领导、严明党的政治纪律和政治规矩、严肃查处违反政治纪律的行为,深刻认识"两个确立"的决定性意义,不断增强"四个意识",坚定"四个自信",做到"两个维护",清除了党内存在的政治隐患,党的团结统一更加巩固。

党的力量来自组织,组织能使力量倍增。严明组织纪律,是提升中国共产党的战斗力、完成中心任务的重要条件,是中国共产党一百多年来不断从胜利走向胜利的重要保证。党的领导,体现在党的科学理论和正确路线方针政策上,体现在党的执政能力和执政水平上,同时也体现在党的严密组织体系和强大组织能力上。①新时代,为更好进行伟大斗争、建设伟大工程、推进伟大事业、实现伟大梦想,中国共产党通过坚持党性原则、严格遵守组织制度、坚持正确的选人用人导向等,进一步增强组织纪律性,推动党的组织纪律不断加强。

廉洁纪律是党的组织和党员在行使权力过程中应当遵守的行为规范,是保持清廉形象、赢得群众拥护的纪律保证。党的十八大以来,以习近平同志为核心的党中央以强烈的历史责任感、深沉的忧患意识,坚持惩治这一手不放松,严格执纪,坚持"老虎""苍蝇"一起打,既坚决查处领导干部违纪违法案件,又切实解决发生在群众身边的不正之风和腐败问题②,在反对贪污腐败、建设廉洁政治这场没有硝烟的战斗中取得了重大胜利,消除了党和国家内部存在的严重隐患,反腐败斗争形成压倒性态势并得到巩固发展。

群众纪律是党组织和党员处理同群众关系时应当遵守的行为规范。中国共产党一经成立,就坚持全心全意为人民服务的根本宗旨,始终为人民利益不懈奋斗。新时代,中国共产党继承优良传统,坚持以人民为中心的发展思想,严守群众纪律,切实维护群众利益,并坚决同损害群众利益的行为进行斗争,妥善处理了涉及群众利益的矛盾和问题,赢得了群众的信任和支持,汇聚了广大群众的磅礴力量,为实现中华民族伟大复兴的中国梦奠定了坚实群众基础。

工作纪律是党的组织和党员干部在工作中应当遵守的纪律规范,是按时完成工作任务、提高工作效率的纪律保证。新时代,中国共产党进一步严明工作纪律,督促各级党组织切实履行主体责任,党员干部充分发挥模范带

---

① 《十八大以来重要文献选编》(上),中央文献出版社,2014年,第766页。

② 《十八大以来重要文献选编》(上),中央文献出版社,2014年,第135页。

头作用,努力提高工作效率,保证了各项任务的完成。

勤俭节约、艰苦奋斗是中国共产党人的传家宝。中国共产党从成立之日起就具有坚定革命理想,就把为人民谋幸福、为民族谋复兴作为自己的初心使命,广大共产党员发扬艰苦奋斗作风,品德高尚、纪律严明,谱写了革命、建设、改革的壮丽史诗。随着社会主义市场经济的发展,市场经济的弱点反映到人们的思想意识和价值观念领域,容易诱发拜金主义、享乐主义和利己主义,导致一些党员干部在生活中奢侈浪费、贪图享乐。新时代,中国共产党多次强调要继承优良传统、发扬艰苦奋斗的作风,培养高尚情操,带动生活纪律进一步严起来。

4.纪律监督:健全党和国家监督体系

在党要管党、全面从严治党中,"管"和"治"都离不开监督;抓住了监督,就抓住了管党治党的"牛鼻子"。纪律监督是纪律建设的保障,是指监督主体利用党规党纪等对党的各级组织和全体党员的行为进行监察和督导,从而严肃党的纪律的活动。纪律监督是党内监督的重要形式,也是纪律建设能否取得成效的重要一环。党的十八大以来,中国共产党把健全党和国家监督体系作为纪律建设的重要内容和推进国家治理体系与治理能力现代化的重要任务,深化运用"四种形态",推动纪法情理贯通融合,实现由"惩治极少数"向"管住大多数"拓展。

一方面,充分发挥纪律检查委员会作为党内监督专责机关的作用,推动纪律监督不断深化。习近平总书记指出:"党的执政地位,决定了党内监督在党和国家各种监督形式中是最基本的、第一位的。只有以党内监督带动其他监督、完善监督体系,才能为全面从严治党提供有力制度保障。"①监督是权

---

① 《习近平关于全面从严治党论述摘编》,中央文献出版社,2016年,第213页。

力正确运行的根本保证,是加强和规范党内政治生活的重要举措。全面从严治党要想走深走实,也必然离不开持续有力的监督。党的十八届六中全会强调:"要建立健全党中央统一领导,党委(党组)全面监督,纪律检查机关专责监督,党的工作部门职能监督,党的基层组织日常监督,党员民主监督的党内监督体系。"①党的十八大以来,随着监督体系的不断完善,党内监督的主导作用充分发挥,为全面从严治党起到重要保障作用。

另一方面,把党内监督与国家机关监督、民主监督、司法监督、群众监督、舆论监督等进行有效衔接,推动各类监督有机贯通,形成监督合力。十九届四中全会强调:"要坚持和完善党和国家监督体系,以党内监督为主导,推动各类监督有机贯通、相互协调,实现对所有党员、干部和行使公权力的公职人员监督全覆盖,确保党的路线方针政策和党中央重大决策部署贯彻落实到位,确保党和人民赋予的权力规范正确行使。"②党的十八大以来,中国共产党在坚持以党内监督为主导的同时,不断深化国家监察体制改革,支持和保证同级人大、政府、监察机关、司法机关等对国家机关及公职人员依法进行监督,以及人民政协依章程进行的民主监督和审计机关依法进行的审计监督,加强社会监督和舆论监督等,做到了监督无死角、全覆盖,构建起党统一指挥、全面覆盖、权威高效的监督体系,推动党和国家监督体系不断完善,有效减少了各类违纪违法行为的发生。中国共产党通过行动回答了"窑洞之问",练就了自我净化的"绝世武功",有效解决了自我监督这一世界性难题,为中国特色社会主义巍巍巨轮行稳致远提供了有力保障。

纪律是管党治党的"戒尺",也是党员、干部约束自身行为的标准和遵

---

① 《中国共产党第十八届中央委员会第六次全体会议公报》,人民出版社,2016年,第17页。

② 《〈中共中央关于坚持和完善中国特色社会主义制度 推进国家治理体系和治理能力现代化若干重大问题的决定〉辅导读本》,人民出版社,2019年,第379页。

循。经过持续严管严治,纪律建设在党的建设中的基础地位和重要作用得到进一步发挥,形成了全党动手一起抓纪律、管纪律、执行纪律的良好局面。中国共产党以严明的纪律树立起新时代党的形象,凝聚了党心民心,扬起了清风正气,全党思想上更加统一、政治上更加团结、行动上更加一致,组织纪律性和向心力、凝聚力、战斗力显著增强,为党的路线方针政策和党中央决策部署的贯彻落实提供了坚强纪律保证。

四、以反腐败斗争彰显自我革命的坚强决心

国家之败,由官邪也。腐败是人类社会的顽疾,是最容易颠覆政权的问题,反腐败是最彻底的自我革命,必须坚持以雷霆之势反腐惩恶,打好自我革命攻坚战、持久战。中国共产党从诞生之日起,就把实现共产主义作为最高理想和最终目标,把全心全意为人民服务作为根本宗旨,这使党与腐败水火不容。无论是革命战争年代,还是社会主义建设和改革时期,反腐败一直是党始终坚持的鲜明政治立场。党的十八大以来,以习近平同志为核心的党中央着眼于全面从严治党,以力挽狂澜的气魄和胆识,以猛药去疴、重典治乱的决心,以刮骨疗毒、壮士断腕的勇气,做出了坚决打赢反腐败这场硬仗的战略决断,工作力度之大前所未有,取得成效之大有目共睹。实践证明,坚定不移惩治腐败,是党有力量的表现,反腐败不会亡党,只会使党更加坚强有力。经过新时代全面从严治党的革命性锻造,反腐败斗争取得压倒性胜利并全面巩固,不敢腐的震慑充分彰显,不能腐的笼子越扎越牢,不想腐的自觉显著增强。我们成功走出一条依靠制度优势、法治优势反腐败之路,书写了人类反腐败斗争历史新篇章。

（一）坚决清除一切腐败分子

改革开放以后，党坚持党要管党、从严治党，推进党的建设取得明显成效。同时，由于一度出现管党不力、治党不严问题，有些党员、干部政治信仰出现危机，一些地方和部门选人用人风气不正，形式主义、官僚主义、享乐主义和奢靡之风盛行，特权思想和特权现象较为普遍存在，消极腐败现象滋生蔓延。特别是搞任人唯亲、排斥异己的有之，搞团团伙伙、拉帮结派的有之，搞匿名诬告、制造谣言的有之，搞收买人心、拉动选票的有之，搞封官许愿、弹冠相庆的有之，搞自行其是、阳奉阴违的有之，搞尾大不掉、妄议中央的也有之，政治问题和经济问题相互交织，贪腐程度触目惊心。这"七个有之"问题严重影响党的形象和威信，严重损害党群干群关系，引起广大党员、干部、群众强烈不满和义愤。党的十八大以来，习近平总书记深刻分析反腐败斗争的复杂严峻形势，从关系党和国家生死存亡的高度，亲自谋划、亲自部署、亲自推进党风廉政建设和反腐败斗争。2012 年 11 月 15 日，十八届中央政治局常委委员首次亮相，习近平总书记向全党发出警示："新形势下，我们党面临着许多严峻挑战，党内存在着许多亟待解决的问题。尤其是一些党员干部中发生的贪污腐败、脱离群众、形式主义、官僚主义等问题，必须下大气力解决。全党必须警醒起来。打铁还需自身硬。"①两天后，他主持十八届中央政治局第一次集体学习时再次强调："近年来，一些国家因长期积累的矛盾导致民怨载道、社会动荡、政权垮台，其中贪污腐败就是一个很重要的原因。大量事实告诉我们，腐败问题越演越烈，最终必然会亡党亡国！我们要警醒啊！"②两个月后，他在十八届中央纪委二次全会上对反腐败斗争做出重要部

---

① 《十八大以来重要文献选编》（上），中央文献出版社，2014 年，第 70 页。

② 《十八大以来重要文献选编》（上），中央文献出版社，2014 年，第 81 页。

署、提出明确要求:"要坚持'老虎'、'苍蝇'一起打,既坚决查处领导干部违纪违法案件,又切实解决发生在群众身边的不正之风和腐败问题。要坚持党纪国法面前没有例外,不管涉及谁,都要一查到底,决不姑息。"①言必信,行必果,以习近平同志为核心的党中央认真兑现对全党全国人民的庄重承诺,推进力度、广度、深度空前的反腐败斗争。

1. "打虎"零容忍

人民群众最痛恨腐败现象,腐败是中国共产党面临的最大威胁。只有以反腐败永远在路上的坚韧和执着,深化标本兼治,保证干部清正、政府清廉、政治清明,才能跳出历史周期率,确保党和国家长治久安。习近平总书记强调:"党和人民事业发展到什么阶段,全面从严治党就要跟进到什么阶段,坚持严字当头,把严的要求贯穿管党治党全过程,以自我革命的政治勇气着力解决党内存在的突出问题,做到管党有方、治党有力、建党有效。"②大案要案危害严重、影响恶劣,必须坚决查处。党的十八大以来,中国共产党以猛药去疴的决心,以壮士断腕的勇气,以巨大的政治勇气和责任担当,重拳反腐惩恶,坚持上不封顶、有案必查、有腐必惩,对腐败分子形成了强大震慑。不论什么人,不论其职务多高,只要触犯了党纪国法,都要受到严肃追究和严厉惩处,坚决打赢反腐败这场正义之战。

新时代,党中央坚持无禁区、全覆盖、零容忍,坚持重遏制、强高压、长震慑,坚持受贿行贿一起查,以刮骨疗毒的勇气,严肃查处腐败分子,没有稳操胜券的"丹书铁券",更没有不能查处的"铁帽子王",不论查处贪官人数之多、级别之高,行动密度之大,还是涉及领域之宽,挖掘问题之深,都是前所未有的。60多名副国家级、省部级以上"大老虎"、16名被查高级军官"军老

---

① 《十八大以来重要文献选编》(上),中央文献出版社,2014年,第135页。

② 《习近平关于全面从严治党论述摘编》,中央文献出版社,2016年,第13页。

虎"被查处,形成强大震慑。反腐败斗争取得重大成效,保持了党的纯洁性和先进性。党中央坚持发现一起查处一起、发现多少查处多少。截至 2021 年 10 月,全国纪检监察机关共立案 407.8 万件、437.9 万人。其中,立案审查调查中管干部 484 人,共给予党纪政务处分 399.8 万人。

2.“拍蝇”不手软

民心是最大的政治。2014 年 7 月,中央巡视组公布的问题清单中,指出一些地方 “小官巨腐问题严重”“农村基层腐败不容轻视”“基层反腐败斗争形势比较严峻”等。切实整治群众身边的腐败问题,在人民群众不满意的问题上下功夫,是中国共产党践行全心全意为人民服务根本宗旨的必然要求。“苍蝇”虽小,却关系群众的切身利益,增加了群众的办事成本,败坏了社会风气,影响党和政府形象。2016 年 1 月,习近平总书记强调:“‘微腐败’也可能成为‘大祸害’,它损害的是老百姓切身利益,啃食的是群众获得感,挥霍的是基层群众对党的信任。”①因此,必须推动全面从严治党向基层延伸,切实解决群众身边的腐败问题。

群众身边的腐败现象多种多样,但实质上都是利用手中的权力或影响力为本人或亲属谋取不正当利益,均违反廉洁纪律。党的十八大以来,中国共产党对发生在群众身边、影响群众切身利益的腐败问题保持高压态势,坚持零容忍的态度不变,严厉惩处的尺度不松,紧盯民生资金、土地征收、脱贫攻坚、惠农领域等重要领域和关键环节中违纪违法行为,深挖背后的“保护伞”,严肃查处“村霸”、宗族恶势力等背后的腐败问题,将反腐败斗争覆盖到了“最后一公里”。党的十九大后,全国共查处涉及民生领域、侵害群众利益的问题 39 万余件,处理 35.9 万人;查处扶贫领域问题 28 万件,处分 18.8 万

---

① 习近平:《在第十八届中央纪律检查委员会第六次全体会议上的讲话》,人民出版社,2016 年,第 13 页。

人;在打击黑恶势力"保护伞"上共查处 9.3 万个案件,处理 8.4 万人。

3."猎狐"不止步

一段时间以来,一些违纪违法的党员干部为逃避纪律和法律制裁,潜逃海外。党的十八大以来,党中央高度重视国际追逃追赃工作,将其作为全面从严治党的重要一环。习近平总书记强调:"不能让外国成为一些腐败分子的'避罪天堂',腐败分子即使逃到天涯海角,也要把他们追回来绳之以法。"为此,中国共产党多措并举,开展猎狐行动,狠抓国际追逃追赃,将一批违法乱纪分子绳之以法。

为加大追逃追赃力度,健全追逃追赃协调机制,2014 年 6 月,中央决定设立中央反腐败协调小组国际追逃追赃工作办公室。在全国 31 个省区市和新疆生产建设兵团成立了省一级追逃办。各级追逃机构的成立,有效整合了外交、司法、公安等多部门的资源,改变了过去"九龙治水"的局面,提高了追逃防逃指挥协调力度。与此同时,开展"天网行动",发布百名外逃人员红色通缉令,公开曝光百名外逃人员,推动追逃、追赃、防逃一体化。在追逃中,主要采取引渡、非法移民遣返、异地追诉和劝返等手段;在追赃中,主要通过双边刑事司法协助条约或引渡条约、境外民事诉讼、运用刑诉法规定的违法所得没收程序等方式进行;在防逃方面,通过清理"裸官"、加强反洗钱和外汇管理、违规办理和持有证照情况进行清查工作,管住人、钱、证,筑牢防逃堤坝。此外,中国共产党不断加强反腐败国际合作,积极搭建国际交流合作平台。例如,2014 年,亚太经合组织部长级会议通过了《北京反腐败宣言》。中国积极落实《北京反腐败宣言》《二十国集团反腐败追逃追赃高级原则》等文件,借助亚太经合组织、二十国集团、国际刑警组织等多边平台,加强国际合作,构建起国际追逃追赃合作网络,形成"天罗地网",推动追逃追赃工作取得显著成效。自 2014 年开展"天网行动"起,到 2021 年"七一"前夕,从 120

个国家和地区共追回外逃人员 9165 人,其中党员和国家工作人员 2408 人,追回的赃款 217.39 亿元,"百名红通人员"已有 60 名归案,新增外逃人员逐年大幅下降,反腐败国际追逃追赃工作取得重要阶段性成果。

反腐败斗争是一场攻坚战,也是一场持久战。始终保持高位的数据背后,是中国共产党一刻不停歇推进反腐败斗争的决心。也正因为坚持有案必查、有腐必惩,党刹住了一些多年未刹住的歪风邪气,解决了许多长期没有解决的顽瘴痼疾,推动反腐败斗争逐步从量的积累迈向质的转变:从腐败和反腐败"呈胶着状态"到"压倒性态势正在形成",从"压倒性态势已经形成"到"压倒性态势已经形成并巩固发展",再从"取得压倒性胜利"到"取得压倒性胜利并全面巩固"。国家统计局 2020 年底调查显示,95.8%的群众对全面从严治党、遏制腐败充满信心,比党的十八大前 2012 年的调查提高了 16.5个百分点。

以反腐败为重点突破口的全面从严治党取得重大战略性成果,赢得了人民群众的信任和信赖,党的创造力、凝聚力、战斗力显著增强,为党和国家事业取得历史性成就、发生历史性变革提供了坚强政治保证。这充分证明了习近平总书记无比清醒的政治判断,"不得罪腐败分子,就必然会辜负党、得罪人民",不得罪成百上千的腐败分子,就要得罪十四亿人民,"这是一笔再明白不过的政治账、人心向背的账"。①

(二)不断深化标本兼治

反腐败斗争具有长期性、复杂性、艰巨性,必须科学制定战略战术,把握好治标与治本、惩治与预防、阶段性与连续性的关系。习近平总书记在中共

---

① 《习近平关于协调推进"四个全面"战略布局论述摘编》,中央文献出版社,2015 年,第 145 页。

中央政治局第四十次集体学习时强调："要加深对新形势下党风廉政建设和反腐败斗争的认识,提高一体推进不敢腐、不能腐、不想腐能力和水平,全面打赢反腐败斗争攻坚战、持久战。"不敢腐在于重拳,不能腐在于制度完善,不想腐在于理想信念,反腐的这三个目标不是阶梯形的连续过程,达到三个目标的条件也不是彼此割裂、相互独立的,而是相互促进、相互影响的。一体推进不敢腐、不能腐、不想腐,是习近平总书记在长期实践中总结提出的原创性理论,深刻揭示了标本兼治、系统施治的反腐败基本规律,丰富了党的自我革命战略思想,开辟了从严管党治党新境界。从提出"坚决遏制腐败现象蔓延势头,着力营造不敢腐、不能腐、不想腐的政治氛围",到强调"强化不敢腐的震慑,扎牢不能腐的笼子,增强不想腐的自觉",再到"构建不敢腐、不能腐、不想腐的有效机制"写入党章……习近平总书记以马克思主义政治家、思想家、战略家的深邃思考和远见卓识,从顶层设计上思考谋划一体推进不敢腐、不能腐、不想腐的有效举措、长久之策,推动不敢腐的强大震慑效能、不能腐的刚性制度约束、不想腐的思想教育优势融于一体,指引走好中国特色反腐败之路。

1.不敢腐的目标初步实现

"诛一恶则众恶惧"。党的十八大以来,党坚持反腐败无禁区、全覆盖、零容忍,坚持重遏制、强高压、长震慑,坚持受贿行贿一起查,坚决防止党内形成利益集团,严肃查处了一大批高级干部严重违纪违法问题。这不仅集中削减了腐败存量,而且形成了强大的震慑效应,有力遏制了腐败蔓延势头,为扎牢制度笼子、筑牢思想防线赢得了时间、创造了条件。

初步实现不敢腐目标源于中国共产党对反腐败的长期高压态势。中国共产党除了国家、民族、人民的利益,没有自己特殊的利益。因此,中国共产党与腐败是水火不容的, 这是我们党敢于与各种腐败做坚决斗争的底气所在。尤其是在推进社会深刻变革的关键时期,中国共产党更加注重反对形形色色的腐败,勇于自我革命,通过锤炼党员队伍尤其是干部队伍,来提高党领导社会变革的能力。党的十八大以来,中国共产党总结改革开放的历史经验,对中国未来的发展进步形成了一系列新的思路和方针政策,提出了实现中华民族伟大复兴中国梦的宏伟目标,揭开了中国更为深刻变革的序幕。为了完成这个新的宏大的历史任务,加强全面从严治党,下大力气清除影响党履行执政使命的各种腐败,提高党的纯洁性、纪律性成为党加强自身建设的首要的紧迫任务。

形成不敢腐的态势是反腐措施和制度共同发力的结果。反腐败具有艰巨性和复杂性,反腐既要有雷霆霹雳的手段震慑,又要有缜密管用的制度约束,还要有崇尚高远的理想信念教育,是一个系统工程。党的十八大以来,党坚持标本兼治,在重点达到不敢腐的同时,努力创造不能腐、不想腐的条件,使三个阶段性目标功能相互促进,共同发力。

社会的大力支持是达到反腐目标的深厚基础。腐败犹如阴影中的恶魔,一向是被社会所痛恶的。中国共产党之所以能够取得目前的反腐效果,与整个社会的大力支持尤其是群众的充分参与分不开。重视社会监督,不断扩大群众监督权力的方式和渠道,是这次反腐败与以往不同的重要特征。中纪委带头开通了群众网上举报渠道,尤其是开通了手机 App 举报渠道,使群众可以很方便地对发生在身边的违反中央八项规定精神的现象进行举报,增强了群众的参与感,同时也提高了全社会对腐败危害的认识,培养了有腐必反的社会氛围。群众积极参与党的反腐斗争,党也以反腐的实际成效赢取了民心。

2.不能腐的笼子越扎越牢

强化对权力的约束力,是防止腐败和反对腐败的关键。党的十八大以来,党中央坚持有腐必反、有贪必肃,"老虎""苍蝇"一起打;同时,加强对权

190

力运行的制约和监督,着力形成不敢腐的惩戒机制、不能腐的防范机制、不易腐的保障机制。各级领导和干部手中的权力,都是党和人民赋予的,而不是个人私有财产。清代史学家赵翼总结历代贿赂现象后得出一个结论,叫"贿随权集",腐败总是和权力如影随形。历史和现实都告诉我们,权力必须受到制约、接受监督,不受监督制约的权力必然导致失控。因此,必须从制度入手,变关猫的牛栏为制度的铁笼,变依靠个人自觉的软约束为依靠刚性制度的硬制衡,才能铲除不良作风和腐败现象滋生蔓延的土壤。一些行业、领域和岗位,由于权力集中、资金密集、资源富集,面临被拉拢、被腐蚀、被"围猎"的风险也越大。制度建设带有根本性、稳定性和长期性,打好行业领域正风肃纪反腐攻坚战,必须坚持问题导向,以有力的举措、完善的制度,管住风险点、打破利益链、扎紧铁笼子。

在保持反腐败高压态势的同时,大力推进反腐败国家立法和党内法规制度建设,使党的组织性、纪律性有了更为科学、明确的法规依据。包括修订出台《中国共产党廉洁自律准则》,为党员干部树起行为的高标准;两次修订《中国共产党纪律处分条例》,为党员干部划清行为的"红线""底线";制定《关于新形势下党内政治生活的若干准则》,制定并修订《中国共产党问责条例》,修订《中国共产党党内监督条例》;制定《中共中央关于加强对"一把手"和领导班子监督的意见》,加强对"一把手"和领导班子监督;颁布实施作为反腐败国家立法的《中华人民共和国监察法》,颁布实施《中华人民共和国公职人员政务处分法》,在刑事法律体系中进一步完善惩治腐败犯罪的法律规定,在行政法律体系进一步约束规范行政权力的行使,等等。这些标志性、关键性、基础性的法规制度,将不能腐的笼子越扎越牢,全面提升了反腐败斗争的制度化、规范化水平。

3.不想腐的堤坝正在构筑

为了深化标本兼治,中国共产党坚持思想建党和制度治党紧密结合,在党内先后组织开展党的群众路线教育实践活动、"三严三实"专题教育、"两学一做"学习教育、"不忘初心、牢记使命"主题教育、党史学习教育、学习贯彻习近平新时代中国特色社会主义思想主题教育,教育引导广大党员干部坚定理想信念、坚守共产党人精神家园。各地各部门坚持开展党的优良传统和党性党风党纪教育,加强警示教育,深化运用违纪违法党员干部忏悔录,深刻剖析典型案例,不断加强党员干部拒腐防变的思想道德防线。此外,党还制定了《关于加强新时代廉洁文化建设的意见》,推动廉洁文化建设实起来、强起来,不断实现干部清正、政府清廉、政治清明、社会清朗。

革命理想信念大于天,对于共产党人来说,反腐最深厚的定力来自信仰。共产主义远大理想和中国特色社会主义共同理想,是中国共产党人的精神支柱和政治灵魂,理想信念动摇是最危险的动摇,理想信念滑坡是最危险的滑坡。已经发现的腐败分子,在分析自己滑向腐败深渊时,总是把理想信念丢失作为首要的原因。中国共产党始终把党员的理想信念教育作为合格的共产党员的首要条件。《关于新形势下党内政治生活的若干准则》又把坚定理想信念作为第一条必须遵守的准则加以规定,突出体现了中国共产党作为马克思主义政党与世界上其他政党的不同,是党能够最终实现反腐目标的定海神针。

不敢腐、不能腐、不想腐不是简单的三个阶段的划分,也不是孤立的三个环节的排列,而是相互依存、相互促进的有机整体。不敢腐侧重惩治和威慑,解决的是腐败成本问题;不能腐侧重制约和监督,解决的是腐败机会问题;不想腐侧重教育和引导,解决的是腐败动机问题。简而言之,"不敢"是前提,"不能"是关键,"不想"是根本,三个方面一体推进,同向发力,才能使党员干部因敬畏而"不敢",因制度而"不能",因觉悟而"不想"。一体推进不敢腐、不能腐、不想腐,就要把防治腐败作为系统性工程,把"全周期管理"理念方式贯穿反腐败斗争全过程,推动三者同时发力、同向发力、综合发力,增强三者的关联性、耦合性、协同性,推动各项措施在政策取向上相互配合,在实施过程中相互促进,在工作成效上相得益彰,使不敢腐、不能腐、不想腐一体化推进有更多的制度性成果和更大的治理成效。正是将一体推进不敢腐、不能腐、不想腐作为综合治理腐败的根本举措,反腐败斗争才实现了有效处置化解存量、强化监督遏制增量、提高觉悟源头治本的效应叠加,取得压倒性胜利并全面巩固。党的十八大以来,在惩治腐败的震慑下,在党的政策的感召下,越来越多违纪违法腐败分子主动投案自首,就是鲜活的印证。一体推进不敢腐、不能腐、不想腐,体现了内因和外因、自律和他律的辩证关系,极大地增强了反腐败斗争的主动性、系统性、实效性,不仅是反腐败斗争的基本方针,也是新时代全面从严治党的重要方略。

五、以组织建设锻造自我革命的骨干队伍

欲筑室者,先治其基。党的力量来自组织,组织建设是党的建设的重要基础,必须坚持增强党组织政治功能和组织力凝聚力,锻造敢于善于斗争、勇于自我革命的干部队伍。以自我革命精神不断强化党的组织建设是我们党始终保持生机活力的重要原因。党的十八大以来,各地区深入贯彻新时代党的组织路线,坚持党的全面领导和全面从严治党,突出问题导向,注重守正创新,聚焦理论武装、组织体系、选配干部等工作,铸灵魂、强骨骼、活细胞、疏经络,交上了一份靓丽的成绩单,为党和国家事业发展提供有力组织保证。经过新时代全面从严治党的革命性锻造,一些基层党组织虚化弱化边

缘化问题得以坚决纠正,爱惜羽毛的"老好人"、推诿扯皮的"圆滑官"、得过且过的"太平官"失去市场,广大基层党组织的战斗堡垒作用和共产党员的先锋模范作用充分彰显,党的政治优势和组织优势不断转化为制胜优势。

(一)构建上下贯通、执行有力的组织体系

中国共产党发展成为世界第一大执政党,组织严密是重要保证。党的十八大以来,以习近平同志为核心的党中央提出和贯彻新时代党的组织路线,大力推进党的组织体系建设,充分发挥党的组织优势,凝聚党心民心,汇聚各方力量,团结带领人民群众不断取得新的胜利。习近平总书记指出:"只有党的各级组织都健全、都过硬,形成上下贯通、执行有力的严密组织体系,党的领导才能'如身使臂,如臂使指'。"①中国共产党历经百年沧桑依然风华正茂,严密的组织体系建设为党的生存、发展和壮大提供了源源不断的生命力。一个时期来,党内执行常有"中梗阻",主要源于党的组织体系存在"短板"。如何提高党的执行力?习近平总书记提出,要"以组织体系建设为重点"②。党的组织体系建设,旨在使党的领导在国家和社会事务中有"纵向到底、横向到边"的贯通。在纵向上,党中央明确了中央机关、地方党委、基层党组织的三级领导架构;在横向上,党中央规范了党的宣传部门、组织部门、统战部门、纪律检查等工作机制。

上下贯通执行有力的组织体系是实现党的全面领导的基本保证。建强上下贯通、执行有力的组织体系,根本是做到"两个维护"。民主集中制是党的根本组织原则和领导制度,也是把全体党员组织起来的根本保证。民主集中制的要义是"四个服从",关键是全党服从中央。一个时期来,党内之所以

---

① 《十九大以来重要文献选编》(中),中央文献出版社,2021年,第598页。
② 习近平:《在全国组织工作会议上的讲话》,人民出版社,2018年,第11页。

存在比较严重的分散主义、本位主义和议而不决的倾向，主要是一些党员干部对中央权威没有敬畏。党的十八届六中全会正式确立习近平同志党中央的核心地位、全党的核心地位后，党内执行就畅通了。从组织上说，以习近平同志为核心的党中央处于党的组织体系的顶端，必须有定于一尊的权威；从政治上说，以习近平同志为核心的党中央胸怀两个大局，必须有一锤定音的威权。"两个维护"既是贯彻民主集中制的内在要求，更是"全党服从中央"的最重要保证，必须坚定不移以党的政治建设为统领，把政治标准和政治要求贯穿组织体系建设的全过程各方面，不断提高政治判断力、政治领悟力、政治执行力，增强"四个意识"、坚定"四个自信"、做到"两个维护"，自觉在思想上政治上行动上同以习近平同志为核心的党中央保持高度一致，做到党中央提倡的坚决响应、党中央决定的坚决照办、党中央禁止的坚决不做。建强上下贯通、执行有力的组织体系，关键是建强地方党委这个"中间段"。必须严格落实全面从严治党主体责任，认真执行地方党委工作条例，严肃党内政治生活，充分发挥地方党委把方向、管大局、做决策、保落实的作用，把地方党委建设成为坚决听从党中央指挥、管理严格、监督有力、班子团结、风气纯正的坚强组织。建强上下贯通、执行有力的组织体系，重点是推动党的基层组织全面进步全面过硬。推动党组织建设向基层延伸，每一层都不能"挂空挡"，特别是要把社区、乡村、企业车间等最基层的工作做好。党的组织体系的根基在基层，党联系群众的桥梁和纽带在基层，党的工作最坚实的力量支撑在基层。必须牢固树立大抓基层的鲜明导向，有效实现党的组织和党的工作全覆盖，让党的旗帜在每一个基层阵地上高高飘扬。

新时代，中国共产党从抓党的中央组织建设着手，出台中央八项规定及其实施细则，实行报告工作和述职制度，严格重大事项请示报告制度等，确保全党统一行动、步调一致。党中央树立了标杆，各级党组织主动对标对表。

中央和国家机关认真贯彻执行党组工作条例和党的工作机关条例，努力建设讲政治、守纪律、负责任、有效率的模范机关；坚持抓好各级党委班子建设，把地方党委建设成为坚决听从党中央指挥、管理严格、监督有力、班子团结、风气纯正的坚强组织；持续整顿软弱涣散基层党组织，有效实现党的组织和党的工作全覆盖，把各领域基层党组织建设成为坚强战斗堡垒；出台或修订《中国共产党中央委员会工作条例》《中国共产党地方委员会工作条例》《中国共产党农村基层组织工作条例》等一系列党内法规，为各级党组织建设和运转立规定矩。经过努力，党的组织优势更加彰显，党的政治领导力、思想引领力、群众组织力、社会号召力显著增强。严密的组织体系让党中央的号令直达最基层的"神经末梢"，各级党组织将党中央各项决策部署不折不扣落到实处，化为推动发展的强大力量。

（二）推动基层党组织全面进步全面过硬

严密的组织体系，是马克思主义政党的优势所在、力量所在。其中，基层党组织是党的肌体的"神经末梢"，是党执政大厦的地基。习近平总书记指出："我们党的基层党组织和党员队伍，这是世界上任何其他政党都不可能具有的强大组织资源。把基层党建工作抓好了，我们的基层党组织牢不可破，我们的党员队伍坚不可摧，党的执政地位就坚如磐石，党和人民的事业就无往而不胜。"党的十八大以来，以习近平同志为核心的党中央立足新的历史方位，高瞻远瞩、统筹谋划，更加注重党的组织体系建设，以提升组织力为重点，突出政治功能，加强企业、农村、机关、事业单位、社区、社会组织等各领域党建工作，推动基层党组织全面进步、全面过硬。

1.树立大抓基层的鲜明导向

党的工作最坚实的力量支撑在基层，经济社会发展和民生最突出的矛盾和问题也在基层,必须把抓基层打基础作为长远之计和固本之策,丝毫不能放松。基层党组织能力强不强,抓重大任务落实是试金石,也是磨刀石。党中央制定了一系列重大战略、部署了一系列重大工作,基层党组织就要在贯彻落实中发挥领导作用。新时代,习近平总书记就推进全面从严治党向基层延伸,扎实做好抓基层、打基础、固基本的工作,做出一系列重要指示,系统回答了新时代基层党建工作怎么看、抓什么、怎么抓等重大理论和实践问题,为建强战斗堡垒、夯实执政之基指明了前进方向。

党中央总揽全局,科学谋划,加强顶层设计,修订《中国共产党农村基层组织工作条例》《中国共产党党和国家机关基层组织工作条例》《中国共产党普通高等学校基层组织工作条例》,制定《中国共产党国有企业基层组织工作条例(试行)》《中国共产党支部工作条例(试行)》《中国共产党党员教育管理工作条例》。党中央和中央有关部门召开中央和国家机关党的建设工作会议、抓党建促乡村振兴电视电话会议、全国城市基层党建引领基层治理工作电视电话会议、中央企业党的建设工作座谈会、全国高校党的建设工作会议……习近平总书记亲自谋划、亲自部署、亲自推动,扎实推进党的基层组织建设,为全党做出了表率。从 2014 年开始,各地区各部门各单位连续开展党委(党组)书记抓基层党建工作述职评议考核。2019 年,中央组织部印发《党委(党组)书记抓基层党建工作述职评议考核办法(试行)》。各级党委(党组)树立大抓基层的鲜明导向,扎实推进农村、城市"两大阵地"基层党建,切实解决国有企业、机关、高校、公立医院等传统领域基层党建工作突出问题,着力补齐非公企业、社会组织等新兴领域党建工作短板,探索推进新业态、新就业群体党建工作。各地区各部门各单位努力把各领域基层党组织建设成为宣传党的主张、贯彻党的决定、领导基层治理、团结动员群众、推动改革发展的坚强战斗堡垒,党的组织体系更加严密,马克思主义政党的优势力量更加彰显,党的领导更加"如身使臂,如臂使指",有力保证党中央的决策部署不折不扣地落地落实。

2.加强农村基层党组织建设

进入新时代,脱贫攻坚战从吹响号角到决战决胜,农村基层党组织建设力度之大、投入之多、氛围之浓、成效之好前所未有。加强农村基层党组织建设,根本在于加强和改进党对农村基层工作的全面领导,通过省市县乡村"五级党组织"联动抓、协力抓,把党中央提出的农村工作重大任务落到实处。加强农村基层党组织建设,要强化乡镇和村党组织的领导地位。《中国共产党农村基层组织工作条例》明确提出"始终坚持农村基层党组织领导地位不动摇"。各地健全完善村级重大事项由村党组织研究讨论后按程序决定机制,全面落实"四议两公开"、村务监督等制度机制,加强对各项重点任务的管理与监督。乡村发展离不开人才支撑,加强农村基层党组织建设,要选强用好带头人。各地持续优化村"两委"班子特别是带头人队伍,顺利完成村"两委"换届,全覆盖培训村干部,特别是在脱贫攻坚、乡村振兴等重大任务中,锻造村党组织带头人、培育后备力量,常态化整顿软弱涣散村党组织,整乡推进、整县提升,农村基层党组织创造力、凝聚力、战斗力明显增强。加强农村基层党组织建设,要推动发展壮大村级集体经济。2018年,中央组织部、财政部、农业农村部印发《关于坚持和加强农村基层党组织领导扶持壮大村级集体经济的通知》,推动集体经济发展成果惠及广大农民群众。不少地方开展党支部领办合作社发展集体经济示范行动,带动增收致富。与此同时,从中央到地方,注重加大基层投入和激励力度。各地普遍建立起以财政投入为主的稳定的村级组织运转经费保障制度,并建立正常增长机制,农村基层干部待遇保障水平不断提高,党组织凝聚服务群众能力明显增强。

3.以城市基层党建引领社会治理

党的十八大以来，习近平总书记对城市基层党建高度重视，先后深入城市社区、防疫一线，看望慰问社区干部群众、志愿者，对城市基层党建、基层治理做出一系列重要指示、提出明确要求。面对城镇化深入推进出现的新情况，人民群众对美好生活向往提出的新要求和城市基层治理面临的新挑战，各地认真贯彻全国城市基层党建工作经验交流座谈会精神，持续深化实践探索。中央组织部指导各地确定214个示范市先行先试，实施"书记领航"工程。中央办公厅印发《关于加强和改进城市基层党的建设工作的意见》。中央组织部、中央政法委、民政部、住房和城乡建设部印发深化城市基层党建引领基层治理的若干措施。从基层探索到顶层设计，从典型引路到整体推进，从统一思想到实践检验，城市基层党建一步一个脚印，经历了实践—认识—再实践—再认识的深化提升。

党建引领基层治理是一项系统工程，需要逐级建立领导协调机制，加强统筹协调，整合组织资源，形成整体合力。不少地方省市县三级党委组建基层治理工作委员会作为党委议事协调机构，党委书记担任主任，彰显示范效应。有的地方采取有力措施，推动市委书记亲力亲为、破解难题，真正把市、区、街道、社区四级联动的"龙头"舞起来。"上面千条线，下面一根针"，有责没有权不行。各地普遍把街道管理体制改革作为"先手棋"，大多数街道被赋予区域综合管理权、规划参与权、重大事项建议权等相应职权，逐步取消招商引资、协税护税等工作任务，优化街道内设工作机构设置，增强管理服务效能。同时，各地普遍建设覆盖广泛、功能完善的党群服务中心体系，打造群众身边的"红色灯塔"。各地推动资源、服务和管理向社区倾斜，持续开展社区减负专项行动，落实社区事务准入制度，加快社区工作者职业体系建设，抓住社区"两委"集中换届契机，提升社区"两委"班子素质。同时，坚持共建共治共享,深化街道社区党建、单位党建、行业党建互联互动,健全党组织领导的居民自治、基层协商、群团带动、社会参与机制,推动社区网格化管理,提升基层治理能力。此外,针对群众反映集中的物业难题,各地普遍建立社区物业党建联建和协调共治机制,把物业管理力量打造成党的群众工作队。经过努力,城市基层党组织更加坚强有力,战斗堡垒作用更加突出,广大党员在疫情防控、基层治理等大战大考中浴火淬炼,经受考验、发挥作用,赢得了赞誉,群众获得感、幸福感、安全感显著提升,党与人民的血肉联系越发紧密。

4.扩大党在新兴领域的号召力

非公企业和社会组织,是基层党建工作的难点和薄弱点,也是严密党的组织体系的重要着力点。加强非公企业和社会组织党建,对于扩大党的组织覆盖和工作覆盖、巩固党的执政根基至关重要。习近平总书记强调:"党建工作的难点在基层,亮点也在基层。随着经济成分和就业方式越来越多样化,在新经济组织、新社会组织就业的党员越来越多,要做好其中的党员教育管理工作,引导他们积极发挥作用。"①中央组织部会同有关部门认真贯彻习近平总书记关于非公企业和社会组织党建工作重要指示精神,召开全国互联网企业党建工作座谈会、全国律师行业党的建设工作座谈会,出台加强互联网企业党建和律师行业党建等政策措施,组织实施互联网企业党建工作"双提升"三年行动计划,完善地方两新工委运行机制。

各地攻坚克难,推进非公企业和社会组织党建提质增效。一是全面提升党组织覆盖质量。各地边摸排、边组建、边巩固,建立起地方党委负总责、组织部门(两新工委)牵头抓总、行业部门各负其责、街道社区兜底管理、有关

---

① 李君如:《中国奇迹与中国制度》,人民出版社,2021年,第15页。

部门结合职能协同推进的管理体制和工作格局。二是着力建强党建工作力量。建立组织部门、两新工委成员单位负责人直接联系重点企业和出资人制度；选优配强党组织带头人，定期举办示范培训班；制定党建指导员选派管理办法，指导新建党组织建章立制、开展活动。三是聚焦重点推进和难点突破。重点抓好各类园区、商务楼宇、商圈市场和互联网企业党建工作，突出加强省级以上社会组织和律师、注册会计师、税务师、资产评估等行业党建工作，稳妥推进行业协会商会与行政机关脱钩改革中的党建工作。

随着互联网经济发展，快递员、外卖配送员、网约车司机、货车司机等新就业群体大量涌现。只有加强新业态、新就业群体党建，才能把新就业群体团结凝聚在党的周围。2021 年 6 月至 12 月，按照党中央部署，北京、浙江、深圳开展新业态、新就业群体党建工作试点。为破解管理难题，试点单位建立大型互联网平台企业和快递物流业党建工作领导体制，在快递企业集聚、业务量较大的地区，依托邮政管理部门成立行业党委，指导或直接管理龙头企业、区域公司、分拣中心党组织；紧盯平台企业这个关键枢纽，推动企业沿着业务架构调整理顺党组织设置，把党组织延伸到业务板块、分支机构、项目团队，督促合作公司、加盟企业成立党组织。针对平台企业具有社会性、公共性的特点，建立健全党组织与企业管理层共同学习党中央重大决策部署、对企业重大问题会商制度，把稳企业发展方向。各试点单位灵活组建流动党员党支部，把新就业群体中的党员组织起来，带动新就业群体有序参与基层治理和行业治理，扩大了党在新兴领域的号召力和凝聚力，将经济社会发展中最活跃的组织和人群团结凝聚在了党的周围。

（三）坚持正确的选人用人导向

为政之要，唯在得人。1938 年，毛泽东在党的六届六中全会上指出："政治路线确定之后,干部就是决定的因素。"①坚持正确的选人用人导向,把各方面优秀人才汇聚到党和国家事业中来,是党的干部政策的重要内容,也是党的组织建设的重要方面。新时代,中国共产党坚持正确的选人用人导向,着力构建素质培养、知事识人、选拔任用、从严管理、正向激励的干部工作体系,扎实推进干部培育、选拔、管理、使用工作,同时严把党员入口关,推动领导干部素质大幅提高,党员质量明显改善,为党和国家事业发展提供了坚强组织保证。

1.严格标准培养选拔干部

干部是党和国家事业发展的中坚力量。严格标准培养选拔干部,努力建设一支高素质的干部队伍,是党的事业不断向前发展的迫切需要。习近平在全国组织工作会议上强调:"要建设一支忠实贯彻新时代中国特色社会主义思想、符合新时期好干部标准、忠诚干净担当、数量充足、充满活力的高素质专业化年轻干部队伍。"②新时代,中国共产党严明组织纪律,严格标准培养选拔干部,推动干部素质不断提高。

第一,突出政治标准。中国共产党的属性决定了选拔干部必须突出政治标准,这不仅是保证党的团结统一的需要,也体现了党的组织路线为政治路线服务的原则。新时代,中国共产党提出的新时期好干部标准、"四个铁一般"等要求,均把政治素质作为首要标准。在选人用人中,党将忠诚放在第一位,大力培养选拔牢固树立"四个意识"、对党忠诚的干部;突出考察理想信念是否坚定,大力培养选拔坚定"四个自信"的干部;着重看能否坚持原则,勇于担当,大力培养选拔敢担当、善作为的干部;重视考察政治能力,大力培养选拔善于把握方向和大局, 能够驾驭复杂政治局面、防范政治风险的干

---

① 《毛泽东选集》(第二卷),人民出版社,1991年,第526页。
② 习近平:《在全国组织工作会议上的讲话》,人民出版社,2018年,第27页。

部;重视考察自律是否严格,大力培养选拔严格遵守党的政治纪律和政治规矩的干部。

第二,完善素质培养体系和知事识人体系。干部培养非朝夕之功,必须精心浇灌。新时代,中国共产党把提高治理能力作为干部队伍建设的重大任务,通过加强思想淬炼、政治历练、实践锻炼、专业训练,引导他们筑牢信仰之基、培养为政之德、走好为政之路,推动广大干部严格按照制度履行职责、行使权力、开展工作。党将坚定理想信念、改善知识结构、提升能力素质贯穿于干部成长的全过程,不断加强对干部的跟踪培养,及时了解干部的思想动态,同时积极搭建平台、创造条件,优化干部成长路径,使党员干部在贯彻党中央的决策部署的生动实践中,练就铁肩膀、硬肩膀、宽肩膀,在伟大的斗争实践中增长才干。例如,天津市围绕"双万双服促发展"、20 项民心工程建设、环保督察和专项整治、结对帮扶困难村、援藏援疆援青援甘、"十项行动"等全市重大项目、重要工作、重点工程,选派 5 万多名干部到经济社会发展的主战场、服务群众最基层砥砺品质、增长才干。

知人不深、识人不准,往往会出现用人不当、用人失误。对干部的精准考核是做好干部工作的基础,是防止干部"带病提拔""带病上岗"的有效手段。中国共产党建立了日常考核、分类考核、近距离考核等相结合的考核体系,把功夫下在平时,注重全方位、多层次了解干部,注重在群众中考察干部,着力考察干部在应对复杂问题和重大考验、面对急难险重任务时的表现。同时,对资源禀赋、基础水平、发展阶段、主体功能区定位不同的地区在考核内容上区别对待,根据不同的功能定位差别化设置干部考核指标体系,做到重点突出、针对性强。此外,注重综合运用年度考核、日常考核、专项考核、任期考核结果,善于从考核结果中对干部政治素质、履职能力、工作实绩、工作作风、廉洁自律、行为特征等进行全方位了解、纵横向比较、多角度观察,从而实现"一时、一贯"相印证,做到全面历史辩证客观地评价干部。

第三,建立科学的选拔任用体系和从严管理体系。用一贤人,则群贤毕至。新时代,中国共产党两次修订《党政领导干部选拔任用工作条例》,努力构建科学的干部选拔任用体系。在干部选拔中,严把政治标准,突出政治品德,听其言,观其行;坚持五湖四海、任人唯贤,注重从各个领域和战线选拔干部;坚持事业为上、人岗相宜,杜绝论资排辈、平衡照顾的倾向,把合适的干部放到合适的岗位上;严把品行关、作风关、廉洁关,使品德端正、奋发有为、锐意改革、实绩突出的干部受到褒奖和重用,让阳奉阴违、阿谀逢迎、弄虚作假、不干实事、会跑会要的干部没市场、受惩戒。

好干部不仅是选出来的,更是管出来的。党不断深化干部制度改革,完善管思想、管工作、管作风、管纪律的从严管理机制。坚持从严教育、从严管理、从严监督,把从严管理干部贯彻落实到干部队伍建设全过程,切实加强全方位管理,把行为管理和思想管理统一起来,把工作圈管理和社交圈管理衔接起来,把八小时之内的管理和八小时之外的管理贯通起来,对违纪问题发现一起就查处一起,提高纪律执行力,切实做到管住关键人、管住关键事。

2.锻造高素质党员队伍

党员是党组织的细胞,其规模和质量决定着党的组织建设状况。只有做优党的组织、做强党员队伍,才能凝聚广大人民为实现伟大梦想砥砺前行。党的十八大以来,党中央高度重视党员队伍建设,党员数量稳步上升,质量不断提高,党的各级组织更加坚强。

严把党员入口关。习近平总书记亲自指导制定发展党员总体规划,确保党员队伍保持适度规模,纠正了一段时间出现的党员数量增长过快、质量下降的问题;调整优化党员结构,注重从少数民族、生产工作一线、知识分子中发展党员;不断提高发展党员质量,严格政治审查和教育培养,严格按程序发展党员,坚持成熟一个发展一个,防止"带病入党",不断为党的肌体注入健康血液。在发展党员工作中,中国共产党把政治标准放在首位,把是否具有马克思主义信仰、共产主义觉悟和中国特色社会主义信念,自觉践行社会主义核心价值观作为政治上是否成熟的标准;把是否具有坚定的理想信念和良好的道德品行,是否自觉为党的纲领努力奋斗,是否在生产、工作和生活中起先锋模范作用作为考察发展对象的重要标尺,保证吸收的党员合格。在发展程序上,按照《中国共产党发展党员工作细则》要求,在入党积极分子的确定和培养教育,发展对象的确定和考察,预备党员的接收、教育、考察和转正等各个环节上都严格起来,不走形式,保证发展党员的对象是先进分子。对在入党问题上"开后门"、做交易的,严肃问责,维护发展党员工作的严肃性。经过努力,发展党员工作进一步规范化、制度化、科学化,党员队伍展现出更加蓬勃的生机活力。一是党员整体结构趋于合理,学历层次明显提高,工人和农民依然是党员队伍的主力军。党员构成不仅说明党有广泛的代表性,而且意味着党组织充满活力。二是新发展党员的质量更高。党中央对入党积极分子的培训和入党流程更加规范。2014年印发的《中国共产党发展党员工作细则》,对发展对象的政治审查、教育培训、组织谈话和入党流程做了详细规定,从入口关确保了党员质量。

纯洁党员队伍。中国共产党对党员没有身份、学历和财富要求,但有严格的政治和道德要求。党的十八大以来,党对自身的净化是空前的。一是严惩腐败分子。党中央以"壮士断腕"的精神推进反腐败斗争,清除了党内大大小小的政治毒瘤。二是处理违纪党员。2018年新修订的《中国共产党纪律处分条例》,从政治纪律、组织纪律、廉洁纪律、群众纪律、工作纪律和生活纪律六个方面规范党员言行。党依规对"吃拿卡要""妄议中央""信奉迷信""道德堕落"等违纪党员进行严肃处理。三是清理不合格党员。在发展多种经济成分的过程中,党内出现许多"隐形党员""口袋党员"和"流动党员"。为严密党的组织体系,全党开展了党员组织关系排查和清理工作,各级党组织依据党员标准对长期不过组织生活或不缴纳党费的党员进行清理,清除了一批不合格党员,增强了党员的身份感和责任感。

大力铸魂凝神。政党是基于成员有共同信仰、共同追求、共同情感和共同立场而凝聚起来的。加强党的组织建设,不仅要把队伍组织好,更要给队伍注入灵魂。党的十八大以来,习近平总书记提出对全党进行革命性锻造,使党的组织有了新时代的"精气神"。一是加大理论灌输力度。全党加强了马克思主义信仰、共产主义远大理想和中国特色社会主义共同理想信念教育,以科学真理化解了党内许多"是与非"的困惑。广大党员用习近平新时代中国特色社会主义思想武装自己,对未来充满信心,党组织也由此空前团结。二是赓续红色血脉。以习近平同志为核心的党中央推动全党学习党史,广大党员普遍受到红色文化熏陶。基层党组织还通过悬挂党旗、佩戴党徽、布置红色栏板和开展有仪式感的党建活动,营造了良好的党内政治文化。三是把集中学习与日常教育结合起来。党中央常态化开展集中教育;同时着力推动党内日常教育的规范化,用"三会一课"、民主评议党员、"学习强国"在线学习等方式对党员进行思想淬炼。

六、以制度建设建构自我革命的牢固基石

经国序民,正其制度。制度带有根本性、全局性、稳定性、长期性,勇于自我革命,制度建设是重要抓手,必须坚持构建自我净化、自我完善、自我革新、自我提高的制度规范体系,为推进伟大自我革命提供制度保障。党的十八大以来,以习近平同志为核心的党中央高度重视制度治党、依规治党,把

加强党内法规制度建设作为全面从严治党的长远之策、根本之策,把党和国家监督体系作为党在长期执政条件下实现自我革命的重要制度保障,摆在突出位置部署推进,取得历史性成就。经过新时代全面从严治党的革命性锻造,我们形成了比较完善的党内法规体系,构建起党统一领导、全面覆盖、权威高效的监督体系,营造了尊崇制度、遵守制度的良好氛围,推动各方面制度更加成熟定型,形成了中国共产党之治、中国之治的独特优势。

(一)健全党和国家监督制度

党面临的风险和挑战是长期的、复杂的、严峻的,全面从严治党任重而道远,健全党和国家监督制度须臾不可松懈。党的二十大报告从党肩负的历史使命、所处的历史方位出发,对完善党的自我革命制度规范体系做出部署。保持解决大党独有难题的清醒和坚定,把全面从严治党进行到底,把党的自我革命进行到底,必须健全党和国家监督制度,全面地、系统地、创造性地推进新时代党的建设新的伟大工程,确保党永葆旺盛生命力和强大战斗力。

1.强化纪委专责监督

党的各级纪律检查委员会是党内监督专责机关,履行监督执纪问责职责。其中,监督是纪检机关的第一职责。全面从严治党,必须强化纪委的专责监督。党的十八大以来,作为全面深化改革的重要组成部分,党的纪律检查体制改革深入推进,纪委专责监督作用不断加强,为落实党要管党、全面从严治党要求,加强对党员干部的监督发挥了有力的推动作用。

(1)深入推进纪律检查体制改革

2014年6月30日召开的中共中央政治局会议审议通过了《党的纪律检查体制改革实施方案》,强调"必须立足纪检监察工作实际,坚持从具体问题抓起,立行立改,推动党的纪律检查工作双重领导体制具体化、程序化、制度化"①。随着党的纪律检查体制改革的推进,管党治党主体责任和监督责任进一步强化,纪检机构自身效能不断提升,切实加强了纪委的专责监督作用。

一是落实管党治党主体责任和监督责任。推进全面从严治党,离不开管党治党主体责任和监督责任的发挥。只有"两个责任"相互协调、共同促进,形成双轮驱动格局,才能切实减少腐败等违纪行为,实现政治生态的风清气正。党的十八大以来,党委主体责任和纪委监督责任得到有效落实,为实现高质量监督、形成全覆盖的监督格局发挥了重要作用。

党政军民学、东西南北中,党是领导一切的。全面从严治党,离不开党中央的集中统一领导、离不开各级党委作用的发挥。各级党委是本地区、本部门管党治党的领导者、执行者和推动者,离开了党委的坚强领导和有力推动,全面从严治党只能是一句空话。党委主要领导作为第一责任人,只有找准自己在全面从严治党中的定位,才能使管党治党从宽松软走向了严紧硬。党的十八大以来,各级党委强化全面从严治党主体责任的落实,明确了党委集体、党委书记、党委领导班子成员三个层面的责任清单,建立起明晰的责任体系,实现了与经济社会发展同部署、同检查、同落实、同考核。其中,党委领导班子负集体责任,要定期分析工作形势,研究解决重点难点问题,推动工作有效落实;党委书记是第一责任人,对本单位政治生态负责,要做到重要工作亲自部署、重大问题亲自过问、重要环节亲自协调、重要案件亲自督办;班子成员要履行"一岗双责",定期研究、检查和报告履职尽责情况,加强对分管领域和人员的经常性监督管理。为更好落实主体责任,各级党委把管党治党摆在突出位置,进一步加强对本单位、本领域、本部门全面从严治党

---

① 《中共中央政治局召开会议 审议〈深化财税体制改革总体方案〉〈关于进一步推进户籍制度改革的意见〉〈党的纪律检查体制改革实施方案〉》,《光明日报》,2014 年 7 月 1 日。

的领导；突出政治标准，坚持正确的选人用人导向，大力防止和纠正选人用人上的不正之风；聚焦"四风"问题，持之以恒抓好中央八项规定精神的落实；规范领导干部用权行为，加强对权力运行的制约和监督，构建决策科学、执行坚决、监督有力的权力运行体系；按时研究部署党的纪律检查工作，协调解决突出矛盾和困难，领导和支持纪委依规依纪行使监督权；加强对党组织主要负责人和关键岗位领导干部的督促检查；党委成员特别是书记、副书记严格落实严肃党内政治生活、加强党内监督、廉洁从政、廉洁用权、廉洁修身、廉洁齐家等要求，充分发挥模范带头作用。管党治党主体责任的落实，解决了一段时间以来"只挂帅不出征"的问题，各级党委把抓党建作为最大政绩，种好自己的"责任田"，形成了一级抓一级、层层传导压力的格局，有效提升了管党治党的能力和水平。

在落实主体责任的同时，各级纪委明确自身党内监督专责机关的定位，不断加强对同级党委特别是常委会成员的监督，监督责任得到进一步落实，充分发挥了党内监督专责机关作用。各级纪委坚持"严"字当头，切实把纪律挺在前面，以纪律为尺子，严格监督执纪问责，确保党章、党规、党纪在全党得到有效执行。在党的六大纪律中，政治纪律是最根本、最重要的纪律，各级纪委聚焦政治纪律和政治规矩，坚决纠正和查处上有政策、下有对策，有令不行、有禁不止，口是心非、阳奉阴违，搞团团伙伙、拉帮结派、欺骗组织、对抗组织等行为，坚决维护党中央权威和党的团结统一。同时，各级纪委制定完善责任追究办法，用好问责这个利器，加大问责工作力度，做到有错必纠，有责必问，使党内监督形成了完整闭环，推动监督执纪落实到位。此外，对发生重大腐败案件以及不正之风长期蔓延的地方和部门，实行"一案双查"，既追究当事人责任，又要追究相关领导责任。监督责任的发挥，使纪委专责监督的优势得到充分释放，为深入推进全面从严治党提供有力保障。

二是提高纪检机构自身效能。过去一段时间，纪检机构承担了许多与监督执纪问责不相适应的工作。党的十八大以来，按照党章党规和党中央要求，各级纪检机构明确职责定位，加强自身机构改革，清理了有关议事协调机构，把不该管的工作交给主责部门，通过内部职能的优化配置，从而更好聚焦中心任务，强化了监督执纪问责职责。中央纪委明确职责定位，突出主业，转变职能，将工作重心聚焦监督执纪问责上，先后三次更新组织机构。

在2013年5月前后完成的第一次内设机构调整中，中央纪委在27个内设机构的编制下，一方面增加了第九、第十两个纪检监察室；另一方面将原党风廉政建设室与原纠风室合并成"党风政风监督室"，将原执法监察室和原绩效管理监察室合并成"执法和效能监督室"。这一调整减少了机构重叠和职能交叉现象，使机构设置和人员配置进一步向办案和监督工作倾斜，充分体现了"转职能、转方式、转作风"的要求，使中央纪委内设机构办案力量得到了加强。同时，中央纪委将参加的各类议事协调机构由125个清理调整为14个，对确需纪检监察机关参加的予以保留，属于其他部门职责范围的不再参与，从而进一步"聚焦主业"、避免出现纪委职能"越位""错位"等问题。按照党中央要求，各地纪检监察机关也对内设机构和议事协调机构进行了调整，31个省（区、市）和新疆生产建设兵团纪委、监察厅（局）参与的议事协调机构平均减少了60%以上，办案人员数占总数的22%。

2014年3月前后完成的中央纪委第二次内设机构调整中，分别对中央、地方各增设1个纪检监察室，使得按序排列的纪检监察室数量达到12个；坚持刀刃向内，专门增设针对纪检监察干部自身的"纪检监察干部监督室"；同时将原监察综合室等6个内设机构分别"二合一"，把办公厅、监察综合室整合为办公厅，党风政风监督室（国务院纠正行业不正之风办公室）、执法和效能监督室整合为党风政风监督室（国务院纠正行业不正之风办公室），预防腐败室(国家预防腐败局办公室)、外事局整合为国际合作局(国家预防腐败局办公室)。通过两轮内设机构调整,直接负责办案的纪检监察室的数量由调整前的 8 个增加到 12 个,改革后,直接从事纪检监察业务的人员增加了 100 多人,使得办案人员总数达到近 400 人。

2018 年 3 月,第十三届全国人民代表大会第一次会议通过成立中华人民共和国国家监委,成为最高监察机关。之后,最高人民检察院反贪总局将 102 名干部转隶至国家监察委员会,被充实到机关 26 个部门,与原有干部混合编成,其中到业务部门的占 87%。与此同时,中央纪委国家监委开始了新一轮的内设机构调整。调整后的内设机构从 27 个增加到了 31 个,即把原来的 12 个纪检监察室增加了 4 个,从而进一步"聚焦主业"。同时,这 16 个室均进行了更名,第一到第十一室更名为监督检查室,第十二到十六室更名为审查调查室,这样就将原来内设的 12 个纪检监察室调整为 11 个监督检查室加 5 个审查调查室,不仅名称有变化,数量也有增加。调整后的监督检查部门负责对口联系具体的省、市、自治区和中央国家机关部门、中管央企、金融单位等,聚焦"第一种形态""第二种形态"的"轻微问题",主要以谈话提醒、批评教育、责令检查、诫勉谈话等方式开展日常监督。审查调查部门聚焦的是"第三种形态""第四种形态",主要以初步核实、立案审查调查等方式开展工作,不对应具体的部门或省份。此外,还将原来的"派驻纪检监察机构"修改为"派驻纪检监察组"。通过内设机构调整和改革,把监督检查和审查调查相分离,不仅有助于压实日常监督检查,也增强了办案独立性,可以使监督检查和审查调查部门形成相互制约,既保证监督工作的日常化、长期化,又加强了审查调查的专业化、独立性,使二者形成协同高效的效果。

三是强化纪委的相对独立性。按照党章规定,党的中央纪律检查委员会在党的中央委员会领导下进行工作,党的地方各级纪律检查委员会和基层纪律检查委员会在同级党的委员会和上级纪律检查委员会双重领导下进行工作,这种双重领导体制自党的十二大确立以来发挥了积极作用,基本符合党情国情,但在实践中也出现了一些问题。因此,为增强权力制约和监督效果,必须改革和完善党的纪律检查工作体制,推动党的纪律检查工作双重领导体制具体化、程序化、制度化,强化各级纪委监督权的相对独立性。

在过去相当长的一段时间,纪委书记大都分管着大量其他工作,甚至把纪委的工作当副业,弱化了监督执纪职责,影响了主责主业的开展。党的十八大以来,在纪律检查体制改革的过程中,强调纪委书记(纪检组长)的专职性和独立性。一方面,通过剥离纪委书记的其他兼职,督促纪委书记不再分管纪检工作外的其他事务,尽快把工作重心真正聚焦到纪检主业上去,真正履行好赋予纪委的监督执纪问责职责。另一方面,落实"两个为主",即查办腐败案件以上级纪委领导为主,各级纪委书记、副书记的提名和考察以上级纪委会同组织部门为主①,进一步强化纪委的独立性和权威性,解决"权力监督不力"的问题。查办腐败案件以上级纪委领导为主,这就突破了同级党委特别是"一把手"对查办案件的制约,有利于更好发挥同级监督作用,坚决查处各类违纪行为;同时,线索处置和案件查办在向同级党委报告的同时必须向上级纪委报告,这就对同级党委主要领导形成制约,有利于深入开展反腐败斗争。在人员任用上,实现了各级纪委书记、副书记的提名和考察以上级纪委会同组织部门为主,这就进一步强化了同上级纪委的沟通和联系,为各级纪委更好行使党内监督权、履行监督责任提供有力的体制机制保障。各级纪委独立性的增强,增强了纪委的权威,有效解决了对权力的制约和监督不到位的问题,有利于及时发现和查处党员干部中的违纪违法问题。同时,体

---

① 《习近平关于党风廉政建设和反腐败斗争论述摘编》,中央文献出版社、中国方正出版社,2015年,第59页。

制机制的完善，使各级纪委办理案件更加顺畅，监督更加全面，震慑作用也更大，推动了全面从严治党向纵深发展。

（2）做实做细日常监督

作为党内监督的专责机关，加强党内监督，不仅是纪律检查机关的权力，也是其必须担当的政治责任。党的十八大以来，各级纪委认真履行监督执纪问责职责，做党章党规党纪的维护者、党的路线方针政策的捍卫者，确保党规党纪在全党得到有效执行。

监督是纪检监察机关的第一职责，是撬动其他工作的杠杆，监督越有力，治党就越有效；离开了监督，党的纪律检查工作就成为无源之水、无本之木，因此，必须把监督实实在在地做起来、做到位，使监督见诸日常。党的十八大以来提出并运用的监督执纪"四种形态"（经常开展批评和自我批评、约谈函询，让"红红脸、出出汗"成为常态；党纪轻处分、组织调整成为违纪处理的大多数；党纪重处分、重大职务调整的成为少数；严重违纪涉嫌违法立案审查的成为极少数①），增强了党内监督实效，实现了管党治党理念的飞跃。纪检机关作为党内监督的专责机关，不仅抓大案要案、惩治极少数，还以零容忍态度抓早抓小、挽救大多数。在日常监督中，各级纪委在第一种形态上下功夫，让"红脸、出汗"成为常态，通过谈话提醒、约谈函询等方式，及时处理监督中发现的问题和线索，认真核实谈话函询的记录和回复，实现了早发现、早报告、早处置，避免小问题拖成大问题。

在日常监督中，突出政治监督，把党中央重大决策部署落实情况作为日常监督的重点，严明政治纪律，做到党中央重大决策部署到哪里，政治监督就跟进到哪里，防止把讲政治停留在表态上，防止"标签式""浮萍式"的政治

---

① 《中国共产党纪律处分条例》，中国方正出版社，2018年，第3页。

敷衍,从而带动广大党员干部守纪律、讲规矩。供给侧结构性改革、疫情防控、三大攻坚战、"六稳""六保"、减税降费、贯彻新发展理念、构建新发展格局、实现高质量发展……各级纪委紧扣中央决策部署,跟进监督、精准监督,及时查处违反政治纪律的案件,确保党中央重大决策部署的贯彻落实。例如,围绕打赢疫情防控阻击战,各级纪委连续开展巡回督导,严明纪律、立查立处、督促整改、通报曝光,查处了一批防疫责任落实不到位、失职渎职等典型问题,释放政令如山的强烈信号,推动防控工作以最快速度紧起来、严起来、实起来。

同时,综合运用多种监督方式,严格日常监督,使日常监督常态化、可视化。一是建立并用好廉政档案,及时、准确、完整地勾勒出党员干部的廉洁曲线,从中精准发现问题,抓早抓小、防微杜渐。二是认真梳理排查不同地方、不同行业和部门、不同岗位的监督重点,有针对性地开展重点监督和专项监督。三是从问题线索入手(巡视发现的问题线索、案件查处中发现的问题线索、派驻监督发现的问题线索以及纪委日常监督中发现的问题线索等),贯通运用"四种形态",做到有的放矢。四是用好谈话函询这一重要方式。一方面,提高谈话函询质量,把问题问到点子上,把思想政治工作做到心里去。另一方面,做好谈话函询"后半篇文章",加大函询结果分析研判和抽查核实力度。五是主动列席被监督单位重要会议,参加民主生活会,经常与"关键少数"谈心谈话,在"零距离"接触中察实情,从而起到了事半功倍的效果。六是严把干部选拔任用"党风廉洁意见回复"关,实事求是评价干部廉洁情况,切实把好干部选出来、用起来,防止"带病提拔""带病上岗"。七是用好纪检监察建议,对监督中发现的突出问题,向有关党组织或者单位提出纪律检查建议,让监督对象所在单位切实找到问题根源,制定整改措施,实现标本兼治。

（3）擦亮派驻监督的"探头"

派驻监督是具有中国特色的监督机制，是在党中央集中统一领导下，强化自上而下监督的重要形式，在党和国家监督体系中具有十分重要的作用。派驻机构对派出机关负责，履行监督职责，强化对驻在部门领导班子及其成员的实质性监督。派驻机构作为纪检监察机关的重要组成部分，代表纪委监委行使监督职能，既要依照党章和其他党内法规履行监督执纪问责职责，又要依照宪法和监察法履行监督调查处置职责，并根据授权行使相应纪检监察权限。派驻监督实现了对驻在单位党员领导干部和行使公权力的公职人员的监督监察全覆盖。

党的十八大以来，以习近平同志为核心的党中央把派驻监督作为党和国家监督体系的重要内容，不断深化派驻机构改革，对推动派驻监督高质量发展，完善党和国家监督体系、推动全面从严治党向纵深发展起到了重要保障作用。党的十八届三中全会通过的《中共中央关于全面深化改革若干重大问题的决定》指出："全面落实中央纪委向中央一级党和国家机关派驻纪检机构，实行统一名称、统一管理。派驻机构对派出机关负责，履行监督职责。"①2016年1月，中央办公厅印发《关于全面落实中央纪委向中央一级党和国家机关派驻纪检机构的方案》，决定中央纪委共设置47家派驻机构，其中，综合派驻27家，单独派驻20家，实行统一名称、统一管理，实现了对139家中央一级党和国家机关派驻纪检机构全覆盖。各地参照中央派驻监督全覆盖的有益做法，通过组织和制度创新，对原有派驻机构进行整合、撤并，将党和国家机关、群团组织、相关事业单位纳入其中，加大了派驻监督的力量，扩大了派驻监督的范围，形成了强大战斗力，有效发挥了派驻监督"千里眼""顺

---

① 《中共中央关于全面深化改革若干重大问题的决定》，人民出版社，2013年，第45页。

风耳"作用。

派驻监督本质上是政治监督,必须充分发挥"派"的权威和"驻"的优势,把坚持和加强党的领导贯穿全过程,严明政治纪律,强化政治监督,把坚决维护习近平总书记核心地位、坚决维护党中央权威和集中统一领导作为首要任务,加强对驻在部门遵守和执行党章、落实党的路线方针政策和决议情况的监督检查。2018年10月,中共中央办公厅印发了《关于深化中央纪委国家监委派驻机构改革的意见》,决定对派驻机构的领导体制、职责权限、工作机制、制度建设、干部队伍建设等进行改革,从而进一步健全党和国家监督体系,推动全面从严治党向纵深发展。派驻机构改革使派驻机构的工作着力点更加聚焦,监督工作更加有力,驻在单位遵守党章党规党纪的意识明显增强;同时,派驻机构改革有力推动了驻在部门党委(党组)主体责任的落实,通过定期会商、重要情况通报、联合监督执纪等机制,为党委(党组)主体作用的发挥提供了有效载体。

2.健全党内监督体系

健全党内监督体系,发挥党内监督的主导作用,除了要强化纪检监察机关专责监督以外,还要在党中央统一领导下,建立健全包括党委(党组)全面监督、党的工作部门职能监督、党的基层组织日常监督、党员民主监督在内的党内监督体系,从而切实减少各类违纪行为,增强党长期执政条件下自我净化、自我完善、自我革新、自我提高能力。

(1)加强党委(党组)的全面监督

党的各级组织在同级各种组织中发挥总揽全局、协调各方的领导核心作用,在党内监督中负主体责任,要领导本地区、本部门、本单位的党内监督工作,发挥全面监督作用,其中,书记是第一责任人,党委常委会委员(党组成员)和党委委员在职责范围内履行监督职责。

216

一是强化党的中央组织的监督。党的中央组织是党内监督工作的全面领导者,是党内监督重大任务的部署者。强化党的中央组织的监督是党章赋予的重大职责,是强化自上而下监督的必然要求,对落实全面从严治党主体责任、提高监督权威性和有效性至关重要。《中国共产党党内监督条例》(以下简称《条例》)规定:"党的中央委员会、中央政治局、中央政治局常务委员会全面领导党内监督工作。"[1]《条例》将"党的中央组织的监督"单列一章,充分体现了党中央坚持以身作则,从自身做起强化党内监督的决心。

党的十八大以来,党中央将党内监督工作放在党和国家事业全局的重要位置,摆在党的建设的突出位置,自觉加强党的中央组织的监督,为全党做出了示范和表率。中央政治局、中央政治局常务委员会先后研究部署了党的群众路线教育实践活动、"三严三实"专题教育、"两学一做"学习教育、"不忘初心、牢记使命"主题教育、党史学习教育和学习贯彻习近平新时代中国特色社会主义思想主题教育,以整风的精神开展批评和自我批评,查找问题、纠正偏差;带头落实中央八项规定,持续改进作风,定期听取全党落实中央八项规定精神情况汇报;按时听取中央纪律检查委员会常务委员会工作汇报和中央巡视情况汇报,加强对反腐败工作的领导,发挥巡视利剑作用,实现了一届任期内中央巡视全覆盖;严肃党内政治生活,每年召开民主生活会,进行对照检查和党性分析,不断加强自身建设;按时听取全国人大常委会、国务院、全国政协、最高人民法院、最高人民检察院党组工作汇报。中央委员会委员和中央政治局委员严格遵守党的纪律和规矩,自觉同破坏党的团结的行为做斗争,加强对分管部门、地方、领域的党组织和领导班子成员的监督,坚持党内谈心谈话制度,如实报告个人重要事项,带头树立良好家

---

① 《中国共产党党内监督条例》,《光明日报》,2016 年 11 月 3 日。

风;习近平总书记和其他中央领导同志在与干部进行任职谈话时,会对履行管党治党主体责任和个人廉洁自律等提出要求,切实维护了党中央的权威和集中统一领导,为全党起到了示范和带动作用。

二是强化党委(党组)的监督。党委(党组)在党内监督中负主体责任,要领导本地区、本部门、本单位的党内监督工作,组织实施各项监督制度,加强对同级纪委和所辖范围内纪律检查工作的领导和对党委领导班子及其成员进行监督,并对上级党委、纪委工作提出意见和建议,开展监督。

党的十八大以来,各级党委(党组)明确其在党内监督中的主体责任,把党内监督工作列入重要议事日程,及时研究解决党内监督中存在的矛盾和问题,自觉处理好领导和监督的关系,通过谈心谈话、述责述廉、个人有关事项报告等,层层落实责任、传导压力,确保党内监督责任落实到位。一是坚持民主集中制原则,完善集体领导和个人分工负责相结合制度,规范议事规则和决策程序,重大事项决策、重要干部任免、重要项目安排、大额资金的使用,必须经集体讨论做出决定,防止个人专断。二是定期听取和审议同级人大常委会、政府、政协、法院、检察院党组的工作汇报,加强对党委办公厅、组织部、宣传部、统战部、政法委等工作部门的监督。三是坚持党管干部原则,加强对下级党组织和党员、领导干部的监督,特别是加强对下级党组织主要负责人的监督,发现问题及时处置,督促其落实党内监督责任。四是严肃党内政治生活。各级党委(党组)敢于直面问题,勇于自我解剖,向顽瘴痼疾开刀,有效解决了党内政治生活存在的突出矛盾和问题。一方面,一些量大面广、表现突出的问题得到了有效解决,如搞"一言堂"和自由主义、分散主义问题,形式主义、官僚主义问题,滥用权力、贪污受贿、腐化堕落问题,有纪不依、执纪不严、违纪不究问题,不思进取、庸懒无为问题等。另一方面,有效解决了违反党的政治纪律和政治规矩问题,对党不忠诚老实、做"两面人"问题,选人用人上任人唯亲买官卖官、拉票贿选问题,拉帮结派、政治野心膨胀问题等,使党内监督真正严起来。

三是发挥巡视利剑作用。巡视是党内监督的战略性制度安排。党内巡视制度在建党初期和国民革命时期萌芽,在土地革命时期形成,但在全面抗战开始后无形中被废除了。改革开放后,为了更好应对党在自身建设中出现新情况、新问题,巡视制度得到恢复和发展。2007 年,巡视制度被写入党章;2009 年 7 月颁布的《中国共产党巡视工作条例(试行)》,标志着党内巡视正式形成制度形态。党的十八大以来,随着全面从严治党的不断推进,巡视工作得到进一步加强,巡视利剑作用进一步彰显。

党的中央和省、自治区、直辖市委员会实行巡视制度,建立专门巡视机构对下级党组织领导班子及其成员进行巡视监督。巡视要从政治上看问题,把发现问题、形成震慑作为主要任务,切实发挥党中央的"千里眼""顺风耳"作用。巡视工作聚焦党的领导、党的建设、全面从严治党、反腐败斗争以及选人用人等方面,着力发现领导干部是否存在权钱交易、以权谋私、腐化堕落等违纪违法问题,是否存在形式主义、官僚主义等违反中央八项规定精神的问题,是否存在对涉及党的理论和路线方针政策等重大政治问题公开发表反对意见等违反政治纪律的问题,是否存在买官卖官、拉票贿选、违规提拔干部等选人用人上的不正之风和腐败问题,促使被巡视党组织充分发挥领导核心作用,从严管党治党,增强领导班子凝聚力,坚定地与党中央保持高度一致。党的十八大以来,党中央高度重视巡视监督工作,不断推进巡视理论和实践创新。

第一,确立了政治巡视这一巡视工作定位。政治巡视是中央巡视工作重大理论创新成果。随着巡视实践的深化,巡视工作从聚焦党风廉政建设和反腐败斗争,重在形成震慑,到把纪律挺在前面,强化震慑遏制作用,再到确立政治巡视定位,聚焦坚持党的领导、加强党的建设、全面从严治党,发挥标本兼治作用。一步步改革,使巡视工作内容更加全面、重点更加聚焦,巡视组紧扣督促做到"两个维护"强化政治监督,把党的初心使命、巡视工作的初心使命和被巡视党组织的职责使命贯通起来,推动政治巡视进入新阶段。

第二,推进巡视全覆盖。例如,党的十八大以来的五年,中央巡视工作领导小组组织开展了 12 轮巡视,共巡视 277 个单位党组织,对 16 个省区市开展"回头看",对 4 个中央单位进行"机动式"巡视。截至 2017 年 4 月底,顺利完成对 8362 个地方、部门、企事业单位的党组织全面巡视任务,实现了巡视全覆盖,兑现了党中央的承诺,也标志着党的历史上首次实现在一届任期内中央巡视全覆盖。党的二十大以来,二十届中央巡视工作在总结成功经验的基础上,深入探索创新全覆盖实现路径,探索实行巡视报告问题底稿制度、巡视纪律作风后评估制度等,努力实现有形覆盖与有效覆盖有机统一,确保巡视经得起实践和历史检验。

第三,创新巡视方式方法。除了常规巡视以外,党的十八大以来,还开展了专项巡视、机动巡视、巡视"回头看"等,巡视形式和手段日益丰富。专项巡视是巡视形式和组织制度的重大创新,它以问题为导向,形式更为灵活,内容更加具体、程序更加简化,哪里问题多,就往哪里投入更多力量,以便发挥巡视和监督的最大效力。机动式巡视,就是闻风而动、出其不意,发挥"小队伍、短平快、游动哨"的灵活优势,使巡视对象搞不清什么时间来巡视,吃不透巡视的重点内容,猜不准巡视组的"底牌",做到精准聚焦指向、精准发力突破、精准运用成果,形成巡视监督随时在身边、巡视利剑时刻高悬的震慑新常态,为全面从严治党提供有力支撑。此外,"三个不固定"也是突出的亮点之一,即中央巡视组组长不固定、巡视对象不固定、巡视组与巡视对象的关系不固定,这样就打破了巡视固定的"责任区",摘下了巡视组组长的"铁帽子",推进了巡视工作的深入开展。

第四,注重做好巡视的"后半篇文章"。巡视是为了发现问题,发现问题后要及时解决问题。因此,巡视整改是巩固巡视成果、实现标本兼治的重要手段,是检验巡视效果的"试金石"。在巡视工作中,党中央一方面坚持发现问题、形成震慑不动摇,另一方面高度重视巡视整改,加强整改监督,将落实巡视整改责任写入了《中国共产党党内监督条例》《中国共产党巡视工作条例》《中国共产党问责条例》等党内法规,成为刚性约束。同时,着眼于解决体制机制制度问题,使巡视更好推动改革,促进发展。

第五,完善巡视工作格局。党的十九大强调"建立巡视巡察上下联动的监督网"①,这是进一步完善巡视工作格局、推动巡视工作向纵深发展的重要抓手。中央巡视工作领导小组坚持巡视巡察上下联动、一体推进,中央、省、市、县四级巡视巡察工作体系进一步完善,中央统一领导、分级负责体制机制更加健全。2019年5月召开的全国市县巡察工作推进会,全面总结了党的十八大以来市县巡察工作经验,对落实巡察工作主体责任、解决制约巡察工作高质量发展的突出问题提出了明确要求。各地充分发挥政治巡察"显微镜"和"探照灯"作用,探索了"提级巡察""交叉巡察"等巡察方式,着力破解"熟人社会"监督难题,有效解决了党和国家大政方针在基层落实不到位的问题、群众身边的腐败和作风问题,推动全面从严治党向基层延伸。此外,在加强巡视巡察上下联动的同时,巡视工作还建立健全协调协作机制,使其与纪律、监察、派驻监督贯通融合,与审计、信访等部门协调配合,实现监督信息共享、监督力量统筹使用,推动党和国家监督体系不断完善。

巡视充分发挥了利剑作用,效果显著,实现了监督无盲区。根据中央纪

---

① 《习近平谈治国理政》(第三卷),外文出版社,2020年,第53页。

委的统计数据,党的十八大以来,中央纪委执纪审查的中管干部中,50%以上的违纪违法问题线索来自巡视。此外,在巡视工作中,通过受理信访举报、与干部群众谈话等方式,加大对相关领导干部违纪违法行为的问责力度,推动了全面从严治党向纵深发展。

(2)加强党的工作部门职能监督

党的工作部门包括党委办公厅、组织部、宣传部、统战部、政法委等,它们是党委(党组)的办事机构和职能部门,是党的各项方针政策的参与制定者和贯彻执行者。党的工作部门处在党务工作第一线,尽管工作性质、内容、特点各不相同,但在管党治党上都承担着重要责任。健全党内监督体系,必须明确责任,完善体制机制,加强党的工作部门职能监督,增强党内监督实效。

过去一段时间以来,在某些地方存在党的工作部门监督责任缺位问题。有的部门党组织软弱涣散、纪律松弛,贯彻党的路线方针政策不坚决、不到位;有的对落实党建工作责任制重视不够,忽视对本单位、本系统的日常管理监督;有的热衷于当"老好人",对党员干部存在问题不敢提醒、批评、纠正,等小错酿成大过,就推给党委或纪委处理。党的十八大以来,党坚持问题导向,改革完善相关制度,充分发挥党的工作部门职能监督作用,取得了显著成效。一方面,注重加强对本机关、本单位的内部监督。各级党的工作部门认真履行主体责任,不断加强对本部门各级党组织和党员干部遵守党章党规、贯彻落实党的理论和路线方针政策、坚持民主集中制、严明政治纪律和政治规矩、落实中央八项规定精神、执行干部选拔任用工作规定、正确行使权力和廉洁自律等情况的监督,管好自己的"责任田"。另一方面,强化对本系统的日常监督。根据工作需要和管理权限,加强对本系统相关单位党组织及其负责人遵守党规党纪、履行管党治党主体责任、正确行使权力和廉洁自律等情况进行监督,发现问题及时处置。此外,党的工作部门在实际工作中充分发挥职能优势,履行好各自监督职责。党委办公厅注重加强对落实党中央、上级党组织和本级党委决策部署情况的督查督办;党委组织部门着重监督领导干部选拔任用情况,不断加强对党员干部的日常管理监督,推进干部能上能下;党委宣传部门注重加强意识形态领域的管理监督;统战部门注重加强对统战系统履行管党治党责任的监督以及对党的统一战线政策贯彻落实情况的监督;党委政法委注重强化对政法部门执法活动的监督等。正是由于党的工作部门以对党的事业高度负责的精神,敢于监督、善于监督,抓早抓小、防微杜渐,切实做到守土有责、守土尽责,才能够织牢、织密监督之网,推动党内监督体系不断完善。

(3)强化党的基层组织的日常监督

党的基层组织是党的全部工作和战斗力的基础。习近平总书记指出:"党的工作最坚实的力量支撑在基层,经济社会发展和民生最突出的矛盾和问题也在基层,必须把抓基层打基础作为长远之计和固本之策,丝毫不能放松。"①党的基层组织是党员组织关系的管理单位,是开展组织活动的基本单元,能够对党员进行最直接的监督。

党的十八大以来,中国共产党充分认识到党的基层组织监督的重要性,审议通过了《中国共产党党内监督条例》,明确了党的基层组织的监督职责,为基层党组织履行监督职能提供了基本遵循。一是严格党的组织生活。落实"三会一课"等组织生活制度,使党员大会、支部委员会、党小组会、党课以及民主评议党员等有实质内容,不断提高民主生活会和组织生活会的质量,增强组织生活的战斗性。同时,自觉开展批评和自我批评,通过"团结—批评—

---

① 《习近平关于社会主义社会建设论述摘编》,中央文献出版社,2017年,第131页。

团结"的方式,既深刻剖析和检查自己,又开展诚恳的相互批评。此外,通过强化对党员的教育、管理和监督,切实保障党员权利并督促其切实履行义务。二是及时倾听党员、群众对党的工作的批评和意见。全面从严治党要靠全党、管全党、治全党,只有发挥党员、群众的监督作用,才能真正把党内监督落到实处。党的基层组织采取多种形式,鼓励党员讲真话、讲心里话,发动党员履行监督职能。另外,坚持密切联系群众,虚心听取群众意见建议,织密织牢监督之网。同时,认真执行下级党组织向上级党组织报告制度,定期如实向上级党组织反映党组织开展工作的情况以及领导干部的思想、工作、作风和生活状况,并提出意见和建议。三是切实维护和执行党的纪律。党要管党、从严治党,管和治都要靠严明纪律。党的基层组织坚持以党章为根本遵循,以党纪为基本准绳,把纪律挺在前面,切实加强日常管理监督。对党员、干部身上出现的苗头性、倾向性问题,及时咬耳扯袖,进行批评教育或者组织处理,对问题严重的及时向上级党组织报告。

（4）加强党员民主监督

党员是党的肌体的细胞,党员民主监督是党内监督的重要组成部分,是发扬党内民主、健全党内政治生活的有效途径。党章规定了对党员的监督权利以及各级领导干部接受监督的义务,指出党员不论职务高低,都要接受党内外群众的监督,党内不允许有不接受党内外群众监督的特殊党员。只有切实加强党员民主监督,才能使权力在阳光下运行,才能不断提高党员素质和党组织的战斗力。

党的十八大以来,随着全面从严治党的推进,党内政治生活进一步健全,党员民主监督渠道进一步畅通,党员的监督权利得到切实保障,长期存在的不愿监督、不能监督、不敢监督的问题得到了有效解决,促进了党内监督体系的完善。一是加强对领导干部的民主监督。党的领导干部是党和国家的执政骨干,手中的权力来自人民,必须受到党和人民的监督。新时代,党充分发挥党员对党的领导干部的监督作用, 通过多种方式及时发现领导干部在思想、工作、作风、生活中存在的问题和不足,把党的领导干部置于广大党员的有效监督之下。二是及时纠正党的组织和党员在工作中存在的缺点和错误。充分用好"三会一课",鼓励党员在党的会议上有根据地批评党的任何组织和党员,通过揭短亮丑、动真碰硬,使党组织和党员认识到自身在工作、生活中的缺点错误,从而接受教育、改进工作,达到统一思想、增强团结、互相监督的目的。三是积极参加党组织开展的评议领导干部活动。党内没有不接受党内外群众监督的特殊党员。党员民主评议领导干部,是中国共产党发扬党内民主、强化党内监督的宝贵经验。各位党员以对党和人民的事业高度负责的态度,珍惜自己的民主权利,摒弃私心杂念,全面、公正、客观地进行评议,勇于触及矛盾问题,敢于较真碰硬,做到了依规监督、善于监督。四是及时揭发检举各类违纪违法行为,自觉同腐败现象做斗争。各位党员进一步强化监督意识,坚持党性原则,对党忠诚、为党分忧,坚决反对一切派别活动和小集团活动, 自觉同包括消极腐败现象在内的一切违反党纪的现象做斗争,自觉维护党的团结统一,使我们党永葆先进性和纯洁性。

3.深化国家监察体制改革

党的十八大以来,以习近平同志为核心的党中央坚定不移全面从严治党,不断增强党自我净化、自我完善、自我革新、自我提高能力,审时度势做出了深化国家监察体制改革的重大决策部署。深化国家监察体制改革,构建国家监察体系,这是根植于我国治理传统、立足于当今我国国情,健全党和国家监督体系的创制之举, 是推进国家治理体系和治理能力现代化的一项重要改革。

党中央高度重视国家监察体制改革及试点工作, 多次召开会议进行专

题研究,对改革做出顶层设计,明确了试点工作的时间表和路线图。2016 年
11 月,中共中央办公厅印发《关于在北京市、山西省、浙江省开展国家监察体
制改革试点方案》,部署在三省市设立各级监察委员会,从体制机制、制度建
设上先行先试、探索实践,为在全国推开积累经验。经过试点省(市)的探索
实践,圆满完成了试点任务,形成了可复制、可推广的宝贵经验。党的十九大
对国家监察体制改革做出战略部署,为深化国家监察体制改革指明了方向。
党的十九大报告指出:"深化国家监察体制改革,将试点工作在全国推开,组
建国家、省、市、县监察委员会,同党的纪律检查机关合署办公,实现对所有
行使公权力的公职人员监察全覆盖。制定国家监察法,依法赋予监察委员会
职责权限和调查手段,用留置取代'两规'措施。"①2017 年 11 月 4 日,十二届
全国人大常委会第三十次会议通过在全国各地推开国家监察体制改革试点
工作的决定,之后,省、市、县三级监察委员会全部组建完成。2018 年 3 月,十
三届全国人大一次会议通过了《中华人民共和国监察法》(以下简称《监察
法》),设立国家监察委员会,为新时代的反腐败斗争提供了坚强法治保障。
深化国家监察体制改革是推进全面从严治党向纵深发展的重大战略举措,
对健全中国特色国家监察体制,加强党对反腐败工作的集中统一领导,强化
党和国家自我监督具有重大意义。经过不懈努力,国家监察体制改革取得了
重要成果,推动了党和国家监督体系的完善。

一是完善了党和国家监督体系。党内监督与国家监察是一体两面的关
系。要想真正把公权力关进制度的笼子,不仅要实现党内监督的全覆盖,还
要通过建立国家监察机构,实现对所有行使公权力的公职人员监察全覆盖,
从而实现党内监督与国家监察的高度互补。新成立的监察委员会与纪委合

---

① 《习近平谈治国理政》(第三卷),外文出版社,2020 年,第 53 页。

署办公,代表党和国家行使监督权。《监察法》规定:"各级监察委员会是行使国家监察职能的专责机关"①,在本质上是政治机关,在注重监督的基础上,调查职务违法行为和职务犯罪行为。监察体制改革使各级党委的全面从严治党主体责任进一步强化,对反腐败的领导更加坚强有力,通过有效运用监督执纪"四种形态",加大了问责力度,增强了反腐败工作的政治效果。

二是实现了对行使公权力的公职人员监察全覆盖。各地按照中央要求,完成了各级监委的组建,同时严把政治关,做好编制划转和人员转隶工作,对不适合到纪委监委工作的人员不予转隶,通过纪委监委合署办公,实现了机构、职能和人员的全面融合,从而构建起集中统一、权威高效的监察体系,有效解决了过去行政监察范围过窄、政出多门、反腐败力量分散等突出问题。与之前的行政监察法相比,监察法将依法监督"狭义政府"转变为依法监督行使公权力的所有公职人员,既盯住了"关键少数"又管住了"绝大多数",同时探索监察职能向基层、村居延伸,赋予乡镇纪委必要的监察职能,强化对基层组织中履行公职人员的监督,填补了监督对象上的空白,实现了监督全覆盖。

三是通过行使职责权限,充分发挥监委威慑力。监察委员会依法履行以下三项职责:一是监督,对公职人员开展廉政教育,对其依法履职、廉洁从政及道德操守情况进行监督检查。二是调查,对涉嫌贪污贿赂、滥用职权、徇私舞弊等职务违法和职务犯罪进行调查。三是处置,对违法的公职人员依法做出政务处分决定,对履责不力、失职失责的领导人员进行问责,对涉嫌职务犯罪的,移送人民检察院依法审查、提起公诉。监察委员会成立后,各级监委认真履行监督、调查、处置职责,严格规范权力行使,充分运用包括谈话、讯

---

①　《中华人民共和国监察法》,人民出版社,2018年,第3页。

问、询问、查询、冻结、搜查、调取、查封、扣押、留置等 12 项调查措施,发挥职能作用,确保惩治腐败力度不减。同时,通过留置取代了"两规",解决了长期想解决而没有解决的法治难题,提升了以法治思维和法治方式惩治腐败的能力。

四是通过与纪委合署办公,全面履行纪检监察职能。纪委监委是党内监督和国家监察的专责机关,履行纪检、监察两项职责,既执纪又执法,不仅强化了党内监督,用纪律管住党员干部,而且深化了国家监察,确保公权力为人民服务。改革后,纪委监督执纪问责和监委监督调查处置相互衔接、互为补充,工作内容涉及查处违纪、职务违法、职务犯罪三个层面,切实承担起维护党章党规和宪法法律的重要任务。

监察体制改革成效显著,例如,《监察法》通过后仅一年时间,国家、省、市、县四级监察委员会完成了组建和人员转隶,全国纪检监察机关共立案63.8 万件,处分62.1 万人,创纪律检查机关恢复重建以来的最高值;中央纪委国家监委调整派驻机构设置,统一设立 46 家派驻纪检监察组监督中央一级党和国家机关 129 家单位;多个省区市完成县级纪委派驻机构全覆盖,监察权延伸覆盖各乡镇(街道)。随着国家监察体制改革的不断深化,党统一指挥、全面覆盖、权威高效的监督体系已经形成,走出了一条中国特色的监察道路,为巩固反腐败斗争的压倒性胜利、推进全面从严治党提供了坚实保障。

4.实现各类监督有机贯通

健全党和国家监督制度,还要健全人大监督、民主监督、行政监督、司法监督、群众监督、舆论监督制度,发挥审计监督、统计监督职能作用,实现各类监督有机贯通,形成监督合力,从而最大限度地减少违纪违法现象的发生。

　　人大监督是指人民代表大会及其常务委员会作为国家权力机关，代表国家和人民进行的具有法律效力的监督。党的十八大以来，党加强党对人大监督工作的领导，各级人大常委会党组紧紧围绕党委的重大决策部署开展人大监督工作，切实做到党委有要求，人大有行动。在监督工作中，各级人大常委会注重服务党和国家工作大局，围绕"五位一体"总体布局和"四个全面"战略布局，通过听取专项工作报告、开展执法检查、视察调研和专题询问等方式开展法律监督和工作监督。监督工作坚持以人民为中心，高度关注民生热点难点问题，有效解决了人民群众最关心、最直接、最现实的利益问题，增强了人民群众的获得感、幸福感和安全感。各地注重改进监督方式，积极探索提高监督质量的有效途径。

　　人民政协民主监督是在坚持中国共产党的领导、坚持中国特色社会主义基础上，参加人民政协的各党派团体和各族各界人士在政协组织的各种活动中，依据政协章程，以提出意见、批评、建议的方式进行的协商式监督。①人民政协民主监督是当代中国社会主义监督体系的重要组成部分，是社会主义协商民主的重要实现形式。长期以来，民主监督作为人民政协履职的薄弱环节和工作短板，制约了党和国家监督体系的完善。2017年，中央办公厅印发《关于加强和改进人民政协民主监督工作的意见》，从重要意义和总体要求、主要内容形式、工作程序、工作机制、党的领导六个方面对党的十八大以来人民政协民主监督工作进行了理论总结和经验概括，展现了人民政协履职的新气象。新时代，人民政协民主监督在"敢于监督"和"善于监督"上下功夫，强化问题导向，更加注重通过调研察看发现问题、围绕履责不力提出批评、针对存在不足督促改进，着力解决"能不能监督""要不要监督""敢不

---

① 《十八大以来重要文献选编》(下)，中央文献出版社，2018年，第615页。

敢监督""会不会监督"等问题,推动民主监督的步伐更加稳健有力。

行政监督是指行政机关内部对自己的机构及其公务员的不良行政行为所实施的监察和督导。实施和加强对行政行为的监督,能够及时发现问题并加以解决,防止和纠正违法或者不当的行政行为,惩罚行政人员违法犯罪行为,使国家保持正常的行政秩序。近年来产生的腐败现象多与我国的行政监督体制不完善,尤其是监督不力有关。新时代,我国行政监管体制不断完善,行政监督力度进一步加强。各级行政机关通过检查本行政区域内的行政机关及公务员遵纪守法情况和履行职务情况等,不断增强行政人员的法制观念和公仆意识,保障行政机关正确行使行政权力,保护公民、法人和其他组织的合法权益和国家的整体利益。通过行政监督,人浮于事、办事拖拉、不负责任、相互推诿等官僚主义现象得到有效改善,利用手中的行政职权牟取私利、行贿受贿、贪赃枉法等腐败现象大大减少,提高了政府的办事效率和公信力。

司法监督是法律监督的一种,是指由国家司法机关(人民法院和人民检察院)依据法定职权,依照法定程序,对法律实施的情况进行监督。加强司法监督是保证宪法和法律在本行政区域内贯彻实施、确保司法公正的客观要求。唯有加强监督,司法行为才能更加规范,司法活动才不会"跑偏"。党的十八大以来,司法体制改革深入推进,推动司法监督的力度不断加强,使公平正义的阳光普照大地。在司法体制改革的过程中,要"聚焦人民群众反映强烈的突出问题,抓紧完善权力运行监督和制约机制,坚决防止执法不严、司法不公甚至执法犯法、司法腐败"①。正是由于坚持问题导向、刀刃向内,把权力关进制度的笼子里,着力解决监督不力、制约不足问题,严惩滥用权力的

---

① 《建设社会主义法治国家》,人民出版社、党建读物出版社,2019年,第159页。

违纪违法行为,把制约监督融入日常、抓在经常,让监督不留空白,让制约不成空谈,实现了监督常态化,确保党和人民赋予的权力不被滥用。

群众监督是人民群众依照法律赋予的权利,通过一定的形式和途径,对权力体系、权力运行和权力主体实施的监察和督促的行为。群众监督是外部监督的重要形式,是健全党和国家监督体系的重要一环,是推进全面从严治党向纵深发展的重要抓手。习近平总书记指出:"只有织密群众监督之网,开启全天候探照灯,才能让'隐身人'无处藏身。各级党组织和党员、干部的表现都要交给群众评判。"[①]新时代,党充分认清手中的权力是人民群众赋予的,加强群众监督是为了使领导干部不犯或少犯错误,坚决克服群众监督是群众挑毛病、找茬子、捅娄子等认识误区,不断提高对群众监督重要性的认识,增强接受群众监督的自觉性。为此,一是不断畅通群众监督渠道,落实群众来信来访制度,通过设立信访举报信箱、党风政风监督热线、群众来访接待室等,疏通下情上达的渠道;利用互联网技术和信息化手段,建立网络举报平台,方便广大群众监督。二是积极推进党务政务公开,最大限度保障群众的知情权。三是完善群众监督保障机制,赋予人民群众相应的监督权力,完善群众监督的落实机制,确保事事有着落、件件有回音;保障群众的合法权益,对提供问题线索、检举揭发腐败分子的群众严格保密,对干扰妨碍群众监督、打击报复监督者的,依纪依法严肃处理,保护人民群众监督的积极性。

舆论监督指人民群众通过新闻传播工具对党和国家各级机关及其工作人员的监督(批评、赞扬或提出建议),包括对决策和行为的监督。当前,舆论监督的经济社会大背景发生了转换,人民群众对舆论监督工作的公正性、透

---

① 习近平:《在党的群众路线教育实践活动总结大会上的讲话》,人民出版社,2014年,第28页。

明性的要求越来越高。同时,随着新兴媒体的广泛应用,使得舆论监督的主角由传统媒体转变成新兴媒体。党的十八大以来,我们坚持党对舆论监督的领导,不断拓展舆论监督的新渠道、新平台,不断创造优质、高效的舆论监督环境,不断优化舆论引导氛围,使得舆论监督在反腐倡廉、扬善除恶、扶正祛邪方面,在净化政治空气、遏制丑恶蔓延、打击违法势头、提供违纪线索等方面都起到了不可替代的作用,取得了令人瞩目的成绩,推动了党和国家监督体系的完善。当前,尽管人民群众开展舆论监督的积极性空前高涨,但由于网上乱象一定程度的存在,使得舆论监督工作面临新挑战,一些非理性、不健康的情绪不时宣泄,损害了舆论监督公信力。因此,必须加强正面引导,及时对典型案例进行剖析,推动舆论监督成为完善国家治理的有效途径,成为健全党和国家监督体系的重要抓手。

审计监督是指在国家行政组织内部设立专门机构依法审核检查国家行政机关及企事业单位的财政、财务收支活动、经济效益和遵纪守法情况。党的十八大以来,审计机关与纪检监察机关加强相互协调,推动审计监督与纪检监察监督同向发力。在各项审计中,审计机关聚焦财政资金分配、国有资产处置、公共资源交易等重要领域和关键环节,深入揭示重大违纪违法问题线索,以及发生在群众身边的"小官巨贪"等问题,及时移送纪检监察机关;加大对党中央重大决策部署贯彻落实情况跟踪审计力度,建立健全线索会商等协作配合机制,向各级纪检监察机关移送了一批违纪违法问题线索;充分发挥审计专业优势,配合中央巡视办建立健全有关巡视与审计工作的协调机制,帮助中央巡视组全面了解情况、聚焦工作重点、突破疑点线索;加强对领导干部的经济责任审计,征求同级纪检监察机关对党政主要领导干部和国有企事业单位主要领导人员的经济责任审计计划的意见,在审计过程中注意走访了解领导干部履职情况。同时,纪检监察机关重视并加强对审计结果的运用,使审计监督充分发挥应有作用。

统计监督是通过对经济社会发展情况的调查分析,准确把握统计调查对象的职责履行和业务开展情况,并从中发现廉政风险和违纪违法线索,确保公权力良好运行的监督方式,各级政府的统计部门是统计监督专门机关。统计工作对党和国家事业发展具有重要意义,加强统计监督,就是为了防范和惩治统计造假,避免统计数据失真干扰决策,维护政府公信力。新时代,党进一步加强对统计监督的集中统一领导,更好发挥统计监督职能作用,建立协调统一的统计监督运行保障机制,确保统计机构独立调查、独立报告、独立监督。同时,严肃查处统计违纪违法行为,确保统计数据真实,使统计监督成为治国理政的重要抓手。此外,党还积极推动统计监督与其他形式的监督协调配合,及时精准发现问题,有力有效纠正偏差,形成监督合力。

(二)形成比较完善的党内法规体系

治国必先治党,治党务必从严,从严必依法度。这个"法度",主要就是以党内法规为脊梁的党的制度。党的十八大以来,以习近平同志为核心的党中央牢牢把握中国特色社会主义进入新时代这一历史方位,着眼党长期执政和国家长治久安,鲜明提出坚持制度治党、依规治党的重大战略思想,把加强党内法规制度建设作为全面从严治党的长远之策、根本之策,开辟了新时代依规治党新境界,为中国共产党团结带领人民有效应对重大挑战、抵御重大风险、克服重大阻力、解决重大矛盾,统筹推进伟大斗争、伟大工程、伟大事业、伟大梦想提供了坚强有力制度保障。

形成完善的党内法规体系,是坚持和完善中国特色社会主义制度、推进国家治理体系和治理能力现代化的一项重要任务。党中央立足党和国家事业发展全局,全方位、立体式推进建章立制工作,党内法规制定力度之大、出台数量之多、制度效果之好都前所未有。党内法规体系，是以党章为根本，以民主集中制为核心，以准则、条例等中央党内法规为主干，以部委党内法规、地方党内法规为重要组成部分，由各领域各层级党内法规组成的有机统一整体。按照"规范主体、规范行为、规范监督"相统筹相协调的原则，党内法规体系以"1+4"为基本框架，即在党章之下分为党的组织法规、党的领导法规、党的自身建设法规、党的监督保障法规四大板块。

1.党章

党章是立党治党管党的总章程，对党的性质和宗旨、路线和纲领、指导思想和奋斗目标、组织原则和组织机构、党员义务和权利以及党的纪律等做出根本规定，全面阐明党的政治立场、政治目标、政治路线、政治方针，集中反映党重大的理论创新、实践创新、制度创新成果，是党和人民实践经验和集体智慧的结晶，是党的统一意志最集中体现，是统一全党思想和行动、引领全党前进的"一面公开树立起来的旗帜"。党章是党的根本大法，是全党必须遵守的总规矩，是全党最基本、最重要、最全面的行为规范，是坚持党的全面领导、加强党的自身建设的根本依据，是党管党治党、执政治国的根本遵循。党章是最根本的党内法规。党的一切制度都是从党章开始的，党章是所有党内法规的源头，是制定一切党内法规的基础和依据。党章由党的全国代表大会制定和修改，代表党的最高意志，在党内法规体系中位阶最高，具有最高效力和最高权威，任何党内法规以及任何党的制度都不得同党章相抵触。党的二十大通过的党章修正案，体现了党的十九大以来党的理论创新、实践创新、制度创新成果，体现了党的二十大报告确立的重大理论观点和实践结论，为全面建设社会主义现代化国家、全面推进中华民族伟大复兴统一了思想、意志和行动。

2.党的组织法规

党的组织法规,是调整党的各级各类组织产生、组成、职权职责等的党内法规,为党管党治党、执政治国提供组织制度保障。作为中国特色社会主义事业的领导核心,中国共产党只有加强对党的各级组织的领导,才能增强党的各级组织的凝聚力和战斗力。为此,必须健全和完善党的组织工作制度,充分发挥党的组织优势,从而更好落实党的组织路线,并为更好贯彻党的政治路线提供坚强的组织保障。党的十八大以来,根据党章要求,中国共产党在健全和完善党的组织制度方面进行了积极探索,相继制定或修订了多部党的组织法规。

一是党的组织体系方面的法规。《中国共产党中央委员会工作条例》,对党中央的领导地位、领导体制、领导职权、领导方式、决策部署、自身建设等做出规定,为保证党中央对党和国家事业的集中统一领导提供基本遵循。《中国共产党地方委员会工作条例》等,明确规定地方党委全面领导本地区经济社会发展、全面负责本地区党的建设,充分发挥地方党委把方向、管大局、做决策、保落实的重要作用。《中国共产党党和国家机关基层组织工作条例》《中国共产党国有企业基层组织工作条例(试行)》《中国共产党普通高等学校基层组织工作条例》《中国共产党农村基层组织工作条例》《中国共产党支部工作条例(试行)》等,树立大抓基层的鲜明导向,明确把党的基层组织建设成为宣传党的主张、贯彻党的决定、领导基层治理、团结动员群众、推动改革发展的坚强战斗堡垒。《中国共产党党组工作条例》等,对党组的设立、职责、运行等做出规定,推动充分发挥党组把方向、管大局、保落实的领导作用。《中国共产党工作机关条例(试行)》,规范党的工作机关的设立和运行,推动其提高履职能力和工作水平,当好党委的参谋助手。

二是党内选举方面的法规。《中国共产党地方组织选举工作条例》《中国共产党基层组织选举工作条例》等，注重发扬党内民主，加强党的地方组织和基层组织建设，健全维护党的集中统一的组织制度。《中国共产党全国代表大会和地方各级代表大会代表任期制规定》，完善党代表大会制度，推动党代表大会代表履行代表职责、发挥代表作用。

三是党的组织工作方面的法规。《中国共产党组织工作条例》等，贯彻新时代党的组织路线，坚持和加强党对组织工作的全面领导，推动提高党的组织工作质量。

四是党的象征标志方面的法规。《中国共产党党徽党旗条例》等，规范党徽党旗制作使用管理，发挥党徽党旗政治功能，激励全党不忘初心、牢记使命、永远奋斗。

3.党的领导法规

党的领导法规，是规范和保障党对各方面工作实施领导，明确党与人大、政府、政协、监察机关、审判机关、检察机关、武装力量、人民团体、企事业单位、基层群众性自治组织、社会组织等领导与被领导关系的党内法规，为党发挥总揽全局、协调各方领导核心作用提供制度保障。党的十八大以来，中国共产党全面加强党对各项工作的领导，修订完善了大量关于加强党的领导的法规制度，不断完善党的领导体制机制，全面加强党对各项工作的领导。

一是党领导经济建设方面的法规。《党中央领导经济工作规定》，加强党中央对经济工作的集中统一领导，保证党中央经济决策部署有效贯彻落实。《中国共产党农村工作条例》等，坚持和加强党对"三农"工作的全面领导，全面推进乡村振兴。

二是党领导政治建设方面的法规。《中国共产党统一战线工作条例》等，加强党对统一战线工作的集中统一领导，巩固和发展最广泛的爱国统一战线。《中国共产党政法工作条例》《党政主要负责人履行推进法治建设第一责任人职责规定》等，完善党领导立法、保证执法、支持司法、带头守法的体制机制，把党的领导落实到依法治国全过程各方面。《中国共产党机构编制工作条例》等，加强党对机构编制工作的集中统一领导，推进党和国家机构职能优化协同高效。

三是党领导文化建设方面的法规。《中国共产党宣传工作条例》等，对加强党对宣传工作的全面领导等做出明确规定，为党和国家事业发展提供有力思想保证和强大精神力量。《党委（党组）意识形态工作责任制实施办法》等，严格意识形态工作责任制，维护意识形态安全和文化安全。

四是党领导社会建设方面的法规。《中国共产党领导国家安全工作条例》等，坚持党对国家安全工作的绝对领导，深入贯彻总体国家安全观，推进国家安全体系和能力现代化。《地方党政领导干部食品安全责任制规定》《健全落实社会治安综合治理领导责任制规定》等，加快推进社会治理现代化，把党的领导优势更好转化为社会治理效能。

五是党领导生态文明建设方面的法规。《中央生态环境保护督察工作规定》《党政领导干部生态环境损害责任追究办法（试行）》等，压实生态文明建设和生态环境保护政治责任，推动建设美丽中国。

六是党领导国防和军队建设方面的法规。《中国共产党军队党的建设条例》《军队政治工作条例》等，坚持党对军队的绝对领导，全面深入贯彻军委主席负责制，为实现党在新时代的强军目标提供有力保证。

4.党的自身建设法规

党的自身建设法规，是调整党的政治建设、思想建设、组织建设、作风建设、纪律建设等的党内法规，为提高党的建设质量、永葆党的先进性和纯洁性提供制度保障。中国共产党高度重视自身建设，把党的建设新的伟大工程作为进行伟大斗争、推进伟大事业、实现伟大梦想的关键,党的十九大提出新时代党的建设总要求,突出以党的政治建设为统领。新时代,中国共产党进一步完善党的自身建设法规制度,使党的自身建设进一步有规可依。

一是党的政治建设方面的法规。《关于党内政治生活的若干准则》《关于新形势下党内政治生活的若干准则》,坚定维护党中央权威和集中统一领导,全面加强和规范党内政治生活,努力营造又有集中又有民主,又有纪律又有自由,又有统一意志又有个人心情舒畅生动活泼的政治局面。《中共中央政治局关于加强和维护党中央集中统一领导的若干规定》,强调中央政治局同志必须带头严格遵守党章和党内政治生活准则,自觉在党中央集中统一领导下履行职责、开展工作。《中国共产党重大事项请示报告条例》,建立健全重大事项请示报告体制机制和方式方法,严格向党中央请示报告制度,确保政令畅通、令行禁止。各地区各部门制定出台贯彻"两个维护"的相关制度,推动广大党员干部坚定自觉做到"两个维护"。

二是党的思想建设方面的法规。《中国共产党党校(行政学院)工作条例》,加强马克思主义基本理论研究和党的思想理论建设,充分发挥党校(行政学院)干部培训、思想引领、理论建设、决策咨询的作用。《中国共产党党委(党组)理论学习中心组学习规则》等,推动理论武装工作深入开展,加强领导班子思想政治建设。

三是党的组织建设方面的法规。《党政领导干部选拔任用工作条例》《干部教育培训工作条例》《干部双重管理工作规定(试行)》《党政领导干部职务任期暂行规定》《党政领导干部交流工作规定》《党政领导干部任职回避暂行规定》《关于地方党委向地方国家机关推荐领导干部的若干规定》等,建立健全干部选育管用的全链条机制,推动建设忠诚干净担当的高素质专业化干部队伍。《中央企业领导人员管理规定》《中管金融企业领导人员管理暂行规定》《事业单位领导人员管理暂行规定》等，加强国有企事业单位干部队伍建设。《中国共产党党员教育管理工作条例》以及《中国共产党发展党员工作细则》等，指导建设信念坚定、政治可靠、结构合理、素质优良、纪律严明、作用突出的党员队伍。《公务员职务与职级并行规定》《专业技术类公务员管理规定（试行）》《行政执法类公务员管理规定（试行）》《聘任制公务员管理规定（试行）》等，从不同方面完善中国特色公务员制度。

四是党的作风建设方面的法规。《十八届中央政治局关于改进工作作风密切联系群众的八项规定》及其实施细则，坚持以上率下，深入整治形式主义、官僚主义、享乐主义和奢靡之风，为党和国家事业开创新局面提供坚强政治和作风保证。《党政机关厉行节约反对浪费条例》和《党政机关国内公务接待管理规定》《党政机关办公用房管理办法》《党政机关公务用车管理办法》等，弘扬艰苦奋斗、勤俭节约的优良作风。《评比达标表彰活动管理办法》《全国性文艺新闻出版评奖管理办法》等，坚决纠正评比达标表彰过多过滥问题。《关于严禁在历史建筑公园等公共资源中设立私人会所的暂行规定》等，严厉整治人民群众反映强烈的不正之风。

五是党的纪律建设方面的法规。《中国共产党廉洁自律准则》，重申党的理想信念宗旨、优良传统作风，展现共产党人高尚道德追求。《关于进一步制止党政机关和党政干部经商办企业的规定》《国有企业领导人员廉洁从业若干规定》《农村基层干部廉洁履行职责若干规定（试行）》等，强化重点领域、关键环节廉洁纪律要求。

此外，《党委（党组）落实全面从严治党主体责任规定》《关于实行党风廉政建设责任制的规定》等，以责任制强化和落实管党治党政治责任，推动全面从严治党向纵深发展。

5.党的监督保障法规

党的监督保障法规,是调整党的监督、激励、惩戒、保障等的党内法规,为保证党组织和党员干部履行好党和人民赋予的职责提供制度保障。党的十八大以来,中国共产党不断推进党的监督保障规范化、程序化,为构建完善的党内法规制度体系提供有力保障。

一是监督方面的法规。《中国共产党党内监督条例》等,把强化党内监督作为党的建设的重要基础性工程,全面落实党内监督责任,着力使监督的制度优势充分释放出来。《中国共产党巡视工作条例》等,深化政治巡视,充分发挥巡视监督的利剑作用。《中国共产党纪律检查机关监督执纪工作规则》等,保证纪检机关依规依纪履行监督执纪职责。《关于党员领导干部述职述廉的暂行规定》《关于对党员领导干部进行诫勉谈话和函询的暂行办法》《领导干部报告个人有关事项规定》《党政主要领导干部和国有企事业单位主要领导人员经济责任审计规定》等,明确加强对"关键少数"的监督,确保领导干部尽职尽责、廉洁从政。《党政领导干部考核工作条例》等,完善考核评价机制,树立讲担当、重担当、改革创新、干事创业的鲜明导向。

二是奖惩方面的法规。《中国共产党党内功勋荣誉表彰条例》《国家功勋荣誉表彰条例》等,充分发挥功勋荣誉表彰的精神引领、典型示范作用,推动全社会形成见贤思齐、崇尚英雄、争做先锋的良好氛围。《中国共产党党内关怀帮扶办法》等,坚持严管和厚爱结合、激励和约束并重,增强广大党员荣誉感、归属感、使命感。《中国共产党问责条例》《关于实行党政领导干部问责的暂行规定》等,推动失责必问、问责必严成为常态,督促各级党组织和领导干部负责守责尽责,保证党的路线方针政策和党中央重大决策部署贯彻落实。《中国共产党纪律处分条例》等,严肃党的纪律,纯洁党的组织,努力使铁的纪律真正转化为党员干部的自觉遵循。《中国共产党组织处理规定(试行)》,

完善干部管理监督制度，促进组织处理与纪律处分、法律责任追究有机衔接。《干部选拔任用工作监督检查和责任追究办法》《领导干部干预司法活动插手具体案件处理的记录通报和责任追究规定》等，强化相关纪律约束和责任追究。

三是保障方面的法规。《中国共产党党员权利保障条例》《中国共产党党务公开条例（试行）》等，发扬党内民主，保障党员权利，增强党的生机活力。《中国共产党党内法规制定条例》《中国共产党党内法规和规范性文件备案审查规定》《中国共产党党内法规执行责任制规定（试行）》《中国共产党党内法规解释工作规定》《中央文件制定工作规定》等，将党内法规制度建设和中央文件制定工作纳入制度化规范化轨道。《党政机关公文处理工作条例》《机关档案工作条例》等，推动提升机关运行服务保障水平。

第六章　新时代中国共产党自我革命的
主要成就和宝贵经验

一、新时代中国共产党自我革命的主要成就

新时代,中国共产党继承优良传统,以彻底的自我革命精神推进新时代党的建设新的伟大工程,在探索中前进,在守正中创新,取得了重要成就,党的领导得到全面加强,全党理想信念更加坚定,密切了同人民群众的联系,进一步巩固了党的执政地位,为党和国家事业取得历史性成就、发生历史性变革提供了坚强保证,为中国特色社会主义巍巍巨轮行稳致远发挥了保障作用。新时代中国共产党自我革命的主要成就主要包括以下八个方面:

(一)党的领导得到全面加强

办好中国的事情,关键在党。习近平总书记在党的二十大报告中提出了以中国式现代化全面推进中华民族伟大复兴,明确了前进道路上必须牢牢把握的"五个重大原则",其中第一条就是"坚持和加强党的全面领导"。新时代,中国共产党勇于自我革命,同一切弱化党的领导的行为做斗争,把党的领导落实到党和国家事业各领域各方面各环节,使党成为风雨来袭时全体

人民最可靠的主心骨。

1.党中央权威和集中统一领导有力加强

一个国家、一个政党,领导核心至关重要。保证全党服从中央,坚决维护党中央权威和集中统一领导,是长期执政的马克思主义政党建设的永恒课题和首要任务。确立习近平同志党中央的核心、全党的核心地位,是时代呼唤、历史选择、民心所向。2016年10月,党的十八届六中全会明确习近平同志党中央的核心、全党的核心地位。党的十九大把习近平新时代中国特色社会主义思想和"牢固树立政治意识、大局意识、核心意识、看齐意识,坚定维护以习近平同志为核心的党中央权威和集中统一领导"郑重写入党章,为党和国家事业发展提供了根本保证。党的十八大以来,党中央坚持把保证全党服从中央、维护党中央权威和集中统一领导,作为党的政治建设的首要任务,把开展党内集中教育和日常教育相结合,教育引导广大党员干部增强"四个意识"、坚定"四个自信"、做到"两个维护"。出台《关于新形势下党内政治生活的若干准则》《中央政治局关于加强和维护党中央集中统一领导的若干规定》,制定、修订《中国共产党纪律处分条例》《中国共产党重大事项请示报告条例》等一系列党内重要法规制度,建立健全维护党中央权威和集中统一领导的各项制度,夯实做到"两个维护"的制度基础,确保党中央一锤定音、定于一尊的权威。严明党的政治纪律和政治规矩,把坚决做到"两个维护"作为最根本的政治纪律和政治规矩,深化政治巡视,严肃查处违背党的路线方针政策、破坏党的集中统一领导问题,清除"两面人"。强化政治监督,完善推动党中央重大决策落实机制,确保党的路线方针政策和重大决策部署落地生根、取得实效,确保全党在政治立场、政治方向、政治原则、政治道路上同以习近平同志为核心的党中央保持高度一致。这些重大开创性举措,极大增强了全党做到"两个维护"的思想自觉、政治自觉、行动自觉,提升了做到"两个维护"的政治定力和政治能力,有力维护了党的核心和党中央权威,保证了全党团结统一、令行禁止,步调一致向前进。

党的十九届六中全会通过的《中共中央关于党的百年奋斗重大成就和历史经验的决议》,深入研究党不断维护党的团结、维护党中央权威和集中统一领导的百年历程,教育引导全党深刻领悟加强党的政治建设这个马克思主义政党的鲜明特征和政治优势。《决议》指出:"党确立习近平同志党中央的核心、全党的核心地位,确立习近平新时代中国特色社会主义思想的指导地位,反映了全党全军全国各族人民共同心愿,对新时代党和国家事业发展、对推进中华民族伟大复兴历史进程具有决定性意义。""两个确立"是党的十八大以来最重要的政治成果、最重要的历史经验,是指引我们奋进建设社会主义现代化国家新征程、实现第二个百年奋斗目标的根本保障。

2.党的领导核心作用充分彰显

进入新时代,习近平总书记对坚持和加强党的全面领导提出一系列新思想新理念新战略,明确中国特色社会主义最本质的特征是中国共产党领导,中国特色社会主义制度的最大优势是中国共产党领导,中国共产党是最高政治领导力量;强调党政军民学,东西南北中,党是领导一切的,党的领导是全面的、系统的、整体的;强调党的领导是党和国家的根本所在、命脉所在,是全国各族人民的利益所系、命运所系;强调党中央集中统一领导是党的领导的最高原则,坚持党的领导首先要旗帜鲜明讲政治,保证全党服从中央;等等。这一系列重大思想,为新时代坚持和加强党的全面领导提供了根本遵循。党的十八大以来,党中央完善坚定维护党中央权威和集中统一领导的各项制度,建立健全党中央对重大工作的领导体制,强化党中央决策议事协调机构职能作用,加强党对事关党和国家事业全局重大工作的集中统一领导。明确党的领导制度是国家的根本领导制度,完善党领导人大、政府、政协、监察机关、审判机关、检察机关、武装力量、人民团体、企事业单位、基层群众性自治组织、社会组织等制度,健全各级党委(党组)工作制度,确保党在各种组织中发挥领导作用,党的领导制度体系不断完善。健全完善党领导各项事业的具体制度, 把党的领导落实到党和国家事业各领域各方面各环节。深化党和国家机构改革,完善党和国家机构职能体系,推动各方面协调行动、增强合力。健全维护党的集中统一的组织制度,完善上下贯通、执行有力的组织体系,实现党的组织和党的工作全覆盖。坚持民主集中制,提高党把方向、谋大局、定政策、促改革的能力,党的领导方式更加科学,党的执政能力和领导水平不断提高。经过艰苦努力,一个时期以来在坚持党的领导问题上存在的模糊认识得到有力澄清,一些地方和部门党的领导弱化、虚化、淡化、边缘化的问题得以根本扭转,党的领导的政治优势充分发挥,党总揽全局、协调各方的领导核心作用充分彰显,党的政治领导力、思想引领力、群众组织力、社会号召力显著增强。

(二)全党理想信念更加坚定

马克思主义信仰、共产主义远大理想、中国特色社会主义共同理想,是中国共产党人的精神支柱和政治灵魂,也是保持党的团结统一的思想基础。习近平总书记指出:"马克思主义政党不是因利益而结成的政党, 而是以共同理想信念而组织起来的政党。建设坚强的马克思主义执政党,首先要从理想信念做起。"党的十八大以来,以习近平同志为核心的党中央高度重视理想信念问题,反复强调"革命理想高于天",理想信念是共产党人精神上的"钙",共产党人如果没有理想信念,精神上就会"缺钙",就会得"软骨病",必然导致政治上变质、经济上贪婪、道德上堕落、生活上腐化。

党的十八大以来,中国共产党坚持与运用马克思主义的立场观点方法,始终高扬马克思主义的科学性、人民性、实践性等品格,通过各种方式,不断与意识形态领域中各种非马克思主义、反马克思主义做斗争,为坚持与发展马克思主义扫清了障碍。中国共产党弄清了新时代坚持和发展什么样的中国特色社会主义、怎样坚持和发展中国特色社会主义等一系列重大课题,在事关党和国家前途命运的根本问题上正本清源,为认识世界与改造世界提供了强大思想武器。党坚持地把马克思主义基本原理同中国具体实际相结合,同中华优秀传统文化相结合,创立了习近平新时代中国特色社会主义思想,为党和人民事业发展提供了科学理论指导。习近平新时代中国特色社会主义思想是当代中国马克思主义、二十一世纪马克思主义,是中华文化和中国精神的时代精华,实现了马克思主义中国化时代化新的飞跃。它坚持科学的世界观与方法论,坚持人民立场,坚持实事求是路线,坚持共产党人理想信念,同时以宽广视野和长远眼光认识和把握当代中国面临的一系列重大问题,在理论上不断做出新的概括与创造,是坚持与发展马克思主义的光辉典范,谱写了当代中国马克思主义、二十一世纪马克思主义的新篇章。①

新时代,中国共产党坚持思想建党、理论强党,推动全党深入学习贯彻习近平新时代中国特色社会主义思想,推进学习教育常态化制度化,先后开展党的群众路线教育实践活动、"三严三实"专题教育、"两学一做"学习教育、"不忘初心、牢记使命"主题教育、党史学习教育、学习贯彻习近平新时代中国特色社会主义思想主题教育,用党的创新理论武装全党,教育引导广大党员干部特别是领导干部解决好世界观、人生观、价值观这个"总开关"问题,从思想上正本清源、固本培元,筑牢信仰之基、补足精神之钙、把稳思想之舵,保持共产党人政治本色,挺起共产党人的精神脊梁。党的十八大以来,

---

① 郝永平:《百年大党思想建设的伟大成就》,《光明日报》,2021 年 6 月 8 日。

全党理想信念、政治信仰更加坚定,思想上更加统一、政治上更加团结、行动上更加一致,马克思主义在意识形态领域的指导地位更加巩固,凝聚起实现新时代党的历史使命的磅礴力量。

(三)党的组织体系更加坚强有力

严密的组织体系,是马克思主义政党的优势所在、力量所在。党的十八大以来,以习近平同志为核心的党中央高度重视党的组织体系建设,提出了许多新思想,出台了一系列党内法规,努力"完善上下贯通、执行有力的组织体系,确保党中央决策部署有效落实"。组织路线是为政治路线服务的。坚持党的领导,最重要的是维护党中央权威和集中统一领导,这也是加强党的组织体系建设的首要任务。对中国这样一个大国、大党来说,只有坚决维护党中央权威和集中统一领导,才能确保全党思想上、政治上、行动上的统一,才能应对前进道路上各种艰难险阻和风险挑战。

新时代,中国共产党提出和贯彻新时代党的组织路线,不断健全党的组织体系,以提升组织力为重点,增强党组织的政治功能和组织功能,彰显国家机关的政治属性,发挥群团组织的政治作用,强化国有企事业单位的政治导向,提高党的各级各类组织的政治能力。紧紧抓住领导干部这个"关键少数",教育引导领导干部坚定政治信仰,正确把握政治方向,坚定站稳政治立场,严格遵守纪律,胸怀"国之大者",不断增强学习本领、政治领导本领、改革创新本领、科学发展本领、依法执政本领、群众工作本领、狠抓落实本领、驾驭风险本领,不断提高政治判断力、政治领悟力、政治执行力,更好地担负起党和人民赋予的政治责任。

基层党组织是落实党的政策的"最后一公里",是联系群众服务群众的最前哨。党的十八大以来,基层党组织功能作用不断强化,党员队伍结构持续优化。一方面,通过筑牢战斗堡垒,党的基层组织得到夯实。针对基层党组织存在的薄弱环节,各地各部门分类指导、分类推进,基层党建在各个领域不断进步。另一方面,抓住关键环节,把好选人用人关。坚持习近平总书记提出的"信念坚定、为民服务、勤政务实、敢于担当、清正廉洁"的好干部标准,全面实施《党政领导干部选拔任用工作条例》,坚决抵制和惩处跑官要官的问题,努力破解"唯票、唯分、唯GDP、唯年龄"选人问题,努力把忠诚、干净、担当的干部选上来。此外,严把"入口关",锻造先锋模范队伍。各级党组织坚持把政治标准放在首位,提高新发展党员质量,党员队伍保持适度规模,党的肌体更加精干强健。在发展队伍的同时,各级党组织严格处置不合格党员,明确不合格党员的认定标准、处置程序和政策界限,疏通党员队伍"出口"这一瓶颈,让党员队伍得到进一步净化。

(四)党的作风得到有效改进

习近平总书记指出,党的作风就是党的形象,关系人心向背,关系党的生死存亡。执政党如果不注重作风建设,听任不正之风侵蚀党的肌体,就有失去民心、丧失政权的危险。新时代,党中央根据世情国情党情的新变化,围绕加强党的先进性和纯洁性建设,把作风建设作为"切入点",采取了一系列重大举措,坚持"真管真严敢管敢严长管长严",使管党治党真正从宽松软走向严紧硬。2012年底"八项规定"的颁布,开启了一场"踏石留印、抓铁有痕"的作风改进大潮,席卷全党上下。中央政治局以上率下,各级党组织以八项规定为手术刀,针对"四风"病灶,始终坚持"严"字当头,坚持无禁区、全覆盖、零容忍,持续推进作风建设,得到群众的充分肯定和赞许,凝聚起推动事业发展的强大力量。

在"四风"中,最难整治的是形式主义和官僚主义。形式主义是指只看事物的表象而不加分析其本质的思想方法和工作作风,其实质是主观主义、功利主义,根源是政绩观错位、责任心缺失。官僚主义是指脱离实际、脱离群众、做官当老爷、贪污腐败的领导作风,有命令主义、文牍主义、事务主义等具体表现形式。形式主义、官僚主义不是简单的工作问题、作风问题,而是严肃的政治问题、纪律问题。形式主义、官僚主义违反党的纪律,增加基层负担,割裂了党同人民群众之间的血肉联系,同党的性质和宗旨格格不入,必须进行持续整治。新时代,党坚持刀刃向内、深查彻改,坚决整治形式主义、官僚主义,并将其作为改进作风的重要抓手,层层压实责任、传导压力,形成了上下联动工作格局。一方面,通过抓好"关键少数",以示范引领形成"头雁效应",以严厉问责倒逼责任落实;另一方面,针对形式主义、官僚主义的不同表现形式,把握共性、突出个性,强化"靶向治疗",精准做出处置,让群众感受到新气象、新变化。党的十九大后,党中央出台专门文件,对整治形式主义和官僚主义做出安排,建立了中央层面整治形式主义为基层减负专项工作机制,对形形色色的形式主义、官僚主义现象形成了有力震慑。各地围绕工作推进弄虚作假、环保整治整改造假等工作重点,开展形式主义、官僚主义专项整治,排查出一批形式主义、官僚主义各类问题线索,查处了一批形式主义、官僚主义典型案例,发挥了警示震慑效果。经过不懈努力,整治形式主义、官僚主义取得显著成效。广大党员干部进一步知晓了群众的需求、了解了群众的疾苦、解除了与群众的隔阂,群众观点树得更牢,干事创业有了更加明确的方向。同时,要充分认识整治形式主义、官僚主义的长期性、艰巨性,更加自觉地把思想和行动统一到党中央决策部署上来,更加清晰准确地认识形式主义、官僚主义的表现、危害和根源,更加有力地采取科学有效、务实管用的整治措施,不断取得整治形式主义、官僚主义的新成效。

(五)腐败现象得到有效遏制

腐败是社会毒瘤,是党长期执政的最大威胁,是影响党和国家长治久安的致命风险。如果任凭腐败问题愈演愈烈,最终必然亡党亡国。坚定不移惩治腐败,是中国共产党有力量的表现,也是全党同志和广大群众的共同愿望。中国共产党对腐败问题有着清醒的认识,把反腐败斗争作为关系党和国家生死存亡的高度来认识。习近平总书记强调:"我们必须下最大气力解决好消极腐败问题,确保党始终同人民心连心、同呼吸、共命运。"①

党的十八大以来,以习近平同志为核心的党中央以"得罪千百人、不负十四亿"的鲜明态度,以反腐败永远在路上的坚韧和执着,坚定不移推进反腐败斗争。加强党对反腐败工作集中统一领导,坚持不敢腐、不能腐、不想腐一体推进,惩治震慑、制度约束、提高觉悟一体发力,确保党和人民赋予的权力始终用来为人民谋幸福;坚持无禁区、全覆盖、零容忍,坚持重遏制、强高压、长震慑,坚持受贿行贿一起查,坚持有案必查、有腐必惩,以猛药去疴、重典治乱的决心,以刮骨疗毒、壮士断腕的勇气,坚定不移"打虎""拍蝇""猎狐",坚决清除一切腐败分子。其中,"打虎"体现了党开展反腐败斗争的决心和毅力,周永康等高官相继落马,表明了党严肃查处高级干部严重违纪问题的鲜明态度,向全党全社会表明,我们所说的"不论什么人,不论其职务多高,只要触犯了党纪国法,都要受到严肃追究和严厉惩处",绝不是一句空话。"拍蝇"体现了党对腐败的"零容忍",无论是雁过拔毛式的"微腐败",还是违规收受微信红包的"小贪腐",面对各种腐败现象我们绝不手软。聚焦政治问题和经济问题交织的腐败案件,防止党内形成利益集团。深入推进军队

---

① 《习近平关于党风廉政建设和反腐败斗争论述摘编》,中央文献出版社、中国方正出版社,2015年,第6页。

党风廉政建设和反腐败斗争,推动人民军队政治生态根本好转。党的十八大以来,经过坚决斗争,反腐败斗争取得压倒性胜利并全面巩固,消除了党、国家、军队内部存在的严重隐患,党在革命性锻造中更加坚强,在新时代新征程中焕发出更加强大的生机活力。

反腐败斗争不仅让腐败分子闻风丧胆,也使广大党员干部明规矩、知敬畏,推动党内政治生活呈现新气象。习近平总书记在党的十九大报告中指出:"不敢腐的目标初步实现,不能腐的笼子越扎越牢,不想腐的堤坝正在构筑,反腐败斗争压倒性态势已经形成并巩固发展。"①反对腐败是一个全球性难题,中国共产党反腐败工作全面深入、成效显著,得到了国际社会的普遍认可,也为世界各国提供了重要借鉴。正如法国尼斯欧洲研究所学者乔治·佐戈普鲁斯所言:"目前很多国家对如何有效解决腐败问题都一筹莫展,而中国在短短几年内就取得了反腐的重大胜利,着实让世界为之惊叹。"又如,"俄罗斯之声"电台亚洲问题专家亚历山大·泽连科夫说:"近些年来中国坚决与腐败做斗争,成就有目共睹。腐败是当今世界面临的严峻挑战之一,中国政府高度重视反腐工作,致力于系统性解决腐败问题,中国已找到适合国情并卓有成效的反腐政策。"②新时代,中国共产党通过严厉惩治腐败,发扬了党的优良传统,清除了党内的腐化变质分子,并为国家挽回了大量经济损失。同时,也教育和挽救了一批党员干部,维护了党的纯洁,提升了党在人民群众心目中的形象,使中国共产党经受住了长期执政的考验。

---

①　《习近平谈治国理政》(第三卷),外文出版社,2020年,第6~7页。

②　人民网,坚定反腐决心　经验值得借鉴——国际社会高度评价中国制度反腐取得显著成效,http://fanfu.people.com.cn/n1/2020/0115/c64371-31549009.html。

(六)党的制度建设稳步推进

新时代,党的制度建设跃上新台阶,党的制度的约束、规范、激励作用显著增强,党的制度建设的地位显著提升。

1.形成强大舆论导向和尊崇氛围

以习近平同志为核心的党中央站在时代的高度审时度势,始终把党的制度建设放到新时代党的建设的大局中把握,把党的制度建设贯穿于党的长期执政能力建设、先进性和纯洁性建设之中,贯穿于党的政治建设、思想建设、组织建设、作风建设、纪律建设之中,贯穿于深入推进反腐败斗争之中,坚持党的制度建设的正确政治方向,运用马克思主义立场观点方法分析研究解决管党治党中存在的矛盾和不足,在方向性问题上始终保持头脑清醒、保持政治定力。党中央对制度建设的方向性把控,对制度建设的高度重视,为全方位推进党的制度建设提供了根本遵循,在全党形成强大的抓好制度建设的舆论导向,营造出尊崇制度、依照制度办事、按规章要求约束行为的浓厚氛围。强大的舆论导向和尊崇氛围,树立起制度的权威,树立起党的制度建设的威望。党员干部的制度意识普遍提高,制度尊崇意识、制度执行意识和制度创新意识显著增强,守制度的责任意识、用制度的主观能动性得到充分激励,大大提升了党内法规制度的严肃性与威慑力。

2.搭建起全面从严治党的四梁八柱

改革开放以来,中国共产党加强制度建设,促进了党的制度的制定、实施与执行。但对照新时代全面从严治党的要求,党的制度建设仍存在一些亟待解决的问题,尤需在制度体系完备方面补短填白,全方位立体化推进制度建设。党的十八大以来,党突出党章重要地位,坚持以党章为根本遵循,统筹推进各位阶、各领域、各层面、各环节的党内法规制度建设,促进党的制度建设不断深化发展，促进党内法规制度体系不断健全，逐步形成以党章为根本，以准则条例为主干，覆盖党的领导和党的建设各方面，内容科学、秩序严密、配套完备、运行有效的党内法规制度体系，建立起具有四梁八柱性质、愈加完善稳固的制度体系架构。如《中国共产党党组工作条例(试行)》《中国共产党地方委员会工作条例》的出台，分别从横向和纵向两个向度上立起党的组织制度的"梁"和"柱"，极大地巩固了党执政的组织制度基础，夯实了管党治党、治国理政的组织制度基础，为坚持和加强党的全面领导、实现党的历史使命提供了坚强组织保证。又如，我们党不断完善维护党中央权威和集中统一领导各项制度建设，推动"两个维护"入法入规，通过制定《中共中央政治局关于加强和维护党中央集中统一领导的若干规定》等，对党的领导体制、党与政府等机关的组织关系做出制度性规范，使党总揽全局、协调各方的领导核心作用得以充分实现。

3.推动全面从严治党向纵深推进

坚持党要管党、全面从严治党，必须充分发挥制度的功能和制度建设的作用。党的十八大以来，党中央坚定不移开展反腐败斗争，重拳出击，抓铁有痕，先后制定《中共中央政治局关于改进工作作风、密切联系群众的八项规定》《中共中央政治局贯彻落实中央八项规定的实施细则》，全党以上率下，依照中央八项规定精神贯彻执行；出台《领导干部报告个人有关事项规定》《中国共产党问责条例》等，明晰各项要求和规矩，把纪律挺在前面，严明纪律约束。党中央制定修订廉洁自律准则、党内监督条例、巡视工作条例、党纪处分条例等，标明纪律要求，划出行为底线，形成有权必有责、有责要担当、用权受监督、失责必追究的激励约束机制，确保各级领导干部行使好党和人民赋予的权力。修订落实《党政领导干部选拔任用工作条例》，严格干部选拔标准与程序，大力培养选拔党和人民需要的好干部；修订《干部教育培训工作条例》,强化理论武装、党性教育和专业能力培训,有效发挥补钙壮骨、固根守本作用;制定实施个人行为规范、治理"裸官"现象、规范兼职取酬等,使干部有所遵循,让干部管理从宽松软走向严紧硬。持续加强党内监督保障法规完善,强化自上而下的组织监督,改进自下而上的民主监督,发挥同级相互监督作用,把党内监督同其他监督方式贯通起来,着力构建党统一指挥、全面覆盖、权威高效的监督体系,促进良好政治生态的形成与完善。[1]在党的十八大以来的全面从严治党的伟大实践中,党的制度建设发挥了巨大作用。

(七)党长期执政的根基进一步夯实

中国共产党的根基来自人民、植根人民、服务人民,巩固党长期执政的根基,其根本目的,就是维护最广大人民的根本利益。作为百年大党,我们党面临的"四大考验"是长期的、复杂的、严峻的,面临的"四大危险"更加尖锐地摆在全党面前。只有勇于自我革命,自觉践行党的根本宗旨,坚决克服脱离群众这一最大危险,才能增强人民群众对党的信任和信心,巩固党长期执政最可靠的根基。

1.党同人民群众的联系更加密切

民心是最大的政治。中国共产党的最大政治优势是密切联系群众,党执政后的最大危险是脱离群众,必须始终保持党密切联系群众这一最大政治优势,在联系群众、服务群众中彰显初心使命。共产党就是为人民谋幸福的,人民群众什么方面感觉不幸福、不快乐、不满意,我们就在哪方面下功夫,千方百计为群众排忧解难。[2]一段时间以来,由于少数党员干部贯彻党的群众

---

① 商志晓:《把制度建设摆在突出位置——党的十八大以来制度建设的成就与经验》,《中国党政干部论坛》,2022 年第 5 期。

② 《习近平新时代中国特色社会主义思想基本问题》,人民出版社、中央党校出版社,2020 年,第 283 页。

路线不彻底，服务群众不到位，致使一些热点难点问题没有得到妥善解决，人民对此反应强烈，影响了党在人民群众心中的形象。新时代，中国共产党深入落实改进工作作风、密切联系群众的相关要求，下大气力解决群众反映强烈的突出问题，严肃查处了一批脱离群众、消极腐败等违纪行为，不断增强人民的获得感、幸福感、安全感。

习近平总书记强调："干部要怀着强烈的爱民、忧民、为民、惠民之心，心里要始终装着父老乡亲。"①党的十八大以来，党有效解决了群众的急难愁盼等问题，深刻回答了"为了谁""依靠谁""我是谁"的问题，赢得了人民群众的衷心拥护。通过落实中央八项规定及其实施细则精神，从要害处下手，从细微处着力，以具体问题突破赢得了群众的信任；通过聚焦群众痛点难点，坚决查处发生在民生资金、教育医疗、环境保护等领域的严重违纪违法行为，坚决查处吃拿卡要、优亲厚友等突出问题；通过"老虎""苍蝇"一起打，夺取了反腐败斗争的压倒性胜利，遏制了腐败现象的滋生蔓延，探索出了一条在长期执政条件下跳出历史周期率的成功之路。对我国党群关系的改善，国际社会对此高度评价。例如，印度共产党（马克思主义）总书记西塔拉姆·文卡塔·亚秋里认为，中共坚定不移全面从严治党，严明政治纪律和政治规矩，把权力关进制度的笼子，令中共党内和国家政治生活发生一系列显著的积极变化，更为重要的是，让中共与人民群众的关系更加密切。②据美国知名公关公司爱德曼发布的信任度调查显示，从全球整体情况看，民众对政府信任度达 65%，而中国民众对本国政府信任度高达 95%，在受访国家中排名第

---

① 《习近平关于"不忘初心、牢记使命"论述摘编》，党建读物出版社、中央文献出版社，2019 年，第 143 页。

② 人民网，自我净化清明政治生态 自我革新提升执政能力——国际社会点赞中国共产党坚定不移全面从严治党，http://cpc.people.com.cn/19th/n1/2017/1019/c414305-29597393.html。

一。①可以看出，随着全面从严治党的推进，使民众获得感不断增强，党和政府同人民群众的联系更加密切。

2.初心使命得到进一步淬炼

习近平总书记指出："我们党来自于人民，党的根基和血脉在人民。为人民而生，因人民而兴，始终同人民在一起，为人民利益而奋斗，是我们党立党兴党强党的根本出发点和落脚点。"党的十八大以来，以习近平同志为核心的党中央始终把人民放在心中最高位置，强调人民对美好生活的向往就是我们的奋斗目标，让老百姓过上好日子是我们一切工作的出发点和落脚点；提出坚持以人民为中心的发展思想，坚持创新、协调、绿色、开放、共享的发展理念；提出中国共产党人的初心使命，就是为中国人民谋幸福、为中华民族谋复兴；提出人民立场是党的根本政治立场，民心是最大的政治，正义是最强的力量；提出党的最大政治优势是密切联系群众，党执政后的最大危险是脱离群众；提出江山就是人民、人民就是江山，打江山、守江山，守的是人民的心；提出党始终代表中国最广大人民根本利益，没有任何自己特殊的利益，从来不代表任何利益集团、任何权势团体、任何特权阶层的利益，这是党立于不败之地的根本所在；等等。这一系列重大原创性思想，集中体现了党的理想信念、性质宗旨，彰显了中国共产党人矢志不渝的初心使命和人民至上的深厚情怀。

党的十八大以来，党中央紧扣民心这个最大的政治，坚持把人民对美好生活的向往作为奋斗目标，把赢得民心民意、汇聚民智民力作为着力点，坚持以人民为中心的发展思想，践行党的根本宗旨，贯彻党的群众路线，尊重人民主体地位。经过持续奋斗，党团结带领人民实现了第一个百年奋斗目

---

① 新华网，美国信任度调查报告显示中国民众对政府信任度达95%，http://www.xinhuanet.com/2020-07/26/c_1126287098.htm。

标,在中华大地上全面建成了小康社会,历史性地解决了绝对贫困问题,创造了人类减贫史上的奇迹。坚持在发展中保障和改善民生,人民生活全方位改善,社会治理社会化、法治化、智能化、专业化水平大幅度提升,发展了人民安居乐业、社会安定有序的良好局面,续写了社会长期稳定奇迹,人民获得感、幸福感、安全感显著增强。坚持党的领导、人民当家作主、依法治国有机统一,积极发展全过程人民民主,健全全面、广泛、有机衔接的人民当家作主制度体系,更好地体现人民意志、保障人民权益、激发人民创造活力。坚持全面从严治党,从人民群众反映强烈的作风问题抓起,制定和落实中央八项规定,持之以恒纠治"四风",反对特权思想和特权现象,狠刹公款送礼、公款吃喝、公款旅游、奢侈浪费等不正之风,解决群众反映强烈、损害群众利益的突出问题,推进基层减负,倡导勤俭节约、反对铺张浪费,坚决整治群众身边腐败问题。经过艰苦努力,刹住了一些过去未刹住的歪风,纠治了一些多年未除的顽瘴痼疾,党风政风和社会风气为之一新,党的长期执政的政治根基进一步夯实。

(八)营造了良好政治生态和发展环境

做好各方面工作,完成党在现阶段的目标任务,离不开良好政治生态和发展环境。只有不断净化政治生态、优化发展环境,实现正气充盈、政治清明,才能确保党和国家事业蓬勃发展。中国共产党从成立之日起就注重严明党纪,绝不允许个人主义、分散主义、山头主义存在,努力营造良好的政治生态和发展环境。习近平总书记指出:"营造良好政治生态是一项长期任务,必须作为党的政治建设的基础性、经常性工作,浚其源、涵其林,养正气、固根本,锲而不舍、久久为功。"党的十八大以来,以习近平同志为核心的党中央高度重视党内政治生态的净化和涵养,制定和严格执行《关于新形势下党内政治生活的若干准则》,着力增强党内政治生活的政治性、时代性、原则性、战斗性,坚决防止和反对个人主义、分散主义、自由主义、本位主义、好人主义等,党内政治生活的质量不断提高。发展积极健康的党内政治文化,坚持用社会主义先进文化、革命文化、中华优秀传统文化培根铸魂,用社会主义核心价值观引领文化建设,广泛开展中国特色社会主义和中国梦宣传教育,推动理想信念教育常态化制度化,大力弘扬伟大建党精神,传承红色基因,赓续党的红色血脉,厚植涵养良好政治生态的土壤,营造了风清气正的政治生态和良好的发展环境。

当前,我国进入了全面建设社会主义现代化国家新征程。实现第二个百年奋斗目标、实现中华民族伟大复兴的中国梦,必须以良好政治生态和发展环境做保障。只有具备良好的政治生态和发展环境,才能广泛团结众多优秀的中华儿女和党员干部矢志不渝为党和人民的事业不懈奋斗,才能不畏艰难险阻、克服前进道路上的重重困难,不断夺取党和国家事业新胜利。立足新发展阶段,贯彻新发展理念,构建新发展格局,实现高质量发展,要充分用好全面从严治党带来的良好政治生态和发展环境,加快形成推动高质量发展的指标体系、政策体系、绩效评价和政绩考核体系,切实把党中央重大决策落到实处,推动党的事业蒸蒸日上、国家发展日新月异。

二、新时代中国共产党自我革命的宝贵经验

进入新时代,以习近平同志为核心的党中央深入推进党的自我革命。走过百年奋斗历程的中国共产党在革命性锻造中更加坚强有力,党的政治领导力、思想引领力、群众组织力、社会号召力显著增强,党同人民群众始终保持血肉联系,中国共产党在世界形势深刻变化的历史进程中始终走在时代

前列，在应对国内外各种风险和考验的历史进程中始终成为全国人民的主心骨，在坚持和发展中国特色社会主义的历史进程中始终成为坚强领导核心。在自我革命的过程中，中国共产党不仅实现了自身的革新和飞跃，还以党的自我革命引领社会革命，积累了宝贵的经验。

（一）坚持人民至上

人民至上是中国共产党进行自我革命的内在动力，也是党的自我革命的出发点和落脚点。人民至上是马克思主义的政治立场，是马克思主义政党的内在要求。坚持人民至上，深刻反映了唯物史观根本立场和基本观点。坚持人民至上充分肯定人民群众是实现社会变革的决定性力量。是否承认人民群众的历史主体地位是区别唯物史观和唯心史观的重要标志。习近平总书记反复强调："人民是历史的创造者，群众是真正的英雄"，"在人民面前，我们永远是小学生，必须自觉拜人民为师"①，生动阐释了唯物史观中人民是历史主体的思想。坚持人民至上充分肯定人民群众是社会实践的主体。实践性是马克思主义理论区别于其他理论的显著特征。改革开放以来，党和人民在认识和实践上的每一次突破和发展，每一个新生事物的产生和发展，每一个方面经验的创造和积累，无不来自人民群众的实践和智慧。坚持人民至上充分彰显人民群众是价值评判的主体。人类实践活动的直接目的是维护自身利益，人们奋斗所争取的一切都同他们的利益有关。坚持人民至上，就是要把人民拥护不拥护、赞成不赞成、高兴不高兴、答应不答应作为衡量一切工作得失的根本标准。

中国共产党的根基在人民、血脉在人民、力量在人民。中国共产党一经

---

① 《习近平谈治国理政》(第一卷)，外文出版社，2018年，第27页。

诞生,就把为中国人民谋幸福、为中华民族谋复兴作为自己的初心使命,一以贯之地体现到党的全部奋斗之中,团结带领人民共同创造了彪炳史册的历史伟业。习近平总书记强调:"时代是出卷人,我们是答卷人,人民是阅卷人。"①中国共产党之所以能长期执政,是因为始终坚持以人民为中心,坚持人民主体地位,将人民利益放在最高位置;"我们党没有任何自己特殊的利益,这是我们党敢于自我革命的勇气之源、底气所在";至公无私、全力为民是党能够进行自我革命的根本前提。同时,要把自我革命进行到底,也必须坚定人民立场,坚持从人民整体利益而非个人或小团体的私利出发,向一切损害群众利益的行为开刀,解决好人民群众最关心最直接最现实的利益问题。

历史和现实充分证明,一个政党、一个政权,其前途命运最终取决于人心向背。人民是党执政的最大底气,也是党执政最深厚的根基。只有始终与人民心心相印、同甘共苦、团结奋斗,始终保持党同人民的血肉联系,中国共产党才能坚如磐石、行稳致远。新时代,中国共产党发扬彻底的自我革命精神,集中整饬党风、惩治腐败、净化党内政治生态;紧紧抓住教育、文化、医疗卫生、社会保障、社会治安、人居环境等人民群众最直接最现实的利益问题,不断加强基本民生保障,把人民对美好生活的向往作为奋斗目标。坚持以人民为中心,保持与人民的血肉联系,是中国共产党百年历程的深刻总结,是推进自我革命的基本遵循。新的征程上,中国共产党必须坚持从人民整体利益出发,把党的自我革命进行到底,始终关注让人民生活幸福这一"国之大者",把人民至上理念贯穿于治国理政全过程,为实现中华民族伟大复兴提供力量之源。

---

① 《习近平关于社会主义精神文明建设论述摘编》,中央文献出版社,2022年,第151页。

（二）坚持守正创新

守正创新是中国共产党自我革命的重要驱动力。开展自我革命，不是全盘否定，而是要破旧立新、革故鼎新、守正出新，坚持对的，纠正错的，在扬弃基础上开拓创新，根据新情况新问题新矛盾新任务，探索新路径新举措。守正和创新是相辅相成、辩证统一的，体现了"变"与"不变"、继承与发展、原则性与创新性的统一，是贯彻党的思想路线的内在要求。守正是前提，创新是关键，要在守正的指导下推进创新，坚持马克思主义基本原理不动摇，坚持党的全面领导不动摇，坚持中国特色社会主义不动摇；在持续创新中拓宽视野、修正错误、追求真理，在根本问题上、原则问题上更加清醒和坚定，不断拓展认识的广度和深度，敢于说前人没有说过的新话，敢于干前人没有干过的事情，以新的理论指导新时代新征程上建设社会主义现代化国家的实践。

早在 19 世纪 30 年代，马克思和恩格斯在《德意志意识形态》中就指出："革命之所以必需，不仅是因为没有任何其他的办法能够推翻统治阶级，而且还因为推翻统治阶级的那个阶级，只有在革命中才能抛掉自己身上的一切陈旧的肮脏东西，才能胜任重建社会的工作。"[①]守正创新是马克思主义政党自我革命的鲜明品格，中国共产党的历史就是一部在守正创新中进行自我革命的历史。社会主义事业是一项前无古人的事业，没有现成的、可抄可搬的经验，这就决定了在进行伟大社会革命的过程中离不开持续的自我革命。

党的十八大以来，自我革命的提出和开展就是党在自身建设问题上的守正创新。面对新时代党内存在的思想不纯、政治不纯、组织不纯、作风不纯等突出问题，党通过继承和创新百年大党自我革命的经验，提出新时代自我

---

① 《德意志意识形态》（节选本），人民出版社，2018 年，第 10 页。

革命的要求以应对新时代党面临的"四大考验"和"四个危险"。从某种意义上来说,党的百年建设历程就是一部通过自我革命走向强大的历史。中国共产党不仅能够根据不同历史时期出现的问题进行自我革命,还能在不断深化的自我革命中实现由弱变强、从挫折走向胜利,并以自身建设引领社会革命的成功。新时代党的一系列自我革命举措,都是党根据新时代新形势的新要求,在传承弘扬党百年自我革命精神基础上,赋予批评与自我批评等优良传统以新的时代意涵;特别是开展党风廉政建设和反腐败斗争,以猛药去疴的决心,"打虎""拍蝇""猎狐",严查重大违纪违法案件,消除了党、国家、军队内部的严重隐患,使党在革命锻造中更加坚强、更加强劲。正是因为中国共产党勇于和善于在守正创新中进行自我革命,才能带领人民迎来从站起来、富起来到强起来的历史性飞跃。当今世界正在经历百年未有之大变局,国际国内形势更加复杂,这是中国共产党进行自我革命的客观现实条件。作为百年大党,守正就是不能忘记党的初心使命,不能忘记马克思主义政党的本色;创新就是要不断推进理论创新、实践创新、制度创新、文化创新以及其他各方面创新,敢为天下先。在守正创新中进行自我革命,必须清醒认识前进道路上的各种风险挑战,做到"两个维护",坚持全面从严治党,坚持批评和自我批评,彰显锲而不舍解决自身问题的政治定力。

(三)突出政治建设

旗帜鲜明讲政治,加强政治建设,是中国共产党培养自我革命勇气、增强自我净化能力、提高排毒杀菌政治免疫力的根本途径。注重从政治上建设无产阶级政党是马克思主义建党学说的一个重要原则。马克思、恩格斯在创立科学社会主义理论、创建世界上首个无产阶级政党的革命活动中,鲜明提出了马克思主义政党的政治理想、政治纲领、政治路线和政治品格。在科学社会主义由理论转变为实践的历史进程中,列宁立足俄国所处时代背景,领导制定了新型无产阶级政党的政治理论、政治纲领、战略策略和组织形式等基本原则,坚持并发展了马克思主义关于从政治上建设党的思想和原则。其中一个突出贡献,就是创建和发展了民主集中制的原则,为实现马克思主义政党的集中统一领导、树立无产阶级领袖权威提供了根本的组织原则和制度保障。列宁还十分重视无产阶级政党的政治鼓动功能,主张必须对工人阶级进行"灌输",并把"最广泛的政治鼓动"作为加强无产阶级政党政治建设的迫切任务。中国共产党是按照马克思主义建党原则建立起来的政党,继承了无产阶级政党注重从政治上加强自身建设的历史传统。党从成立那天起,就把为中国人民谋幸福、为中华民族谋复兴确立为自己的初心使命。一部党的历史就是一部加强党的政治建设的历史,一部党的建设学说就是一部探索从政治上加强党的建设的理论。在党一百多年奋斗历程中,中国共产党人着眼不同的时代背景和具体的社会历史条件,把加强党的政治建设贯穿于革命、建设和改革各个历史时期的各方面和全过程。

进入新时代,党中央坚持把党的政治建设摆在首位,以维护党中央权威和集中统一领导为核心任务,通过坚守党的政治立场、严肃党内政治生活、提升政治能力,将政治建设贯穿于党的建设各个方面。以政治建设引领党的自我革命,在思想上补钙壮骨,在制度上加强约束,推动全党自觉捍卫"两个确立",不断增强"四个意识"、坚定"四个自信"、做到"两个维护";以坚守人民至上的政治立场引领自我革命,始终保持党和人民群众的血肉联系,这是党战胜一切困难和风险的根本保证;以严肃党内政治生活引领自我革命,加强党员教育管理,调节党内关系、解决党内问题,是全面从严治党的基础;以提升政治能力引领自我革命,加强党性锻炼,提高全党同志特别是高级干部的政治觉悟和政治能力,拓展了自我革命的深度。新的征程上,面对新形势新任务新挑战,全党必须保持政治定力,以"咬定青山不放松"的执着精神、"任尔东西南北风"的坚强意志,扎实推进党的政治建设,把党建设得更加坚强有力,为实现中华民族伟大复兴的中国梦提供坚强政治保证。

(四)敢于直面问题

敢于直面问题,明确革命对象,是中国共产党有效开展自我革命的前提。敢于直面问题、勇于修正错误,是中国共产党的显著特点和优势。只有敢于直面问题,方能找到破解问题的好办法、打开事业发展的新天地。对实践中遇到的新问题、改革发展稳定存在的深层次问题、各族群众急难愁盼问题、党的建设面临的突出问题,必须不回避、不遮掩、不推脱,瞄着问题去、迎着问题上,是什么问题就解决什么问题,什么问题突出就着重解决什么问题。对待矛盾问题,要在深入细致研究、反复调研论证的基础上,拿出破解难题的实招硬招;要坚持具体问题具体分析,善于透过现象看本质,辨证施治、对症下药,拿出有现实针对性的解决方案。要砥砺解决问题的自觉,敢于自我革命,勇于揭短亮丑,善于担当作为,葆有斗争精神,坚持想干事、能干事、干成事,决不能遇上矛盾绕着走;要增强解决问题的能力,提高治理体系和治理能力现代化水平,提升战略思维、历史思维、辩证思维、系统思维、创新思维、法治思维、底线思维能力,善于从惯性思维、固化模式、因循守旧的束缚中解放出来,不断提出解决问题的新理念新思路新办法。

新时代对党自身素质提出更高要求,要想成功应对党面临的"四大考验"和"四种危险",必须明确党在政治、思想、组织、纪律、作风等领域的病灶,明晰剜腐刀刃的精准指向、刮骨疗毒的毒之所在,才能对症下药、精准施策。以习近平同志为核心的党中央围绕"建设什么样的长期执政的马克思主义政党、怎样建设长期执政的马克思主义政党"这一时代课题,以雷霆万钧

264

之势奋力推进全面从严治党,以刀刃向内的勇气和"抓铁有痕、踏石留印"的决心向党内的顽瘴痼疾开刀,坚定不移"打虎""拍蝇""猎狐",持之以恒纠治"四风"之害,管党治党宽松软状况得到根本扭转,反腐败斗争取得压倒性胜利并全面巩固,党在革命性锻造中更加坚强有力,开辟了马克思主义执政党建设新境界。党的十八大以来,党敢于直面问题,不断推进自我革命,全面从严治党取得显著成效,党的领导更加坚强有力,但"四大考验""四种危险"将长期存在,党的建设特别是党风廉政建设和反腐败斗争还面临不少顽固性、多发性问题,管党治党一刻也不能放松。新的征程上,要始终坚持问题导向,时刻保持解决大党独有难题的清醒和坚定,勇于进行自我革命,把党建设得更加坚强有力。

(五)发扬革命传统

发扬革命传统是中国共产党百年一路胜利走来的精神力量,也是开展自我革命的有力武器。党的百年奋斗历程,形成了宝贵的精神谱系,包含了党的性质宗旨、理想信念、初心使命、党性党风以及革命精神和革命意志,特别是突出体现自我革命精神的批评与自我批评的优良作风。勇于自我革命是党的优良传统。中国共产党一成立就高度重视自身建设。早在1926年8月,党就制定了第一个惩治贪污腐败的文件——《中共中央扩大会议通告——坚决清洗贪污腐化分子》。在中央苏区和其他苏维埃政权区域,党领导开展了反对贪污浪费的斗争,严厉惩治腐败行为。延安时期,毛泽东同志将党的建设作为伟大工程来实施,在全党范围开展了反对主观主义、宗派主义、党八股的整风运动。解放战争时期,各解放区通过三查三整,解决基层党组织存在的突出问题。正是因为党一直以来加强自身建设,锻造了过硬的作风,才能赢得人民群众的广泛支持,才能取得中国革命的伟大胜利。正如习近平总书记所说,当年毛泽东同志等老一辈革命家在延安,住窑洞、吃粗粮、穿布衣,用"延安作风"打败了"西安作风"。新中国成立前夕,党召开了七届二中全会,毛泽东同志向全党提出了"务必使同志们继续地保持谦虚、谨慎、不骄、不躁的作风,务必使同志们继续地保持艰苦奋斗的作风"的明确要求。新中国成立初期,开展了全党范围的整党和全国范围的反贪污、反浪费、反官僚主义的"三反"运动,严肃查办了张子善、刘青山等重大腐败案件。改革开放以来,邓小平、江泽民、胡锦涛等党和国家领导人一如既往地高度重视党的建设,扎实开展党风廉政建设和反腐败斗争,为改革开放和社会主义现代化建设提供了有力保证。

党的十八大以来的自我革命实践,正是继承了党的优良传统,坚持以史为鉴,传扬经验,发挥党的政治优势,实现了对伟大社会革命的正确引领。党的二十大报告指出:"全面从严治党永远在路上,党的自我革命永远在路上,决不能有松劲歇脚、疲劳厌战的情绪,必须持之以恒推进全面从严治党,深入推进新时代党的建设新的伟大工程,以党的自我革命引领社会革命。"①这一重要论述,充分彰显了中国共产党一以贯之坚持自我革命的坚定决心,标志着党对社会主义建设规律和共产党执政规律的认识达到了新高度。在以中国式现代化全面推进中华民族伟大复兴的新征程上,要发扬革命传统,以自我革命的政治勇气和政治自觉,推动全面从严治党向纵深推进,永葆党的先进性和纯洁性。

(六)引领社会革命

引领社会革命是中国共产党自我革命所要实现的重要目标,党所做一

---

① 习近平:《高举中国特色社会主义伟大旗帜 为全面建设社会主义现代化国家而团结奋斗——在中国共产党第二十次全国代表大会上的报告》,人民出版社,2022年,第64页。

切最终是为了国家富强、民族振兴、人民幸福、人类解放、世界大同。以党的自我革命引领社会革命，是马克思主义政党的内在要求，是党的百年奋斗经验总结，是新时代推进党的建设新的伟大工程、实现第二个百年奋斗目标的重要保证。马克思、恩格斯指出，无产阶级自产生以来就受到资产阶级的残酷剥削和压迫，要改变这种状况，唯有通过社会革命推翻资产阶级政权，建立社会主义制度，大力发展生产力，最终建成共产主义社会。可以说，领导社会革命是无产阶级政党天然的使命。马克思、恩格斯认为，马克思主义政党的先进性和纯洁性不是与生俱来的，是要经过不断的锻造才能铸就的。无产阶级政党要想顺利达到社会革命的目的，就要重视自身建设，要善于自己革自己的命，自己监督自己，不断激发自身的内生力量，在不断完善、不断提高中成为领导社会革命的核心。只有在革命中才能抛掉自己身上的一切陈旧的肮脏东西，才能胜任重建社会的工作。在共产主义革命的过程中，要"同传统的所有制关系实行最彻底的决裂""同传统的观念实行最彻底的决裂"①，"两个决裂"分别指向了社会革命和自我革命的范畴，充分说明了无产阶级政党自产生以来，就重视通过自我完善、自我革新、自我提高和自我净化提升政党的先进性和纯洁性，使自身具备承担社会革命重任的素养。

以自我革命引领社会革命是中国共产党历史经验的总结。新民主主义革命时期，中国共产党把实现民族独立和人民解放作为社会革命的首要目标。党的第一个纲领指出："党的根本政治目的是实行社会革命。"②在八七会议上，党果断纠正了右倾机会主义错误，确立了正确的革命方针；在遵义会议上，党结束了"左"倾教条主义在党内的错误领导，指明了正确的革命方向；在延安时期，党开展了整风运动，纠正党内各种非无产阶级思想。这一时

① 《马克思恩格斯选集》(第一卷)，人民出版社，1995年，第293页。
② 《中国共产党历史》(上卷)，人民出版社，1991年，第57页。

期,通过自我革命,我们建立了新中国,实现了"开天辟地"的社会革命。社会主义革命和建设时期,针对当时一些干部出现的懒散懈怠、不思进取等现象,党先后开展了四次整风运动,并将整风运动与社会层面的"三反""五反"运动相结合,有效防止了不良思想对党员干部的腐蚀。党领导人民完成了三大改造,基本建立了社会主义制度;弘扬批评与自我批评的优良传统,改正缺点和错误。这一时期,通过自我革命,我们建立和发展了社会主义制度,实现了"改天换地"的社会革命。改革开放和社会主义现代化建设新时期,党重新确立了解放思想、实事求是的思想路线,把工作的重心转移到经济建设上。党的十三大提出"党的自身建设也必须进行改革,以适应改革开放的新形势"。东欧剧变给中国共产党人以莫大的警醒,邓小平同志指出,到了该抓党的建设的时候了。通过开展整党、"三讲"教育、先进性教育活动、学习实践科学发展观活动等,党的创造力、凝聚力、战斗力得到进一步提升。这一时期,党通过自我革命,带领人民从"站起来"到"富起来",实现了"翻天覆地"的社会革命。进入新时代,以习近平同志为核心的党中央从理论上阐释了以自我革命引领社会革命的重大意义、深刻内涵和战略路径,号召全体党员"开新局于伟大的社会革命,强体魄于伟大的自我革命"①;从实践上推进思想建党与制度治党同行同向,先后开展多次党内集中教育,用习近平新时代中国特色社会主义思想凝心聚魂,以零容忍的态度推进反腐败斗争,党的面貌焕然一新。这一时期,通过自我革命,党带领人民从"富起来"到"强起来",实现了"惊天动地"的社会革命。

社会革命是共产党人的使命所在,自我革命是共产党人的职责所系,二者相互依存。历史经验表明,自我革命与社会革命相互贯通,自我革命的成

①《习近平关于"不忘初心、牢记使命"论述摘编》,中央文献出版社、中国方正出版社,2019年,第242页。

效影响着社会革命的成效,影响着建设社会主义现代化强国目标的实现。只有深入不懈地自我革命,才能更加证明,中国共产党领导是中国特色社会主义最本质的特征和中国特色社会主义制度的最大优势,也是引领中华民族伟大复兴的政治核心。自我革命的真正功效,是能否将社会革命不断引向胜利,这也是检验党自我革命成功与否的重要标尺。新的征程上,全党必须继续坚守初心使命,不断彰显自我革命的奋斗品格,不断提高党的领导水平,以伟大自我革命推动建设社会主义现代化强国的伟大实践,确保党在新时代坚持和发展中国特色社会主义的历史进程中始终成为坚强领导核心。

第七章　新时代新征程中国共产党
自我革命的实践路径

一、砥砺意志：发扬历史主动精神，砥砺自我革命的意志

所谓历史主动精神，是指在一定历史时期，中国共产党在对社会历史规律和世情国情正确把握的基础上，形成的对自身所处阶级地位、历史任务、使命担当的清晰认知及科学判定的自觉意识和积极品质。从哲学层面来看，历史主动精神的形式是主观的，但内容是客观的，是主体主观能动性与客观规律性的统一。这里的"历史主动"不是一个时间概念，而是一种状态或境界。并非每个阶级和政党都能拥有历史主动精神，只有具备强烈历史使命、能够洞察时代发展大势、勇于主动求变且甘担风险的阶级和政党，才能在复杂多变的社会环境中把握历史主动。

历史主动精神是推进自我革命的不竭动力。中国共产党坚持在牢牢把握历史主动中推进自我革命，取得了重大成就，为新征程上弘扬历史主动精神、践行自我革命奠定了坚实基础。党的十九届六中全会审议通过的《中共中央关于党的百年奋斗重大成就和历史经验的决议》提出了历史主动精神这一重要命题。历史主动精神助推党的自我革命进程。一方面，发扬历史主

动精神意在尊重历史规律、总结历史经验中推进党的自我革命。这就要求中国共产党充分发挥主观能动性,汲取历史智慧,始终坚持问题导向,敢于斗争,善于斗争,打好自我革命攻坚战,依靠自我革命跳出历史周期率。另一方面,发扬历史主动精神意在洞察历史大势、把握时代潮流中推进党的自我革命。中国共产党的历史就是不断面对并战胜各种风险与挑战的历史。新时代,中国共产党正确认识与分析伟大斗争的新的历史特点,以斗争精神创造未来,以过硬的本领经受住长期执政考验,着力解决"四风"问题,克服"四种危险",彰显了历史主动。

(一)把握历史规律,洞察历史大势

中国共产党的奋斗历程是不断认识历史发展规律、把握社会发展规律的历程,党在总结经验中运用规律实现接续进步,将党的自我革命推向深入。

一是要正确认识历史规律。中国共产党在历史上不断探索执政规律,在尊重客观规律的基础上发挥主观能动作用,勇于纠正错误路线,正视问题根源,开展批评与自我批评,找寻跳出历史周期率的答案。党的十八大以来,以习近平同志为核心的党中央坚持宽广深邃的大历史观,深刻认识历史规律,准确把握历史大势,不断从历史中汲取智慧和力量,以极强的决心和勇气推进全面从严治党,开展反腐败斗争等,推动党和人民事业不断向前发展。当前,尽管我们仍面临各种可以预见和难以预见的风险挑战,但仍要立足现实,把握好历史大势,办好自己的事情,把全面从严治党不断引向深入,努力在新的伟大征程中铸就新的辉煌、创造新的伟业。

二要善于运用历史规律。中国共产党坚持以史为鉴,在革命、建设、改革各个历史时期,都善于把握历史发展规律和大势,正确认识党和人民事业所

271

处的历史方位和发展阶段,以此作为明确阶段性中心任务、制定路线方针政策的基本依据,推动看历史发展和进步。新征程上,要抓住历史变革时机,洞察历史发展大势,准确把握具有新的历史特点的伟大斗争,深化对共产党执政规律的认识,勇于自我革命,敢于面对各种风险和挑战,从而牢牢把握历史主动,走好新时代赶考之路。

三要依靠人民创造历史伟业。把握历史规律最重要的是坚持人民的历史主体地位。中国共产党的自我革命体现了党对人民的强烈责任担当,敢于向内开刀是党对人民立场的坚守,也是对人民利益的维护。推进党的自我革命要充分认识人民群众主体地位,始终牢记人民群众是党和国家事业的依靠力量,更加自觉地使改革发展成果更多更公平惠及全体人民,不断增强人民群众的获得感、幸福感、安全感。新征程上,党仍要发挥历史主动精神,革除危害人民利益的毒瘤,以自我革命为人民的利益和幸福提供坚实保障。

(二)厚植历史根基,汲取历史智慧

以历史主动精神推进党的自我革命需要总结历史经验,坚定历史自信。中国共产党的历史是根植于中国文化深厚土壤,汲取马克思主义真理力量,在不断推进马克思主义中国化时代化的进程中走出来的。

一要根植历史,汲取历史智慧。党从幼年到成熟,带领人民取得了一个又一个胜利,实现了中华民族的三次"伟大飞跃",使党在革命、建设和改革的进程中积累了宝贵的历史经验,这正是坚持历史自信的来源和底气。推进党的自我革命需要以历史主动精神深化对历史的认知,总结把握历史发展脉络,科学评价历史是非,从历史中汲取力量,于历史中找寻前进的经验和答案,将自我革命这一智慧发扬下去。当前,世情、国情、党情都发生深刻变化,党面临的挑战和风险更加复杂:既有外部风险,也有内部风险;既有一般

风险,也有重大风险。越是面临巨大风险,就越要发扬自我革命精神,善于从纷繁复杂的矛盾中把握规律,积累经验,增长才干,把防范化解重大风险工作做实做细做好,不断提高拒腐防变和抵御风险的能力。

二要反思历史,开拓时代新篇。坚定历史自信是发挥历史主动精神的深刻内涵,全面认识把握历史进程,总结历史基本经验,在尊重历史中汲取历史滋养是推进自我革命的必要前提。坚定历史自信不等于全盘肯定、盲目自信,而是需要在尊重历史的同时保持自省之心,吸取经验教训。习近平总书记指出:"历史的经验值得注意,历史的教训更应引以为戒。"①党史上的三个历史决议在总结历史的同时皆指出错误所在,对自身进行深刻反思与自剖,并及时进行整改。面对当前国内外的复杂形势,更不可掉以轻心,要发扬斗争精神,增强斗争本领,筑牢风险意识和忧患意识,真正做到常怀远虑,居安思危。

(三)勇担历史使命,谱写时代新篇

历史主动精神是党在百年奋斗征程中淬炼而成的,是党带领人民不断创造美好生活的重要密码。新时代,要发扬历史主动精神,坚守初心使命,在波谲云诡的国际形势中看清前进的道路,始终牢记"中国共产党是什么、要干什么"这个根本问题,在推进自我革命中增强党的自我净化、自我完善、自我革新、自我提高的能力,在尊重客观规律中总结历史、创造历史,自觉谋划历史宏图、践行历史使命。

一要赓续历史主动精神。历史主动精神贯穿于百年党史之中,并随着历史发展的潮流彰显出更为自觉、更为主动的特质。新民主主义革命时期,党

---

① 《习近平谈治国理政》(第一卷),外文出版社,2018 年,第 460 页。

敏锐认识中国社会的主要矛盾,确定党的主要任务是反对帝国主义、封建主义、官僚资本主义,争取民族独立、人民解放,为实现中华民族伟大复兴创造根本社会条件,党依靠"浴血奋战、百折不挠"的精神力量实现了中国人民站起来。社会主义革命和建设时期,党的主要任务是实现新民主主义到社会主义的转变,进行社会主义革命,推进社会主义建设,为实现中华民族伟大复兴奠定根本政治前提和制度基础,党依靠"自力更生、奋发图强"的精神面貌推进了社会主义建设的发展。改革开放和社会主义现代化建设新时期,党发扬历史主动精神,勇于自我纠错,在深刻认识我国社会主要矛盾的基础上,做出把党和国家工作中心转移到经济建设上来、实行改革开放的历史性决策,依靠"解放思想、锐意进取"的精神力量实现了中国人民富起来的伟大飞跃。新时代,党系统回答了新时代坚持和发展什么样的中国特色社会主义、怎样坚持和发展中国特色社会主义等重大时代课题,依靠"自信自强、守正创新"的不懈努力正在实现从站起来、富起来到强起来的伟大飞跃。新征程上,党带领人民攻坚克难,更需认清历史方位,葆有历史清醒,"以强烈的历史主动精神奋进新征程、建功新时代"①,展现新气象新作为。

二要勇于担负历史责任。新的历史条件下,中国共产党正在进行具有许多新的历史特点的伟大斗争、推进党的建设新的伟大工程、推进中国特色社会主义伟大事业。这是时代赋予中国共产党人的责任与使命,必须义无反顾、砥砺前行,才不会辜负这个时代,贡献出属于这个时代的伟大业绩。党带领人民排除万难创造了美好生活,但仍要时刻具备忧患意识和底线思维,深刻认识到危害党的健康肌体的党内外不良因素仍然存在。新征程上,党所面临的形势更加错综复杂,党所肩负的任务使命更加艰巨,党更需发挥历史主

---

① 《习近平作出重要指示强调:不断巩固拓展党史学习教育成果 团结带领全国各族人民满怀信心奋进新征程建功新时代》,《人民日报》,2021年12月25日。

动精神,保持战略定力,不断推进自我革命,推动全面从严治党向纵深发展,毫不动摇坚持和完善党的领导,永葆党的先进性和纯洁性,把党建设得更加坚强有力。

二、拓展内涵:落实"九个以"要求,拓展自我革命的内涵

党的十八大以来,习近平总书记带领全党以前所未有的决心力度推进全面从严治党,创造性提出一系列具有原创性、标志性的新理念新思想新战略,形成习近平总书记关于党的自我革命的重要思想,指引百年大党开辟了自我革命的新境界。在二十届中央纪委三次全会上,习近平总书记从统筹中华民族伟大复兴战略全局和世界百年未有之大变局的高度,深刻总结新时代全面从严治党丰富实践经验和重要理论成果,深刻阐述党的自我革命的重要思想,为新时代新征程深入推进全面从严治党提供了根本遵循。

习近平总书记关于党的自我革命的重要思想是我们党坚持"两个结合"推进理论创新取得的新成果,是习近平新时代中国特色社会主义思想的新篇章,标志着我们党对马克思主义政党建设规律、共产党执政规律的认识达到新高度。这一重要思想深刻回答了我们党"为什么要自我革命"的重大问题,指明了确保全党永葆初心、担当使命的根本任务;深刻回答了我们党"为什么能自我革命"的重大问题,坚定了全党用好"第二个答案"、解决大党独有难题的信心决心;深刻回答了我们党"怎样推进自我革命"的重大问题,展现了党永葆生机活力、走好新的赶考之路的光明前景。锚定推进自我革命这一重要任务,习近平总书记在二十届中央纪委三次全会上突出强调"九个以"的实践要求。"九个以"的实践要求,既有战略安排又有工作部署,既有认识论又有科学方法论,构成一个相互联系、逻辑严密、系统完备的有机整体,

进一步深化了对不断推进党的自我革命的规律性认识，丰富和发展了马克思主义建党学说，充分彰显习近平总书记的非凡理论勇气、卓越政治智慧、强烈使命担当。

一是以坚持党中央集中统一领导为根本保证。事在四方，要在中央。推进党的自我革命的根本目的，是为了加强而不是削弱党的领导。党的自我革命也要在党中央集中统一领导下推进，从而保证自我革命的根本方向不偏，保证全面从严治党取得实效。党的自我革命是有目的的自我革命，即始终围绕民主集中制等建党原则，不断加强党的集中统一领导，把党锻造成为中国特色社会主义事业的坚强领导核心。党的集中统一领导使党有无比强大的自我革命的力量，能够以雷霆万钧之力荡涤党内存在的污泥浊水。新征程上推进党的自我革命，要以坚持和加强党中央集中统一领导为核心目的，健全党总揽全局、协调各方的领导制度体系，确保党的自我革命始终在党中央领导下沿着正确方向前进。

二是以引领伟大社会革命为根本目的。社会革命是马克思主义唯物史观的重要组成部分。狭义的社会革命专指政治革命，即先进阶级以革命的形式推翻反动阶级的统治，实现社会制度的更替。广义的社会革命不仅包括政治革命，还包括在新的历史条件下彻底改造社会的进程。社会革命意味着生产力与生产关系、经济基础与上层建筑的不断变革，意味着客观世界与主观世界的不断改造。要担负推进社会革命的历史使命，必然要求革命主体具有高度的先进性。自我革命是中国共产党获得推进社会革命的引领者资格的自身进化机制，是党持之以恒地自我建设的内在机制。新征程上推进党的自我革命，要紧紧围绕以中国式现代化全面推进强国建设、民族复兴伟业，通过不断地自我检视、自我净化，提高抵抗力、免疫力，坚决防止躺在历史的功劳簿上自我满足，使党的自我革命更好服从服务于党的中心任务。

　　三是以习近平新时代中国特色社会主义思想为根本遵循。思想是行动的先导。自我革命的实践离不开科学理论的指导。作为当代中国马克思主义、21世纪马克思主义，习近平新时代中国特色社会主义思想提出了一系列富有时代性、创造性、战略性的新理念新观点新论断，科学回答了中国之问、世界之问、人民之问、时代之问，是新时代中国共产党的思想旗帜，是党和国家必须长期坚持的指导思想，也是新时代党的自我革命的根本遵循。新征程上推进党的自我革命，要坚持不懈用党的创新理论武装全党，不断认识自我革命规律、指导自我革命实践，不断提高党的自我革命的坚定性、科学性、有效性，让马克思主义中国化时代化的最新成果在党的自我革命的新征程上绽放出新的时代光芒。

　　四是以跳出历史周期率为战略目标。历史周期率问题是我国历史上封建王朝难以摆脱的宿命。跳出历史周期率，是饱经忧患的中国人民对中国共产党的真诚期盼，从延安时期的"民主新路"，到新时代"全面从严治党"的实践探索，凝聚了几代中国共产党人的不懈追求。中国共产党探索跳出历史周期率的历史，就是一部坚定不移推进党的伟大自我革命的历史，就是一部从严治党不断深入的历史。新征程上推进党的自我革命，要敢于刀刃向内，依靠自身力量发现问题、纠正偏差，不断清除一切损害党的先进性和纯洁性的有害因素，不断清除一切侵蚀党的健康肌体的病毒，确保党不变质、不变色、不变味，才能避免陷入历史周期率的泥潭，实现长期执政。

　　五是以解决大党独有难题为主攻方向。中国共产党是世界上最大的政党，大就要有大的样子，同时大也有大的难处。大党独有难题，是中国共产党在大党执政、大国执政、长期执政条件下形成的，解决大党独有难题是实现新时代新征程党的使命任务必须迈过的一道坎，是全面从严治党适应新形势新要求必须啃下的硬骨头。新征程上推进党的自我革命，要着眼大党建设,聚焦独有难题,立足世情国情党情实际,遵循马克思主义政党建设规律,针对"六个如何始终"问题持续发力,突出党的理想信念宗旨,突出党的集中统一领导,突出党的能力本领,突出党的责任担当,突出党的自我革命精神,突出党执政的生态环境,标本兼治、综合施策、协同发力,为中国共产党维护自身执政安全,进而跳出治乱兴衰的历史周期率奠定坚实基础。

六是以健全全面从严治党体系为有效途径。全面从严治党体系是一个内涵丰富、功能完备、科学规范、运行高效的动态系统,既有系统的理论指导又有完善的任务布局,既有健全的制度设计又有配套的工作抓手,撑起了管党治党的"四梁八柱",为新时代加强党的建设、推进事业发展提供了坚强保障。我们党作为长期执政的马克思主义政党和世界第一大政党,管党治党任务繁重,只有整体地而不是局部地、系统地而不是零碎地、持久地而不是短暂地全面从严治党,才能使把党建设得更加坚强有力。

要突出政治建设,把握自我革命的本质要求。政治建设是党的根本性建设。突出政治建设,抓住了新时代党的建设的根本性问题,明确了新时代党的建设的关键,凸显了党的政治建设立根固本的功能作用。"七个有之"主要就是党内存在的政治性质的问题,如果这些问题不能及时有效地得到解决,党的团结和统一就会受到影响,党中央的各项决策和党的各项路线方针政策就不能得到很好执行,党的政治纪律和政治规矩就无从体现,全心全意为人民服务的根本宗旨就很难落到实处。健全全面从严治党体系,首先要把党的政治建设摆在首位,用政治建设统领党的各方面建设,把解决党内违反政治纪律和政治规矩、破坏党的政治生活等方面的问题作为重点,清除政治上的"两面人"。

要坚持思想建党、理论强党,明确自我革命的价值取向。马克思主义政党的先进性首先体现为思想理论上的先进性。注重思想建设,是中国共产党的鲜明特色和光荣传统,揭示了党历经挫折不断奋起、历经磨难淬火成钢的制胜密码。习近平总书记反复强调"打铁还需自身硬",这个"硬"包含着锤炼自身、降解杂质、提高纯度硬度的必然要求。只有努力在革故鼎新、守正出新中实现自身跨越,才能不断给党和人民事业注入生机活力。回顾历史,中国共产党之所以能始终保持自我革命的精神,就是因为党始终将思想建党摆在第一位,始终注重加强政治理论学习和主观世界改造。要通过坚持不懈学习,学会运用马克思主义立场观点方法贯彻和解决问题,不断筑牢理想信念,做到虔诚而执着、至信而深厚,让理想信念的明灯永远在心中闪亮,筑牢"压舱石",拧紧"总开关",不断增强中国特色社会主义道路自信、理论自信、制度自信、文化自信,用信仰信念筑就自我革命的意志。要始终坚持问题导向,以解决突出问题为突破口和主抓手,推动管党治党从"宽松软"向"严紧硬"转变,对于那些影响党的先进性纯洁性的问题,对于那些党内政治生活和党内监督方面存在的问题,对于那些人民群众反映强烈的突出问题,必须拿出义无反顾、动真碰硬、壮士断腕的勇气去解决,以永远在路上的劲头去解决,以实际成效取信于民。

要不断完善党内各项法规制度,推动自我革命的法治化进程。坚持制度治党、依规治党,是全面从严治党的长远之策、根本之策,深化了对共产党执政规律和管党治党规律的认识,彰显了中国共产党之治、中国之治的独特优势,为管党治党方式的科学化制度化指明了正确方向和方法路径。中国共产党在历史发展中实现自我革命,曾经运用整风运动、党内教育活动等形式,这些形式在不同的历史时期和历史条件下,都取得了应有的成效。但对于一个执政党来说,从根本上解决党内存在的各种问题,加强制度建设更有重要意义。党的十八大以来,党内法规制度的健全完善成为党的建设的一个鲜明特点。随着党内法规制度建设的不断健全和完善,党内各种问题的解决和处理真正做到了有法可依、有章可循,党自我革命的法治化进程不断得到推进。

新征程上推进党的自我革命,要坚持内容上全涵盖、对象上全覆盖、责任上全链条、制度上全贯通,以党的政治建设为统领,扎实推进党的各方面建设,继续在"全面"上下功夫,在"严"上持续用力,在"治"上更加用力,推动新时代党的建设新的伟大工程向纵深发展。

七是以锻造坚强组织、建设过硬队伍为重要着力点。党的力量来自组织,党组织坚强有力,先进的思想、正确的路线才能落到实处、发挥实效。党组织坚强有力,首先强在干部队伍上。只有培养造就一大批党和人民需要的好干部,才能完成党和国家的各项目标任务。只有抓实党的组织体系和干部队伍建设,才能筑牢自我革命的坚实依托。党的组织建设是党的自我革命的重要基础,是增强党的创造力凝聚力战斗力、确保党始终保持旺盛生机活力的关键所在。注重党的组织体系建设,是马克思主义政党区别于其他政党的显著特点。党一旦组织起来,就会产生统一的意志,这种意志能够转变为巨大的物质能量,实现党所领导的伟大事业。马克思、恩格斯在创建无产阶级政党之初就高度重视并亲自参与党的组织建设,在《共产主义者同盟章程》中明确其组织机构包括支部、区部、总区部、中央委员会和代表大会,构建了一套比较严密的组织体系。列宁立足俄国无产阶级革命实际,明确提出建设一个集中统一、组织严密、纪律严明的党,通过组织的统一来保证党的坚强团结和步调一致。中国共产党是按照马克思主义建党原则建立起来的,历来重视党的组织建设,形成了包括党的中央组织、地方组织、基层组织在内的严密组织体系,这是世界上任何其他政党都无法比拟的强大优势。在百年奋斗历程中,党带领人民不断取得革命、建设和改革胜利,关键就在于严密的组织体系和强大的动员能力。

要加强干部队伍建设,造就忠诚干净担当的高素质干部队伍。选好人用对人是干好党和人民的事业的关键,关乎国之根基。要积极探索多元化的选人用人机制,从经济社会发展实际出发,拓宽选人用人视野,架起党政人才、企业经营管理人才和专业技术人才之间无障碍流动的桥梁,打造专业多样层次丰富的人才队伍体系。同时,要继续优化德才兼备、以德为先,坚持五湖四海、任人唯贤,事业为上、公道正派,重品德、从严正身律己,以正向的选人用人机制树立过硬的形象,切实把党性立起来、导向树立起来、风气正起来。各级党员干部特别是领导干部,必须不断加强党性修养、强化公仆本色、提高政治能力,坚持党的事业第一、人民利益第一,始终保持克己奉公、大公无私的情怀,始终做到甘于奉献、乐于付出,不计较个人得失,不牟取个人私利。只有摆脱了个人利益的束缚、摆脱了部门和地方利益的局限,才能以浩然正气、昂扬锐气涵养自我革命的勇气,为党和人民担当作为、履职尽责。

新征程上推进党的自我革命,要深入贯彻新时代党的组织路线,突出问题导向,注重守正创新,聚焦理论武装、组织体系、干部选配等工作,铸灵魂、强骨骼、活细胞、疏经络,形成上下贯通、执行有力的严密组织体系,打造信念过硬、政治过硬、责任过硬、能力过硬、作风过硬的干部队伍,推动党的政治优势和组织优势不断转化为制胜优势。

八是以正风肃纪反腐为重要抓手。一个政党,一个政权,其前途命运取决于人心向背。人民群众反对什么、痛恨什么,就要坚决防范和纠正什么。强调纪律和作风建设,体现了自我革命的常规化特点。党风问题关系执政党的生死存亡,加强纪律建设是全面从严治党的治本之策。坚持持之以恒正风肃纪,宣示了中国共产党从严管党治党的坚定决心和强大意志,标志着党对管党治党规律性认识的深化和飞跃。党的自我革命,不但表现在集中解决党内存在的重大问题,更表现在经常性的工作和活动中对党员和党员领导干部的系统教育、严格管理和日常监督。这些方面的问题,多表现在纪律和作风层面,直接影响党在群众中的形象,影响党的团结和战斗力。许多领导干部的腐败问题和政治问题,就是从作风和纪律问题发展演化而来的。只有在日常工作中把抓纪律和作风放在更为重要的位置,才能够使自我革命的要求得到常规化体现。党的十八大以来,推进全面从严治党,把解决作风问题作为突破口,并着重强调加强纪律的重要性,正是党自我革命常规化特点的体现。

坚决推进反腐败斗争的深入开展,扭住自我革命的重点方向。腐败是危害党的生命力和战斗力的最大毒瘤,反对腐败、建设廉洁政治,是中国共产党一贯坚持的鲜明政治立场,是党自我革命必须长期抓好的重大政治任务。加强反腐败斗争,是党的自我革命的题中应有之义,是彰显党的先进性、纯洁性的鲜明标识,是党深入推进自我革命的内在要求。早在延安时期,毛泽东同志和黄炎培先生的谈话就阐述了党在执政后如何跳出历史周期率的问题。改革开放以后,邓小平同志、江泽民同志、胡锦涛同志也一再强调要抓反腐败,提高党拒腐防变的能力。党的十八大以来,以习近平同志为核心的党中央坚持打铁必须自身硬,创造性提出党的自我革命的重大命题,把全面从严治党纳入"四个全面"战略布局,清醒认识到反腐败斗争的长期性、复杂性、艰巨性,把反腐败斗争提升到最彻底的自我革命新高度,坚持依靠制度、依靠法治反对腐败,坚持内容上全涵盖、对象上全覆盖、责任上全链条、制度上全贯通,切实提高治理腐败效能,推动反腐败斗争取得压倒性胜利并全面巩固,其力度之大、成效之巨,中国历史未有,世界历史罕见。全面从严治党永远在路上,党的自我革命永远在路上。面对取得的成绩,我们必须时刻保持解决大党独有难题的清醒和坚定。只要存在腐败问题产生的土壤和条件,反腐败斗争就一刻不能停。只有坚持和加强党对反腐败工作的集中统一领导,坚持不敢腐、不能腐、不想腐一体推进,坚持守正创新,坚持系统施治、标本兼治,不断增强党自我净化、自我完善、自我革新、自我提高能力,才能不断巩固党长期执政地位,赢得带领人民实现中华民族伟大复兴的历史主动。

新征程上推进党的自我革命,要坚持以优良作风作引领、以严明纪律强保障,以反腐惩恶清障碍,把严的基调、严的措施、严的氛围长期坚持下去,坚决清除影响党的先进性和纯洁性的消极因素,不断增强人民群众对党的信任和信心,以优良的作风和严明的纪律赢得人民信赖和拥护。

九是以自我监督和人民监督相结合为强大动力。自我监督和人民监督是党加强自身建设、推动事业发展的内外依靠,虽然二者之间各有相对独立的结构和功能,但它们在根本性质和目标上是一致的,二者相互补充、相互促进。人民监督可以提升自我监督的针对性,使党更好地认识党的建设中存在的问题;自我监督能够增强人民监督的实效性,推动监督制度更加科学和完备。新征程上推进党的自我革命,要发挥党内监督的主导作用,以内部监督强起来带动外部监督实起来。同时,要将党内监督同国家机关监督、民主监督、司法监督、群众监督、舆论监督贯通起来,实现自律和他律良性互动,以监督永不缺位保障党永不变质。

三、提升能力:坚持在守正中创新,提升自我革命的能力

新时代提升党的自我革命能力是一项系统工程。自我革命能力内部各要素之间相互影响,相互制衡,要坚持系统推进、综合治理,坚持在守正中创新,不断推动自我革命能力得到新提升。

（一）增强忧患意识，发扬斗争精神

习近平总书记强调："我们党在内忧外患中诞生，在磨难挫折中成长，在战胜风险挑战中壮大，始终有着强烈的忧患意识、风险意识。"①增强党的自我革命能力，必须保持忧患意识和斗争精神。安而不忘危，存而不忘亡，治而不忘乱。忧患意识是一个民族发展进步的不竭动力。只有常怀忧患意识，才能保持积极的心理状态，才能应对一切可能出现的危机和挑战。敢于斗争，善于斗争是中国共产党的优良传统，是增强自我革命能力的重要举措。

一要学懂弄通做实习近平新时代中国特色社会主义思想。习近平新时代中国特色社会主义思想是当代中国马克思主义、21世纪马克思主义，是新时代中国共产党的思想旗帜，是党和国家必须长期坚持的指导思想。这一思想之所以感染人、吸引人，首先就在于其真理的力量，这个真理就是马克思主义。这一科学理论，运用马克思主义的辩证唯物主义和历史唯物主义、政治经济学、科学社会主义的基本原理，科学分析当今中国和当今世界的现实问题，科学分析中国特色社会主义实践中的问题，用一系列新思想新观点丰富和发展了马克思主义。习近平新时代中国特色社会主义思想体现了坚如磐石的共产主义理想和中国特色社会主义信念。习近平总书记反复强调，"革命理想高于天"，"我们党从成立起就把为共产主义、社会主义而奋斗确定为自己的纲领"，"我们党之所以能够经受一次次挫折而又一次次奋起，归根到底是因为我们党有远大理想和崇高追求"。习近平总书记倡导的"四个自信"，其背后就是对马克思主义、共产主义的坚定信仰，对中国特色社会主义的坚定信心。面对国内外对马克思主义、共产主义的攻击，面对国内外对

---

① 《习近平谈治国理政》（第三卷），外文出版社，2020年，第122页。

中国道路的怀疑和非议,总书记告诫我们,要保持政治定力,做到"风雨不动安如山""千磨万击还坚劲,任尔东西南北风"。学懂弄通做实习近平新时代中国特色社会主义思想,最根本的就是要深刻把握熔铸其中的坚定理想信念,筑牢信仰之基、补足精神之钙、把稳思想之舵,把理想信念建立在对科学真理的深刻理解上,建立在对历史规律的深刻把握上,建立在为人民谋利益的价值追求上,自觉做共产主义远大理想和中国特色社会主义共同理想的坚定信仰者和忠实实践者。

二要保持忧患意识,坚持人民至上。要牢记"国之大者",不断提高战胜风险挑战的本领和能力,巩固党作为"风雨来袭时中国人民最可靠的主心骨"地位。当前存在的形式主义、官僚主义问题,从思想根源上来看,在于一些党员干部在思想上仍然存在"官本位"思想。所谓"官本位"思想,就是把"以官为尊"这种理念作为个人的价值观和人生观。与"官本位"思想对应的是民本思想,就是强调"以民为本"。中国共产党人的"民本"思想与中国古代士大夫的民本思想在阶级性上具有根本区别,士大夫强调"民为邦本"是为了更好维护封建地主阶级统治地位,而中国共产党人的"民本"思想首先强调做官的目的不是为了个人,是为了多数人的利益。只有维护多数人的利益,坚持群众路线,坚持以人民为中心,才能赢得人民信任和支持。习近平总书记指出,党团结带领人民进行革命、建设、改革,根本目的就是为了让人民过上好日子,无论面临多大挑战和压力,无论付出多大牺牲和代价,这一点都始终不渝、毫不动摇。在开创未来的新征程上,统筹"两个大局",充分发挥好在我们一边的"时"与"势",要准确研判国际国内大势,洞察世界潮流,科学把握我们面临的战略机遇和风险挑战,把忧患意识转化为前进动力,不断提高战胜风险挑战的本领和能力,在解决更加错综复杂的矛盾和问题、战胜更加严峻严酷的风险和挑战中交出一份出色的答卷。

三要发扬斗争精神,坚持底线思维。"敢于斗争、敢于胜利,是党和人民不可战胜的强大精神力量。党和人民取得的一切成就,不是天上掉下来的,不是别人恩赐的,而是通过不断斗争取得的。"要坚定斗争意志,增强斗争本领,以正确的战略策略应变局、育新机、开新局,依靠顽强斗争打开事业发展新天地。中国共产党百年奋斗史就是一部伟大斗争史,党在斗争中诞生、在斗争中成长、在斗争中壮大、在斗争中成熟。不怕牺牲、英勇斗争是伟大建党精神的重要内涵。新时代坚持和发展中国特色社会主义是一场伟大社会革命,要求我们必须进行具有许多新的历史特点的伟大斗争。进行伟大斗争是中国共产党人奋斗新征程要保持的精神状态。新征程上,要坚守不信邪、不怕鬼、不当软骨头的风骨、气节、胆魄,坚持以伟大自我革命引领伟大社会革命,把谋事和谋势、谋当下和谋未来统一起来,增强机遇意识和风险意识,善于从一般事务中发现问题,善于从倾向性、苗头性问题中抓住端倪,善于从错综复杂的矛盾关系中把握逻辑,用大概率思维应对小概率事件,牢牢守住不发生系统性风险的底线,切实增强工作的原则性、系统性、预见性、创造性。

(二)强化党内监督,释放监督效能

增强党的自我革命能力,要强化党内监督以发现和解决问题。新时代党内监督以问题为导向,从监督制度、监督主体、监督程序、监督形式等方面做出明确规定,为党的自我革命提供重要的监督保障。在构建起党内监督的四梁八柱下,党的二十大报告明确提出要通过完善自我革命制度规范体系来进一步强化党内监督的制度效力。

一要在突出政治性的基础上,增强党内监督制度体系精细化,防止"牛栏关猫"现象。党内监督制度体系是以党章为根本,民主集中制为核心的党内法规体系作为依托构建起来的全面覆盖、权威高效的监督体系。当前,党内监督在内容上的主要任务是突出政治监督,以政治巡视为手段,强化政治责任。尽管党的十八大以来,党内法规制度体系对主体、程序、对象、责任等环节进行了细化,但是在实际操作上很多法规制度存在"牛栏关猫"现象。解决"牛栏关猫"问题,就要从制度设计入手,强化制度运行的动态性特征,制度设计既要有原则性,更要结合实际,对于不同的监督对象和主体给予不同的权利和责任范围。如对于国有企业的政治监督,要深入到国企改革过程当中,不能完全以文件为标准,更要结合企业整体发展现状进行定性定量分析。而对于公检法部门的政治监督,要从这些部门处理过的具体案件中分析和考量是否合理量权,体现人民公安、人民法院的政治属性,履行其政治责任。

二要加强对"一把手"和相关领导集体等监督主体的监督,防止"灯下黑"现象。增强党的自我革命能力,必须要确保监督主体不变质。党的十八大以来,中央纪委按照中央要求进行体制机制改革,将旧有的问题线索管理权从纪检监察室单独分离出来改由案件监督管理室掌握,并成立专门的纪检监察干部监督室确保纪检部门干部在监督执纪过程做到遵守党章党规和法律制度。①其中,中央国家机关工委办公室专门下发《关于开展中央国家机关党员学习教育"灯下黑"问题专项整治的通知》,要求各级机关集中整治"灯下黑"问题。因此,将制度优势转化为制度效能是下一步解决的重点问题。此外,党内监督的关键是要督促好"关键少数",发挥各级党委自上而下的示范作用。为确保"一把手"不变质,发挥领导作用,就要对"一把手"的监督方法既要在制度设计上进一步优化,又要巧妙结合具体实操经验,有效确保"一

---

① 滕明政:《新时代中国共产党党内监督重要经验探析》,《中国井冈山干部学院学报》,2022年第15期第4卷。

把手"在岗位上的监督实效和工作能力得到双重保障。

三要创新监督方法,提升党内监督能力。党内监督方法必须与时俱进,才能确保监督实效。党的十八大以来,党在监督方式上多管齐下,在深度和广度上产生明显效果。要达到精细化效果,除了在制度设计上更加趋向科学合理,更要利用最先进的技术化手段为制度实效插上翅膀。一是实现流程再造,所谓流程再造就是对于过去信息传递过程中的堵塞和闭塞问题进行梳理,对于其中的阻滞因素加强分析,模拟信息传输流程,做到监督信息可视化和简约化。二是加强技术赋能。尽管网络党建提出多年,但在建设网络党建平台,发挥网络党建功效上还更多停留在会议通知,请假报备上,没有将最新的网络技术进行叠加,赋予新的功能。

(三)坚持问题导向,善于破解难题

发现问题,解决问题是中国共产党一以贯之的准则。党组织要增强自我革命能力既要发现现实问题,也要解决实际问题。习近平总书记指出:"面对复杂形势和艰巨任务,我们要在危机中育先机、于变局中开新局,干部特别是年轻干部要提高政治能力、调查研究能力、科学决策能力、改革攻坚能力、应急处突能力、群众工作能力、抓落实能力,勇于直面问题,想干事、能干事、干成事,不断解决问题、破解难题。"①

一要明确标准,做实调查研究。中国共产党历来推崇调查研究之风,这是提升解决实际问题能力的科学依据。马克思指出:"理论的方案需要通过实际经验的大量积累才臻于完善。"②新时代,党中央高度重视调查研究的能力。习近平总书记强调:"把问题的本质和规律把握准确,把解决问题的思路

---

① 洪向华:《干部要提高七种能力》,人民出版社,2020 年,第 7 页。
② [德]马克思:《资本论》(第一卷),人民出版社,2004 年,第 437 页。

和对策研究透彻"①,讲清楚了调查研究的任务和方法。首先,调查研究在方法上要采用得当的调研方法。如何准确快速得出调研结果,需要根据环境变化与现有条件等综合因素,制定准确合理的调研方法。不能盲目调研,否则最终结果可能是费力不得力。其次,注重对有效的调研结果进行提炼升华。调研不是最终目的,最终目的是解决问题。因此,通过对调研结果的科学提炼和升华,透过现象抓住本质,是提出有效方法的关键举措。最后,增强问题意识和批判精神。在调研过程中善于发现真问题,是提升调查研究能力的重要内容。只有以批判精神为指引,才能真正落实调查研究之风。

二要坚持原则,贯彻民主集中制。解决实际问题需要坚持全过程人民民主,这种民主不是西方程序民主,而是真正的社会主义实质民主。要优化党自我革命能力,需要发扬无产阶级政党民主传统,贯彻民主集中制原则。"党内民主是党的生命,是党内政治生活积极健康的重要基础"②,党始终把民主集中制原则作为党的根本组织原则,坚持群策群力,欢迎党内不同声音,通过集中不同的意见和建议,提出科学准确方法。新时代增强党的自我革命能力,要优化党组织自我否定功能,坚决贯彻党内民主集中制原则,反对"一言堂"等专断作风和极端民主这两种不良风气,这两种风气都是对民主集中制的肢解和偏离。要贯彻民主基础上的集中和在集中指导下的民主相统一,使党内政治氛围活泼有序。

三要狠抓落实,勇于担当作为。提升调查研究能力回答了党能够解决实际问题的可能,贯彻民主集中制回答了党能够解决实际问题所需要的条件。而勇于担当作为,是党强化自我革命能力,提高解决实际问题能力的落脚之处。新时代党员干部要勇于担当作为,发挥先锋模范作用,勇担历史使命,敢

① 《党的群众路线教育实践活动读本》,人民出版社,2013年,第67页。
② 《中国共产党第十八届中央委员会第六次全体会议公报》,人民出版社,2016年,第10页。

于与难题和问题做斗争。习近平总书记指出:"党员干部要有担当,有多大担当才能干多大事业,尽多大责任才会有多大成就。"要贯彻新时代党的组织路线,树立鲜明的用人导向,把想干事、敢干事、能干事、干成事的干部组织起来,安排在关键岗位上发挥担当者角色,对有突出贡献、长期奋战在一线,有着丰富基层经验的干部优先提拔,对年度考核曾连续三年确定为优秀等次的重点提拔使用,对个性鲜明、坚持原则、敢抓敢管、不怕得罪人的干部,大胆使用,真正把敢作为、敢担当的干部选拔出来为人民服务。

(四)提高学习能力,善于总结经验

勤学习与善总结是党不断取得进步的重要法宝,是实现党组织跨越式发展的关键举措。新时代党增强自我革命能力,一方面要始终保持党的主动学习状态,加强学习型政党建设。另一方面,通过不断总结党的历史经验更好地指引发展方向,实现自我超越。勤学习凸显"勤"的状态,要求推进中国共产党不断吸收外在先进资源,善总结强化"善"的方法,努力从党的历史经验中赢得历史主动。

一是勤学习,持续推进学习型政党建设。习近平总书记指出:"增强学习本领,在全党营造善于学习、勇于实践的浓厚氛围,建设马克思主义学习型政党,推动建设学习大国。"[1]党中央一直高度重视学习型政党建设,早在1941年毛泽东同志在延安整风中就大力提倡要用马克思主义的立场、观点和方法改造我们的学习方式,用来破解本本主义、形式主义工作作风。新时代继续加强学习型政党建设对于中国共产党增强自我革命能力来说意义重大。首先,推进学习型政党建设是从整体出发,要求全党精神面貌始终保持

---

① 《中国共产党第十九次全国代表大会文件汇编》,人民出版社,2017年,第55页。

主动态势。一个民族、一个国家只有不断学习才能取得进步,中国共产党要走在时代前列就必须不断学习。其次,加强学习型政党建设能够同非马克思主义做坚决斗争。当前各种非马克思主义思潮甚嚣尘上,只有不断通过学习马克思主义并将这一理论具体运用到实践当中,才能明辨是非,坚定马克思主义信仰。最后,加强学习型政党建设能够提高马克思主义执政党治国理政水平。建设马克思主义学习型政党要求中国共产党始终具有世界眼光,胸怀天下,准确把握世界百年未有之大变局,深入研究世界历史发展的规律,引领中华民族伟大复兴。

第二,善总结,从历史经验中汲取发展智慧。历史经验是党从自身出发,挖掘内在政治资源的重要途径,是增强党的自我革命能力的必要手段。中国共产党历来强调对历史经验进行总结,并形成了一套总结历史经验的方法。这套方法论强调,首先要从唯物史观出发,将历史研究对象置于具体时空当中,以联系发展的眼光加强对事物整体认知。其次,通过历史比较的分析方法,在判断、归纳、推理的基础上将历史的具象进行横向与纵向的对比,实现理论的抽象。例如,党不仅从纵向上深入总结党的历史经验,还从横向上把握百年党史发展规律。再次,深刻把握辩证唯物主义方法论原则。中国共产党人对于一地、一区的历史考察,从不拘泥于为了考察地方矛盾只考察矛盾的表面现象,而是首先剖析该地区政治、经济、社会发展等状况,进而透过这些现象找寻矛盾背后的张力。如毛泽东《中国社会各阶级的分析》《湖南农民运动考察报告》《反对本本主义》《寻乌调查》《兴国调查》等著作鲜明体现这一特点。最后,要发挥历史主动精神,在认识世界和改造世界中积极主动运用规律,把握事物发展趋势。总之,新时代,党要增强自我革命能力,必须坚持从历史经验中汲取发展智慧,推动党的事业不断向前发展。

四、健全体制:完善制度规范体系,健全自我革命的体制

新时代,以习近平同志为核心的党中央坚定不移推进全面从严治党,坚持制度治党、依规治党,党内法规制度体系基本建成、体制机制不断完善、法律配套加速推进。党的十九届六中全会做出了"党的十八大以来,我们党以前所未有的勇气和定力全面从严治党,打了一套自我革命的'组合拳',形成了一整套党自我净化、自我完善、自我革新、自我提高的制度规范体系"的重大论断。十九届中央纪委六次全会强调,必须坚持构建自我净化、自我完善、自我革新、自我提高的制度规范体系,为推进伟大自我革命提供制度保障。党的二十大报告把"完善党的自我革命制度规范体系"作为"健全全面从严治党体系"的一项重要任务,二十届中央纪委二次全会对推动完善党的自我革命制度规范体系进行细化部署。党的自我革命制度规范体系是一种自上而下坚持真理、修正错误,发现问题、纠正偏差的工作机制,旨在解决党的建设系统性、整体性问题,是一项贯彻党的自我革命战略部署、始终保持党长盛不衰、不断发展壮大的重要制度保障。党的自我革命制度体系的建构与完善是一个循序渐进的发展过程。要在制度体系方面着力健全"两大体系",在制度运行方面着力完善"两大机制",在制度保障方面充分发挥"两把利器"的重要作用。

(一)健全党内法规制度体系和监督体系

一要完善党内法规制度体系。治国必先治党,治党务必从严,从严必依法度,党内法规制度的体系化与否是衡量一个政党是否成熟的重要标志。百年来中国共产党始终坚持以党内法规制度体系保障党的自我革命,党内法

规制度建设取得重大成果。党的十八大以来,党内法规制度体系化进程加速推进,党内法规制度建设实现了跨越式发展、取得了显著成就。新时代新征程,完善党内法规制度体系,要不断完善顶层设计,坚持以党章为根本,以民主集中制为核心,坚持于法周延、于事简便的原则,严格贯彻新时代党的建设总要求,及时回应自我革命需要,不断提升党内法规体系的完整性和整体性水平。坚持推陈出新,及时修订清理不符合时代发展要求的党内法规,始终秉承良法善治的基本理念与核心价值,不断加强对新出台党内法规的规划和设计,确保不同位阶党内法规不错位不掣肘,实现有机衔接,不断增强党内法规权威性和执行力,维护党内法规体系统一性和权威性,推动党内法规制度体系建设高质量发展。

二要健全党统一领导、全面覆盖、权威高效的监督体系。党和国家监督体系的健全完善是国家治理体系建设的重要组成部分,也是党不断提高自身执政能力的重要保障。坚持党的领导,是健全党和国家监督体系的方向性保障。坚持党的领导,就要强化政治监督,在明确监督内容、监督对象、监督方式的基础上,将政治监督融入日常监督,推动政治监督走向靶向精准、常态长效。坚持党的领导,就要坚持以党内监督为主导,促进各类监督贯通协调。坚持"党委(党组)要发挥主导作用,统筹推进各类监督力量整合、程序契合、工作融合"。实现监督体系全面覆盖,在完善党内监督体系的基础上,推动各类监督之间关联互动、系统集成,形成同题共答、常态长效的监督合力。增强对"一把手"和领导班子监督实效,使其更好发挥"头雁效应",带动绝大多数,实现监督"人人"覆盖、"时时"覆盖。实现监督体系权威高效,其一,要充分发挥监督的政治属性,增强各级纪委监督权的相对独立性和权威性,不断强化监督体系的政治权威与制度权威。其二,在监督体系构建的过程中,始终坚持民主集中制原则,不断增强全党同志对于监督体系的认同感,使制度理念内化于心,推动制度实践外化于行,实现知行合一。其三,不断强化监督体系的执行力度,以强大的执行力推动制度落地生根,使制度"长牙""带电",推动监督体系的权威性和有效性持续增强。

(二)完善纠偏机制和权力监督制约机制

一要形成坚持真理、修正错误,发现问题、纠正偏差的机制。形成坚持真理、修正错误,发现问题、纠正偏差的机制是党的自我革命制度规范体系有效运行的关键一环。其一,建立健全党内学习教育机制,实现以制度规范推动党员干部主动学习真理,自觉修正错误。党的十八大以来,党中央先后组织开展党的群众路线教育实践活动、"三严三实"专题教育、"两学一做"学习教育、"不忘初心、牢记使命"主题教育、党史学习教育、学习贯彻习近平新时代中国特色社会主义思想主题教育等多次党内集中学习教育,党内学习教育逐步形成长效机制。习近平总书记指出:"我们党依靠学习创造了历史,更要依靠学习走向未来。"要深刻总结党的历史上尤其是党的十八大以来党内学习教育所积累的宝贵经验,不断完善党内学习的方式方法,创新学习模式,推动党内学习教育形成长效机制。其二,要建立健全党员干部批评与自我批评常态化机制。发现问题是修正问题的前提,批评和自我批评是中国共产党永葆先进性与纯洁性的重要法宝。将批评与自我批评贯穿于民主生活会等党内政治活动,在批评与自我批评中引导全体党员自觉对照党章党规,检视自身问题,寻找自身差距,查摆自身与党章之间存在的距离与不足,推动批评与自我批评常态化机制化,努力营造出主动自我批评和积极接受批评的党内政治生态,确保批评与自我批评常态长效。其三,要建立健全党员干部纠错纠偏机制。纠错纠偏是发现问题的最终目的。建立健全党员干部纠错纠偏机制要始终坚持严管和厚爱结合,坚持"三个区分开来",建立健全包括党员干部纠错纠偏认定、纠错纠偏评估、纠错纠偏处置等环节在内的闭环机制,秉持有偏必纠、有错必改的基本原则,对于再犯已犯错误或者屡教不改者,要依法依规加大惩处力度。

二要完善权力监督制约机制。习近平总书记强调:"把权力关进制度的笼子里。"从权力的产生与运行过程来看,权力主要分为权力来源、权力主体与权力运行三个方面,完善权力监督制约机制也要从以上三个方面着手,从而实现对权力监督制约的全面覆盖、有机衔接。其一,完善对权力来源的监督制约,坚持权责法定,坚决贯彻党中央相关部署,权力的取得、行使、边界必须严格按照法律规定,同时不断优化机构设置和职能配置,既要避免权力失衡,也要避免出现权力监督的"真空地带",实现权力的配置科学。坚持决策权、执行权、监督权合理分工又协调制约,推动实现各部门各司其职、各就其位、各负其责。其二,完善对权力主体的监督制约,要不断完善领导干部的选任制度、建立健全失控权力的剥夺制度、建立健全选人用人失察的责任追究制度等,为实现对权力主体的有效监督制约提供制度依规。同时不断提高监督主体的权威性,整合监督力量,强化监督合力。其三,完善对权力运行的监督制约,建立完善权力运行公开制度,建立健全相应的听证制度、查询制度和追溯制度等,不断提高党内民主制度化程度,坚持党务公开、政务公开,做到规则公开、程序公开、结果公开,实现权力监督全覆盖,确保权力科学规范行使。

(三)用好巡视和问责两把利器

一要加强政治巡视。党的二十大报告指出:"发挥政治巡视利剑作用,加强巡视整改和成果运用。"发挥政治巡视利剑作用,加强巡视整改和成果运用,是完善党的自我革命制度规范体系的题中之义。其一,坚守政治巡视站位,政治巡视本质上是政治监督,要始终坚持以政治巡视强化党的领导的根本目的,以增强"四个意识"、坚定"四个自信"作为政治标杆;以坚定拥护"两个确立"、坚决做到"两个维护"作为政治任务;以坚决贯彻党中央决策部署作为政治要求。其二,明确政治巡视目标。一方面,要精准把握政治巡视重点目标,在内容上突出党的领导弱化、党的建设缺失、全面从严治党不力等"三大问题",在对象上坚持问题导向,坚持价值取向,突出"关键少数",紧盯权力责任,实现有形覆盖与有效覆盖有机统一。另一方面,要充分把握政治巡视常态化目标,坚持以政治巡视严肃党内政治生活,净化党内政治生态。其三,发挥政治巡视作用。充分发挥政治巡视震慑遏制作用,加强巡视整改和成果运用,做到以巡促改、以巡促治,逐步形成巡视发现问题、纠正偏差、严肃处理、形成震慑、促进发展的巡视整改机制,促进巡视工作制度化规范化程序化,确保巡视利剑震慑常在。

二要用好问责利器。党的二十大报告指出:"落实全面从严治党政治责任,用好问责利器。"明确责任归属、推进责任落实、用好问责利器是党的自我革命制度规范体系的重要保障。其一,要优化完善责任清单制度,坚持权责一致的基本原则推动权责清单制度优化完善,实现权责匹配,有效解决党建权责不对等、权责不明确的现象。同时进一步明确细化不同主体、不同层次的党建责任,对领导责任、直接责任人和间接责任人进行明确的责任划分,严格落实"党政同责、一岗双责"的基本要求,在同一级党委领导班子中构建责任共同体。其二,优化完善考核评价机制,构建科学的党建指标体系与多元评价机制。在考核标准上,要注重定性分析和量化考核的有机结合,既要看到全面从严治党的实际效果,也要重视量化指标体系反映出来的考核分数。在考核内容上,既要立足长期目标,又要着眼于短期任务,既要注重完成重点任务,也要致力解决突出问题。在评价主体上,既要充分考虑上级领导考评意见,也要兼顾人民群众的考评结果,推动评价主体多元发展。其三,用好问责利器,问责是落实全面从严治党政治责任的最后一个环节,严格对照责任清单,始终坚持失责必问、问责必严、权责一致、错责相当的基本原则,明确问责对象、精细问责内容、系统问责程序,推动问责走向规范化、法治化,不断强化监督保障,压实全面从严治党的政治责任。

五、锻造队伍:提高"政治三力",锻造自我革命的队伍

党的十八大以来,以习近平同志为核心的党中央把全面从严治党纳入"四个全面"战略布局,以刀刃向内的勇气和永远在路上的执着,推动全面从严治党取得新的战略性成果。在 2020 年底召开的中共中央政治局民主生活会上,习近平总书记首次明确提出政治"三力",他指出:"我们党要始终做到不忘初心、牢记使命,把党和人民事业长长久久推进下去,必须增强政治意识,善于从政治上看问题,善于把握政治大局,不断提高政治判断力、政治领悟力、政治执行力。"政治判断力,是以国家政治安全为大、以人民为重、以坚持和发展中国特色社会主义为本,科学把握形势变化、精准识别现象本质、清醒明辨行为是非、有效抵御风险挑战的能力。政治领悟力,是对党中央精神深入学习、融会贯通,坚持用党中央精神分析形势、推动工作,始终同党中央保持高度一致的能力。政治执行力,是同党中央精神对表对标,把党的路线方针政策坚决执行到位、把党中央决策部署不折不扣落实到底的能力,是政治判断力、政治领悟力的落脚点。提高政治判断力、政治领悟力、政治执行力,体现出中国共产党作为马克思主义政党注重讲政治的鲜明态度,彰显出以习近平同志为核心的党中央高度重视政治建设这个根本性建设的坚定决心。习近平总书记指出,全面从严治党首先要从政治上看,不断提高政治判

断力、政治领悟力、政治执行力,为深化全面从严治党、推动取得新的更大成果提供了根本遵循。新时代新征程,给全面从严治党提出新的更高要求,必须锻造一支具有高度的政治判断力、政治领悟力、政治执行力的勇于自我革命的队伍,敢于直面问题,增强斗争精神,勇于担当作为,做到党中央提倡的坚决响应,党中央决定的坚决执行,党中央禁止的坚决不做。

(一)强化思想引领,夯实理论根基

党的二十大报告指出:"拥有马克思主义科学理论指导是我们党坚定理想信念、把握历史主动的根本所在。"①深化理论学习、强化理论武装是领导干部补短板、强本领的必要手段。马克思主义理论素养,既是领导干部的必备素养和"政治三力"的重要组成部分,也是其胜任领导工作的基础和前提。领导干部"政治三力"不足是多重因素互相作用的结果,但根本原因在于理论学习不深不实,信仰之基不牢、精神之钙不足、思想之舵不稳。一要认真学习马克思主义理论。领导干部深化理论学习、厚植马克思主义理论素养的重中之重就在于学深悟透习近平新时代中国特色社会主义思想。领导干部要严格按照"学思想、强党性、重实践、建新功"②的总要求,坚持学思用贯通、知信行统一,既要立足整体,全面系统掌握其科学体系、实践指向、核心要义和发展逻辑,又要把握好其世界观和方法论、运用好贯穿其中的立场、观点和方法。二要认真学习党的百年历史。学习百年党史是领导干部的必修课和常修课。百年党史是最为生动和最具说服力的教科书,蕴含着丰富的党的自我

① 习近平:《高举中国特色社会主义伟大旗帜 为全面建设社会主义现代化国家而团结奋斗——在中国共产党第二十次全国代表大会上的报告》,人民出版社,2022年,第16页。
② 习近平:《在学习贯彻习近平新时代中国特色社会主义思想主题教育工作会议上的讲话》,人民出版社,2023年,第8页。

革命的经验智慧,是领导干部纯洁政治灵魂、提升"政治三力"的必然选择。领导干部要树立正确历史观,赓续党的优良传统、弘扬伟大建党精神,旗帜鲜明反对历史虚无主义,自觉将百年党史置于大历史观视野下学习,既要从党的辉煌成就中汲取历史智慧、坚定历史自信,也要辩证看待失误挫折,从中总结历史教训。

(二)加强党性锻炼,剔除政治杂质

习近平总书记指出:"党性是党员、干部立身、立业、立言、立德的基石。"[①]党性不会自发地产生和自然而然地增强,如果不注重强化党性锻炼,党性反而会降低甚至丧失。有的领导干部价值取向、情感倾向和思想导向随着党性修养的弱化而发生偏移,制约了"政治三力"的提升,折射出强化党性锻炼的重要性。领导干部唯有接受政治体检、剔除政治杂质、打扫政治灰尘,才能立场坚定、头脑清醒、方向明晰,这既是领导干部的必备素养之一,也是衡量"政治三力"强弱的重要标准。严肃认真的党内政治生活,政治性是灵魂,起统领作用,不讲政治就容易趋于庸俗化,要强化政治引领,将对党、对人民、对马克思主义的绝对忠诚注入基因、融入血脉、入驻灵魂、铸入筋骨;时代性是动力,不讲创新,将丧失生机活力、趋于僵化停滞,既要借鉴以往成功经验,又要适应形势变化和工作实际,在内容范畴、程序规则、方式途径等方面勇于变革和创新,永不僵化和停滞;原则性是保障,不讲原则,党内就会弊病丛生、趋于随意化,要坚持严字当头并贯穿政治生活始终,严防松一阵紧一阵,认真执行民主集中制,开展好组织生活;战斗性是关键,不敢斗争、不会斗争,就会趋于形式化,要用好批评与自我批评武器,既要对照党章党规严

---

① 习近平:《在纪念朱德同志诞辰130周年座谈会上的讲话》,人民出版社,2016年,第8页。

肃进行自我批评，又要真诚接受他人对自己的批评，全面检视"政治三力"的不足并剖析背后原因，紧扣主题，切中要害，勇于坚持真理、修正错误，不掩饰缺点、不文过饰非。

(三)坚持人民至上，汲取力量源泉

"民心是最大的政治，正义是最强的力量。"①坚持人民至上，既是中国共产党百年奋斗历史经验，也是习近平新时代中国特色社会主义思想世界观和方法论；既是百年大党历经沧桑依然永葆旺盛生命力和战斗力的根本所在，也是领导干部提升"政治三力"的力量源泉。如果动摇人民立场，失去人民的信任、支持和拥护，中国共产党政治上的先进性、纯洁性和执政合法性必将丧失，提升"政治三力"更无从谈起。目前，领导干部队伍中有时还存在作风简单粗暴，不作为、慢作为等涉及群众生产、生活切身利益的问题，折射出政绩观和权力观的偏差，容易在形形色色的诱惑面前迷失自我，进而由经济上的贪婪、生活上的腐化、道德上的堕落蜕化为政治上的变质。领导干部提升"政治三力"，要发扬党的政治优势、站稳党的政治立场、牢记党的性质宗旨，时刻警惕随职位升迁而忘却为民初心，弱化党群血肉联系的倾向。首先，时刻不忘"为了谁"。情感上认同，才能相互理解、相互信任、相互支持。领导干部在思想上要永葆公仆身份的清醒认知，永葆赤子之心，始终心系群众、热心服务群众，常思群众想要的是什么、拥护的是什么、反对的是什么。其次，时刻不忘"依靠谁"。领导干部要坚持人民主体地位，在行动上要主动融入群众，同群众打成一片，甘心拜人民为师，向人民学习，放下架子、扑下身子、扛起担子，倾注真感情、做出真实绩，在扎根群众的实践中汲取政治智

---

① 《中共中央关于党的百年奋斗重大成就和历史经验的决议》，人民出版社，2021 年，第 66 页。

慧、增长政治才干。最后,时刻不忘"我是谁"。领导干部要在党和国家工作大局中找准政治定位、明晰政治追求,牢记党员第一身份、为民谋利第一职责,致力于守住守好人民的心,想问题、定政策、做工作要落脚在为民谋利,坚决摒弃官本位的思想,保持强烈的政治责任感和使命感。

(四)加强教育管理,严明纪律规范

党的二十大报告强调:"全面加强党的纪律建设,督促领导干部特别是高级干部严于律己、严负其责、严管所辖,对违反党纪的问题,发现一起坚决查处一起。"[①]党员教育管理是党的基础性事业,对领导干部的教育管理尤为重要,是严明政治纪律、提升"政治三力"的重要抓手,是巩固党的执政根基、提高党的执政能力的重要手段。教育侧重思想层面,防患未然、未雨绸缪,监管侧重实践层面,抓严抓实、真抓真管,教育需要制度化的管理来保障并检验成效,而管理有赖于常态化教育的开展。一段时期以来,领导干部"政治三力"建设方面暴露出的问题,很大程度上在于管党治党的政治责任没有压实压紧,领导干部教育管理工作落实不到位,存在认识不足、手段不多、覆盖不够的问题,教育、监管和问责三者没有联动起来。要抓住关键时间节点,多措并举常态化政治纪律教育。首先,要抓住新颁布党规党纪的修订时间节点,重视开展党规党纪的宣传解读,助力领导干部领会其精神实质和实践要求。其次,要抓住不正之风高发频发的时间节点,既要宣传正面典型,发挥示范带动作用,又要剖析典型案例,以案为鉴、以案明纪、以案警人。最后,要抓住领导干部选拔任用的时间节点,提高政治纪律在干部选拔任用考核中的比重,充分激发领导干部严明政治纪律、严守政治底线的内生动力。要以党内

---

① 习近平:《高举中国特色社会主义伟大旗帜 为全面建设社会主义现代化国家而团结奋斗——在中国共产党第二十次全国代表大会上的报告》,人民出版社,2022年,第68页。

法规为依据,严格执行党的政治纪律。领导干部要以宽广的胸怀正确对待党组织的监督管理,党组织和纪检监察机关要加大对于违反政治纪律的惩戒力度,对逾越底线和触碰红线的违法乱纪行为绝不姑息,紧盯领导干部政治表现,深化政治巡视,推进政治监督具体化、精确化、常态化,聚焦政治问题、突出政治体检、用好政治"显微镜"和"探照灯",着力发现并纠正政治偏差,彻底清除政治隐患。

全面从严治党首先要从政治上看。新时代新征程上,要不断提高"政治三力",着力锻造一支忠诚干净担当的高素质干部队伍。首先,要提高政治判断力,明辨方向不偏移。作为一名党员干部、特别是领导干部,一定要保持政治敏锐性和政治鉴别力,在重大问题和关键环节上头脑特别清醒、眼睛特别明亮,善于用政治眼光分析、研判一般问题,善于从倾向性、苗头性问题中发现政治端倪,善于从错综复杂的矛盾关系中把握政治逻辑,坚持政治立场不移,确保政治方向不偏。其次,要提高政治领悟力,理论武装不懈怠。深刻感悟共产党人的初心和使命,落实新时代党的建设总要求,实事求是、坚持真理,科学应变、主动求变,咬定目标、勇往直前,走好新时代的长征路。最后,要提高政治执行力,狠抓落实不动摇。牢固树立坚决执行、马上就办的思想,做到上情下达、政令畅通、步调一致、高质高效,确保上级部署要求不折不扣落实。

参考文献

(一)文献资料

1.《马克思恩格斯选集》(第 1—4 卷),人民出版社,2012 年。

2.《马克思恩格斯文集》(第 1、2、3、5、10 卷),人民出版社,2009 年。

3.《马克思恩格斯全集》(第一卷),人民出版社,1956 年。

4.《马克思恩格斯全集》(第二卷),人民出版社,1957 年。

5.《马克思恩格斯全集》(第三卷),人民出版社,1960 年。

6.《马克思恩格斯全集》(第四卷),人民出版社,1958 年。

7.《马克思恩格斯全集》(第六卷),人民出版社,1965 年。

8.《马克思恩格斯全集》(第十五、十七卷),人民出版社,1963 年。

9.《马克思恩格斯全集》(第十六卷),人民出版社,1964 年。

10.《马克思恩格斯全集》(第十八卷),人民出版社,1965 年。

11.《马克思恩格斯全集》(第二十九卷),人民出版社,1972 年。

12.《马克思恩格斯全集》(第三十四卷),人民出版社,1972 年。

13.《马克思恩格斯全集》(第三十六卷),人民出版社,1974 年。

14.《马克思恩格斯全集》(第三十七卷),人民出版社,1971 年。

15.《马克思恩格斯全集》(第三十八卷),人民出版社,1972年。

16.《马克思恩格斯全集》(第四十卷),人民出版社,1982年。

17.《马克思恩格斯全集》(第四十二卷),人民出版社,1979年。

18.《列宁选集》(第1、2卷),人民出版社,2012年。

19.《列宁全集》(第四卷),人民出版社,1984年。

20.《列宁全集》(第六卷),人民出版社,1986年。

21.《列宁全集》(第八卷),人民出版社,1986年。

22.《列宁全集》(第二十四卷),人民出版社,1990年。

23.《列宁全集》(第三十四卷),人民出版社,1985年。

24.《列宁全集》(第三十七卷),人民出版社,1996年。

25.《列宁全集》(第三十九卷),人民出版社,1986年。

26.《列宁全集》(第五十五卷),人民出版社,1990年。

27.《列宁专题文集》:论无产阶级政党,人民出版社,2009年。

28.《列宁专题文集》:论马克思主义,人民出版社,2009年。

29.《斯大林选集》(下卷),人民出版社,1979年。

30.《中共中央文件选集》(一九二一——一九二五),中共中央党校出版社,1982年。

31.《中共中央文件选集》(一九二七),中共中央党校出版社,1983年。

32.《中共中央文件选集》(一九二九),中共中央党校出版社,1983年。

33.《中共中央文件选集》(一九三二——一九三三),中共中央党校出版社,1985年。

34.《中共中央文件选集》(一九三六——一九三八),中共中央党校出版社,1985年。

35.《中共中央文件选集》(一九三九——一九四一),中共中央党校出版社,

1986 年。

36.《中共中央文件选集》(一九四五——一九四七),中共中央党校出版社,1987 年。

37.《中共中央文件选集》(一九四八——一九四九),中共中央党校出版社,1987 年。

38.《中共中央文件选集》(1949 年 10 月—1966 年 5 月)(第一——五十册),人民出版社,2013 年。

39.《建国以来重要文献选编》(第一——三册),中央文献出版社,1992 年。

40.《建国以来重要文献选编》(第四——七册),中央文献出版社,1993 年。

41.《建国以来重要文献选编》(第八——九册),中央文献出版社,1994 年。

42.《中国共产党组织史资料》(第八卷)上,中共党史出版社,2000 年。

43.《中央组织部等:中国共产党组织史资料》(第九卷)(文献选编下),中共党史出版社,2000 年。

44.《中国共产党第二次至第六次全国代表大会文件汇编》,人民出版社,1981 年。

45.《建党以来重要文献选编》(1921—1949)(第十五册),中央文献出版社,2011 年。

46.《建党以来重要文献选编》(第二十五册),中央文献出版社,2011 年。

47.《毛泽东选集》(第一——四卷),人民出版社,1991 年。

48.《毛泽东文集》(第一——二卷),人民出版社,1993 年。

49.《毛泽东文集》(第三——五卷),人民出版社,1996 年。

50.《毛泽东文集》(第六——八卷),人民出版社,1999 年。

51.《建国以来毛泽东文稿》(第一册),中共中央文献出版社,1987 年。

52.《建国以来毛泽东文稿》(第二册),中共中央文献出版社,1988 年。

53.《建国以来毛泽东文稿》(第三册),中共中央文献出版社,1989年。

54.《建国以来毛泽东文稿》(第四册),中共中央文献出版社,1990年。

55.《建国以来毛泽东文稿》(第五册),中共中央文献出版社,1991年。

56.《建国以来毛泽东文稿》(第六册),中共中央文献出版社,1992年。

57.《刘少奇选集》(上卷),人民出版社,1981年。

58.刘少奇:《论共产党员的修养》,人民出版社,2018年。

59.《邓小平文选》(第一——二卷),人民出版社,1994年。

60.《邓小平文选》(第三卷),人民出版社,1993年。

61.《江泽民文选》(第一——三卷),人民出版社,2006年。

62.《胡锦涛文选》(第一——三卷),人民出版社,2016年。

63.《三中全会以来重要文献选编》(上)(下),人民出版社,1982年。

64.《十二大以来重要文献选编》(上)(中)(下),中央文献出版社,2011年。

65.《十三大以来重要文献选编》(上)(中)(下),中央文献出版社,2011年。

66.《十四大以来重要文献选编》(上)(中)(下),中央文献出版社,2011年。

67.《十五大以来重要文献选编》(上)(中)(下),中央文献出版社,2011年。

68.《十六大以来重要文献选编》(上),中央文献出版社,2005年。

69.《十六大以来重要文献选编》(中),中央文献出版社,2006年。

70.《十六大以来重要文献选编》(下),中央文献出版社,2008年。

71.《十七大以来重要文献选编》(上),中央文献出版社,2009年。

72.《十七大以来重要文献选编》(中),中央文献出版社,2011年。

73.《十七大以来重要文献选编》(下),中央文献出版社,2013年。

74.《十八大以来重要文献选编》(上),中央文献出版社,2014年。

75.《十八大以来重要文献选编》(中),中央文献出版社,2016年。

76.《十八大以来重要文献选编》(下),中央文献出版社,2018年。

77.《十九大以来重要文献选编》(上),中央文献出版社,2019年。

78.《十九大以来重要文献选编》(中),中央文献出版社,2021年。

79.《习近平谈治国理政》(第一卷),外文出版社,2018年。

80.《习近平谈治国理政》(第二卷),外文出版社,2017年。

81.《习近平谈治国理政》(第三卷),外文出版社,2020年。

82.《习近平谈治国理政》(第四卷),外文出版社,2022年。

83.《中共中央党史研究室:中国共产党历史》(第一、二卷)(上)(下),中共党史出版社,2011年。

84.《中共中央党史研究室:中国共产党的九十年 新民主主义革命时期》,中共党史出版社、党建读物出版社,2016年。

85.《中共中央党史研究室:中国共产党的九十年 社会主义革命和建设时期》,中共党史出版社、党建读物出版社,2016年。

86.《中共中央党史研究室:中国共产党的九十年 改革开放和社会主义现代化建设新时期》,中共党史出版社、党建读物出版社,2016年。

87.《中国共产党党内法规体系》,人民出版社,2021年。

88.习近平:《在庆祝全国人民代表大会成立60周年大会上的讲话》,人民出版社,2014年。

89.习近平:《在纪念红军长征胜利八十周年大会上的讲话》,人民出版社,2016年。

90.习近平:《在庆祝中国共产党成立95周年大会上的讲话》,人民出版社,2016 年。

91.习近平:《在第十八届中央纪律检查委员会第六次全体会议上的讲话》,人民出版社,2016 年。

92.习近平:《之江新语》,浙江人民出版社,2007 年。

93.习近平:《决胜全面建成小康社会 夺取新时代中国特色社会主义伟大胜利——在中国共产党第十九次全国代表大会上的报告》,人民出版社,2017 年。

94.习近平:《在庆祝改革开放 40 周年大会上的讲话》,人民出版社,2018年。

95.《习近平新时代中国特色社会主义思想学习纲要》,学习出版社,人民出版社,2019 年。

96.《中共中央文献研究室.习近平关于全面深化改革论述摘编》,中央文献出版社,2015 年。

97.《中共中央文献研究室.习近平关于党风廉政建设和反腐败斗争论述摘编》,中央文献出版社,2015 年。

98.《中共中央文献研究室.习近平关于协调推进"四个全面"战略布局论述摘编》,中央文献出版社,2015 年。

99.《中共中央文献研究室.习近平关于全面从严治党论述摘编》,中央文献出版社,2016 年。

100.《中共中央文献研究室编.习近平关于严明党的纪律和规矩论述摘编》,中国方正出版社,2016 年。

101.《中共中央文献研究室.习近平关于社会主义文化建设论述摘编》,中央文献出版社,2017 年。

102.《中共中央文献研究室编.习近平关于社会主义政治建设论述摘

编》,中央文献出版社,2017 年。

103.《习近平关于"不忘初心、牢记使命"论述摘编》,党建读物出版社,中央文献出版社,2019 年。

104.《十八大以来廉政新规定》,人民出版社,2017 年。

105.《中国共产党简史》,人民出版社,中共党史出版社,2021 年。

106.习近平:《在党史学习教育动员大会上的讲话》,人民出版社,2021年。

107.习近平:《在全国脱贫攻坚总结表彰大会上的讲话》,人民出版社,2021 年。

108.习近平:《在庆祝中国共产党成立 100 周年大会上的讲话》,人民出版社,2021 年。

109.《中共中央关于党的百年奋斗重大成就和历史经验的决议辅导读本》,人民出版社,2021 年。

110.习近平:《高举中国特色社会主义伟大旗帜为全面建设社会主义现代化国家而团结奋斗——在中国共产党第二十次全国代表大会上的报告》,人民出版社,2022 年。

111.《中国共产党章程》,人民出版社,2022 年。

112.《中共中央关于进一步全面深化改革、推进中国式现代化的决定》,人民出版社,2024 年。

113.《党的二十届三中全会〈决定〉学习辅导百问》,学习出版社,党建读物出版社,2024 年。

(二)专著

1.[美]A.多克.巴尼特:《共产党中国初创时代》(1949—1955),普拉格公司(纽约),1954 年。

2.［美］R.麦克法夸尔、费正清：《剑桥中华人民共和国史》（1949—1956），中国社会科学出版社，1998年。

3.蔡长水等：《论执政党的作风建设》，陕西人民出版社，2002年。

4.陈坚：《党的自我革命 中国改革开放成功的政治密码》，北京出版集团公司、北京人民出版社，2020年。

5.陈先达：《马克思主义信仰十讲》，人民出版社，2018年。

6.［美］大卫.科兹：《来自上层的革命：苏联体制的终结》，曹荣湘，等，译.北京：中国人民大学出版社，2002年。

7.［美］丹尼斯·K.姆贝：《组织中的传播和权力：话语、意识形态和统治》，陈德民、陶庆、薛梅，译.北京：中国社会科学出版社，2000年。

8.董遂强：《中国共产党作风建设理论与实践研究》，光明日报出版社，2012年。

9.［美］弗兰西斯·福山：《历史的终结》，远方出版社，1998年。

10.高波：《中国共产党的自我革命 党章中的纪律和规矩》，中国方正出版社，2018年。

11.高新民、张希贤：《中国共产党建设史》，中共中央党校出版社，2009年。

12.李君如：《中国共产党建设史》（上、下），福建人民出版社，2011年。

13.李君如：《中国奇迹与中国制度》，人民出版社，2021年。

14.林尚立：《当代中国政治基础与发展》，中国大百科全书出版社，2017年。

15.刘红凛：《新时代党的建设理论和实践创新研究》，人民出版社，2019年。

16.吕增奎：《民主的长征：海外学者论中国政治发展》，中央编译出版社，

2011年。

17.吕增奎:《执政的转型:海外学者论中国共产党的建设》,中央编译出版社,2011年。

18.孟财、余远来:《共产党员要勇于自我革命》,浙江人民出版社,2017年。

19.欧阳淞:《中国共产党党的建设基本问题研究》,人民出版社,2021年。

20.秦宣:《为什么要坚持中国特色社会主义》,中国人民大学出版社,2012年。

21.全国党的建设研究会:《中国化的马克思主义党建理论体系概论》,党建读物出版社,2021年。

22.任仲文:《深入推进自我革命》,人民日报出版社,2019年。

23.[美]塞缪尔·P·亨廷顿:《变化社会中的政治秩序》,王冠华,刘为,等,译.上海:上海人民出版社,2020年。

24.[美]沈大伟:《中国共产党:收缩与调适》,吕增奎,王新颖,译,北京:中央编译出版社,2011年。

25.孙兴昌:《新时代党的纪律建设进程及经验研究》,天津人民出版社,2021年。

26.汤俊峰:《自我革命 全面从严治党战略研究》,中国出版集团,研究出版社,2019年。

27.王关兴、陈挥:《中国共产党反腐倡廉史》,上海人民出版社,2001年。

28.王沪宁:《政治的逻辑》,上海人民出版社,2004年。

29.韦磊:《伟大的自我革命 国际社会看新时代全面从严治党》,中国方正出版社,2019年。

30.吴林根:《中国共产党干部教育九十年》,东方出版中心,2011年。

31.肖东波、曹屯裕:《新中国成立初期执政党建设研究》,浙江大学出版社,2010 年。

32.徐光春:《马克思主义大辞典》,崇文书局,2017 年。

33.徐昕:《自我革命 新时代党的建设的伟达方略》,江苏人民出版社,2021 年。

34.许全兴:《马克思主义哲学自我革命》,中国社会科学版,2009 年。

35.甄占民:《常青之道:中国共产党自我革命的故事》,中共党史出版社,2021 年。

36.甄占民:《自我革命 跳出历史周期率的第二个答案》,人民出版社,2022 年。

37.朱汉国、谢春涛、樊天顺:《中国共产党建设史》,四川人民出版社,1991 年。

(三)中文期刊

1.白显良:《论中国共产党自我革命品格的百年锻造》,《西南大学学报》(社会科学版),2021 年第 4 期。

2.蔡志强:《革命逻辑与中国共产党的历史使命》,《思想理论教育》,2019 年第 6 期。

3.陈德祥:《自我革命与保持党的先进性和纯洁性》,《马克思主义理论科学研究》,2019 年第 1 期。

4.陈德祥:《自我革命与保持党的先进性和纯洁性》,《马克思主义理论学科研究》,2019 年第 1 期。

5.陈富荣:《中国共产党坚持百年自我革命的逻辑理路与宝贵经验》,《甘肃社会科学》,2021 年第 3 期。

6.陈家刚:《坚持自我革命 锻造长期执政的马克思主义政党》,《教学与研究》,2021 年第 12 期。

7.陈建兵、高镜雅:《新时代"革命话语"的"出场"及其重大价值》,《中南大学学报》(社会科学版),2020 年第 5 期。

8.陈理:《深刻理解把握协同推进社会革命和自我革命的依据、内涵和要义》,《中共党史研究》,2019 年第 11 期。

9.陈锡喜、董玥:《论党的自我革命命题提出的历史逻辑和内涵》,《思想理论教育》,2020 年第 11 期。

10.陈晓晖、连森:《新时代领导干部提升"政治三力"的三重向度》,《中共石家庄市委党校学报》,2023 年第 11 期。

11.陈赵阳:《勇于自我革命与坚持发展中国特色社会主义》,《思想理论教育导刊》,2020 年第 12 期。

12.戴冰:《自我革命是中国共产党永葆青春的重要法宝》,《党政论坛》,2022 年第 1 期。

13.邓倩、王成:《毛泽东对党的自我革命的理论思考及其当代价值》,《毛泽东研究》,2021 年第 6 期。

14.丁长艳、王静静:《中国共产党"自我革命"政党形象构建:挑战与应对》,《社会主义研究》,2021 年第 2 期。

15.董学宾:《古田会议对党的自我革命的实践探索及其时代价值》,《马克思主义研究》,2021 年第 4 期。

16.方世南:《把握自我革命深厚价值意蕴的三大维度》,《新疆师范大学学报》(哲学社会科学版),2020 年第 2 期。

17.方世南:《中国共产党百年自我革命的重大成就和主要经验》,《新疆师范大学学报》(哲学社会科学版),2022 年第 1 期。

18.冯颜利:《百年大党推进"刀刃向内"自我革命的逻辑理论》,《人民论坛》,2021年第21期。

19.高晓林、周克浩:《中国共产党建党百年来党内集中教育活动与党的自我革命刍论》,《山东社会科学》,2021年第7期。

20.龚晨:《习近平自我革命思想的价值意蕴与践行要求论略》,《邓小平研究》,2017年第6期。

21.龚云:《勇于自我革命是我们党最鲜明的品格》,《世界社会主义研究》,2018年第2期。

22.韩影、杨乃坤:《以勇于自我革命精神担当新时代中国共产党的历史使命》,《理论探讨》,2019年第1期。

23.何旗:《中国共产党推进自我革命的三重逻辑》,《科学社会主义》,2020年第3期。

24.何毅亭:《论中国共产党的自我革命》,《红旗文稿》,2017年第15期。

25.胡洪彬:《党的自我革命:百年历程、基本经验与前瞻启示》,《内蒙古社会科学》,2021年第1期。

26.胡洪彬:《中国共产党自我革命的动力系统与优化路径》,《长白学刊》,2020年第3期。

27.胡柳娟:《新中国70年中国共产党"自我革命"的政治逻辑》,《贵州社会科学》,2019年第4期。

28.胡绪明、郭成:《从自我批评到自我革命:百年思想建党的历史进程及基本经验》,《毛泽东邓小平理论研究》,2021年第11期。

29.黄立丰:《习近平新时代党的自我革命重要论述蕴含的十大辩证关系》,《思想理论教育导刊》,2021年第1期。

30.黄蓉生:《坚持自我革命历史经验的价值伟力》,《思想理论教育导刊》,

2021 年第 12 期。

31.季冬晓、郑彬：《新时代执政党自我革命的动力来源、风险防控与路径选择》，《理论探讨》，2020 年第 2 期。

32.靳小勇、燕连福：《自我革命精神的理论来源、实践生成及时代意蕴》，《思想理论教育导刊》，2020 年第 6 期。

33.雷青松：《中国共产党自我革命的百年历程：逻辑意蕴、历史演进及基本经验》，《理论导刊》，2021 年第 7 期。

34.李捷：《伟大工程保障伟大事业 自我革命推动社会革命——中国共产党自身建设的历史与经验》，《马克思主义研究》，2020 年第 8 期。

35.李思学、李敬煊：《"把党的伟大自我革命进行到底"——新时代党的自我革命论析》，《马克思主义与现实》，2019 年第 2 期。

36.李思雨：《论延安时期党的自我革命对新时代党建的经验启示》，《党史博采（下）》，2020 年第 4 期。

37.李宗建、张润峰：《论新时代以党的自我革命应对"赶考"命题》，《新疆师范大学学报》（哲学社会科学版），2021 年第 1 期。

38.梁晓宇：《中国共产党勇于自我革命的科学内涵、现实缘由与基本要求》，《大连干部学刊》，2020 年第 7 期。

39.刘慧：《协同推进社会革命和自我革命的意涵及价值》，《当代世界与社会主义》，2021 年第 3 期。

40.刘建武：《新时代跳出历史周期率的伟大探索与成功道路》，《马克思主义研究》，2021 年第 5 期。

41.刘建武：《新时代跳出历史周期率的伟大探索与成功道路》，《马克思主义研究》，2021 年第 5 期。

42.刘新伟：《新时代中国共产党自我革命论析》，《新疆师范大学学报》（哲学社会科学版),2020年第2期。

43.刘宗洪:《党的力量来自组织——党的十八大以来组织建设的新成就》,《中国党政干部论坛》,2022年第5期。

44.刘宗洪:《党的自我革命的历史维度与新时代的深入推进》,《中共中央党校》(国家行政学院)学报,2021年第6期。

45.马晓星:《论新时代中国共产党自我革命的实践理路》,《理论月刊》,2020年第9期。

46.马雪梅、欧阳彬、程宇林:《论自我纠错能力是中国共产党的巨大政治优势》,《学校党建与思想教育》,2021年第5期。

47.毛胜:《反腐败斗争取得压倒性胜利并全面巩固——党的十八大以来反腐败斗争重大成就》,《中国党政干部论坛》,2022年第5期。

48.梅荣政:《论新时代党的政治建设》,《政治学研究》,2019年第6期。

49.牛安生:《勇于自我革命必须重视破解五大难题》,《中国延安干部学院学报》,2020年第2期。

50.渠彦超、张晓东:《新时代中国共产党自我革命的多维论析》,《思想教育研究》,2020年第1期。

51.渠彦超、张晓东:《新时代中国共产党自我革命的多维论析》,《思想教育研究》,2020年第1期。

52.邵彦涛:《"两个伟大革命论"与新时代中国共产党的革命观》,《马克思主义与现实》,2021年第6期。

53.沈传亮:《中国共产党推进自我革命的历史经验》,《马克思主义研究》,2021年第4期。

54.沈建波:《中国共产党自我革命的辩证逻辑》,《红旗文稿》,2019年第20期。

55.石丽琴、覃伟津:《论新时代中国共产党自我革命体系建设》,《学校党建与思想教育》,2021年第22期。

56.谭献民:《改革开放以来勇于自我革命的历史特点与基本经验》,《湖湘论坛》,2019年第1期。

57.汤志华、赵伟程:《列宁无产阶级政党自我革命思想及其当代回响》,《党政研究》,2020年第5期。

58.唐棣宣、吴光会:《新时代推进党的自我革命需要处理好的五对辩证关系》,《理论导刊》,2020年第3期。

59.唐皇凤、任婷婷:《新中国70年中国共产党的自我革命:实践历程、基本经验与战略》,《江苏社会科学》,2019年第5期。

60.田改伟:《篱笆越扎越紧,不敢腐的目标初步实现》,《人民论坛》,2017年第6期。

61.王成、刘德忠:《新时代中国共产党自我革命的三维解读》,《广西社会科学》,2019年第12期。

62.王纪臣:《理论·实践·价值:习近平党的自我革命思想三维探析》,《理论导刊》,2020年第11期。

63.王伟光:《勇于自我革命:中国共产党区别于其他政党的显著标志》,《求是》,2022年第1期。

64.王喜峰:《新时代中国共产党自我革命的现实指向与行为逻辑》,《河南社会科学》,2018年第11期。

65.王志:《习近平总书记关于"两个革命"重要论述的意义、内涵及其辩证关系》,《思想理论教育》,2019年第11期。

66.吴波:《朱霁.论增强党的政治领导力》,《中国特色社会主义研究》,2019年第4期。

67.吴春梅:《坚定不移推进党的伟大自我革命》,《思想理论教育导刊》,2019 年第 3 期。

68.吴大兵、刘颖:《新时代推进党的自我革命路径探析》,《理论导刊》,2020 年第 12 期。

69.吴光会、唐棣宣:《新时代以党的自我革命破解"历史周期率"的逻辑、经验和路径》,《西南大学学报》(社会科学版),2022 年第 1 期。

70.肖光文、李晓瞳:《新时代党的自我革命话语体系建构——生成逻辑、内涵意蕴与路径遵循》,《南开学报》(哲学社会科学版),2022 年第 1 期。

71.辛向阳:《中国共产党推进自我革命的理论建构》,《理论探讨》,2019年第 5 期。

72.徐斌、冯楠楠:《中国共产党自我革命精神及其历史实践》,《四川师范大学学报》(社会科学版),2021 年第 4 期。

73.徐昕:《从"两个维护"的政治高度深入推进新时代党的自我革命》,《党建研究》,2021 年第 1 期。

74.严宗泽、王春玺:《习近平关于党的自我革命重要论述的创新性贡献》,《广西社会科学》,2021 年第 5 期。

75.言浩杰、李婧:《习近平全面从严治党思想中的"自我革命"论》,《思想政治教育研究》,2017 年第 5 期。

76.颜晓峰:《依靠党的自我革命跳出历史周期率》,《马克思主义研究》,2022 年第 10 期。

77.杨德山、刘鑫:《论"两个伟大革命论"的马克思主义理论逻辑》,《中国特色社会主义研究》,2019 年第 2 期。

78.尹海涛、黎晨欣、孟献丽:《中国共产党自我革命的逻辑必然及其路径选择》,《重庆社会科学》,2022 年第 1 期。

79.臧秀玲:《完善党的自我革命制度规范体系:依据与实践》,《人民论坛》,2023年第9期。

80.张恩惠:《建强上下贯通执行有力的组织体系》,《求是》,2021年第23期。

81.张太原:《中国共产党自我革命的品格和优势从哪里来》,《中国党政干部论坛》,2017年第9期。

82.张伟:《自我革命:中国共产党革命话语的核心要义》,《社会主义研究》,2020年第1期。

83.张勇、刘爱莲:《国家治理效能视域下党的自我革命话语逻辑》,《江汉大学学报》(社会科学版),2020年第5期。

84.赵恩国:《新时代以自我革命推动社会革命的理论逻辑与实践逻辑》,《思想理论教育》,2019年第5期。

85.赵海月、赵文京:《中国共产党百年自我革命精神的四重维度》,《河北工业大学学报》(社会科学版),2021年第3期。

86.赵秀华:《准确理解中国共产党自我革命的科学内涵》,《马克思主义研究》,2020年第2期。

87.赵秀华:《准确理解中国共产党自我革命的科学内涵》,《马克思主义研究》,2020年第2期。

88.赵绪生:《国家治理现代化视阈下的中国共产党自我革命》,《新疆师范大学学报》(哲学社会科学版),2021年第1期。

89.甄占民、唐爱军:《新时代中国共产党自我革命理论体系的系统构建》,《中共中央党校》(国家行政学院)学报,2020年第6期。

（四）报刊类

1.习近平:《在第十八届中央纪律检查委员会第六次全体会议上的讲话》，人民日报，2016年5月3日。

2.《习近平在省部级主要领导干部"学习习近平总书记重要讲话精神 迎接党的十九大"专题研讨班开班式上发表重要讲话强调 高举中国特色社会主义伟大旗帜 为决胜全面小康社会实现中国梦而奋斗》，人民日报，2017年7月28日。

3.《在第十二届全国人民代表大会第一次会议上的讲话》，人民日报，2013年3月18日。

4.习近平:《在十九届中央政治局第十五次集体学习时的讲话》，人民日报，2019年6月26日。

5.习近平:《以解决突出问题为突破口和主抓手 推动党的十八届六中全会精神落到实处》，人民日报，2017年2月14日。

6.《习近平在十八届中央纪委第七次全会上发表重要讲话强调全面贯彻落实党的十八届六中全会精神增强全面从严治党系统性创造性实效性》，人民日报，2017年1月7日。

7.《全党必须始终不忘初心牢记使命 在新时代把党的自我革命推向深入》，人民日报，2019年6月26日。

8.习近平:《在"不忘初心、牢记使命"主题教育总结大会上的讲话》，人民日报，2020年1月9日。

9.蔡文成:《在新的赶考之路上坚定历史自信》，光明日报，2022年1月21日。

10.陈希:《深化党和国家机构改革是加强党的长期执政能力建设的必然

要求》,人民日报,2018 年 3 月 15 日。

11.纪亚光:《中国共产党的成功密码》,天津日报,2021 年 7 月 1 日。

12.李重、林中伟:《中华优秀传统文化蕴含的治国理政智慧》,光明日报,2019 年 10 月 25 日。

13.刘景泉、陆阳:《理论创新是中国共产党砥砺前行的不竭动力》,天津日报,2020 年 8 月 24 日。

14.刘云山:《关于批评和自我批评的几点认识》,学习时报,2013 年 9 月 9 日。

15.任仲平:《筑牢从严治党的政治根基》,人民日报,2016 年 10 月 24 日。

16.舒国增:《全面从严治党永远在路上的新时代内涵》,人民日报,2018 年 1 月 31 日。

17.吴阳松:《新中国成立初期党对纪律建设的探索》,光明日报,2019 年 8 月 21 日。

18.《习近平在十九届中央纪委六次全会上发表重要讲话强调 坚持严的主基调不动摇 坚持不懈把全面从严治党向纵深推进》,人民日报,2022 年 1 月 19 日。

19.谢水生:《把不能腐的笼子扎紧扎牢》,解放军报,2022 年 8 月 28 日。

20.徐文秀:《提升塑造态势的能力》,学习时报,2022 年 2 月 21 日。

21.张士海:《自我革命何以成为跳出历史周期率的第二个答案》,光明日报,2022 年 1 月 21 日。

后 记

　　跳出"其兴也勃焉,其亡也忽焉"的历史周期率的支配,是古今中外任何一个执政党或政权的共同追求。我们党关于跳出历史周期率的第一个答案,是毛泽东同志在延安的窑洞里给出的。1945 年 7 月,黄炎培先生提出了如何跳出历史周期率的问题。毛泽东回答说:我们已经找到新路,我们能跳出这周期率。这条新路就是"只有让人民来监督政府,政府才不敢松懈"。党的十八大以来,在推进全面从严治党的伟大实践中,以习近平同志为核心的党中央不断进行实践探索和理论思考,通过行动进一步回答了"窑洞之问",给出了第二个答案,那就是不断推进党的自我革命。

　　党的二十届三中全会强调要"保持以党的自我革命引领社会革命的高度自觉"。自我革命是百年大党的鲜明品格,是中国共产党区别于其他政党的显著特征,是我们党历经百年沧桑而风华正茂的常青之道。对党的自我革命问题的研究,始于博士论文写作时期。从那之后,我相继对中国共产党纪律建设、全面从严治党、习近平关于党的建设的重要思想进行了系统研究。在此过程中,有幸获批了 2022 年度天津市哲学社会科学规划项目"新时代以党的自我革命跳出历史周期率的理论逻辑与实践路径研究"(项目编码:TJDJQN22-003)课题立项资助,使得对该问题的研究更加深入系统,本书就是该课题的研究成果。

　　感谢天津师范大学马克思主义学院常务副院长李朝阳教授在课题研究和本书写作过程中给与的指导和帮助,从研究思路到结构安排,李老师都提出了宝贵意见和建议,使我拓宽了思路,顺利完成了书稿写作。感谢课题组成员在课题研究和本书写作过程给予的支持和帮助。感谢天津商业大学马克思主义学院的各位领导和同事在课题研究过程中对我的关心和支持。感谢天津人民出版社的各位编辑在本书出版过程中付出的辛勤劳动!

　　本书在写作过程中参考和借鉴了学术界有关党的自我革命的相关研究成果,在此表示由衷的谢意。由于水平所限,再加上时间仓促,本书难免有不足之处,敬请各位专家、读者批评指正。

孙兴昌

2024 年 9 月